THE CITY LIBRARY
SPRINGFIELD, (MA) CITY LIBRARY

DISCARDED BY
THE CITY LIBRARY

MAY 2 2 2017

EL DERRUMBE

Martín Moreno
EL DERRUMBE
RETRATO DE UN MÉXICO FALLIDO

AGUILAR

El derrumbe
Retrato de un México fallido

Primera edición: octubre de 2016

D. R. © 2016, Martín Moreno

D. R. © 2016, derechos de edición mundiales en lengua castellana:
Penguin Random House Grupo Editorial, S.A. de C.V.
Blvd. Miguel de Cervantes Saavedra núm. 301, 1er piso,
colonia Granada, delegación Miguel Hidalgo, C.P. 11520,
Ciudad de México

www.megustaleer.com.mx

D. R. © 2016, Penguin Random House / Jesús Guedea, por el diseño de cubierta
D. R. © Benjamín Flores / Proceso Foto, por la fotografía de portada
D. R. © Desde las Nubes, por las fotografías de interiores (páginas 282 y 287)
D. R. © Zhaid Caamal Pérez, por las fotografías de interiores (páginas 284, 291, 292 y 295)
D. R. © Archivo personal de Martín Moreno, por la fotografía del autor
D. R. © Andrés Mario Ramírez Cuevas, por el diseño de la línea de tiempo

Queda expresamente establecido que el contenido de la obra es una creación intelectual propia del autor, por lo que en ningún caso se considerará contenido u opinión de Penguin Random House Grupo Editorial S.A. de C.V., quien únicamente es titular de la formación y las características gráficas y de diagramación de la obra, por lo que no se hace responsable de cualquier controversia que se suscite con terceros, por cualquier tipo de daño y/o reclamación, directa o judicial derivada del contenido de la misma.

Penguin Random House Grupo Editorial apoya la protección del *copyright*.
El *copyright* estimula la creatividad, defiende la diversidad en el ámbito de las ideas y el conocimiento, promueve la libre expresión y favorece una cultura viva. Gracias por comprar una edición autorizada de este libro y por respetar las leyes del Derecho de Autor y *copyright*. Al hacerlo está respaldando a los autores y permitiendo que PRHGE continúe publicando libros para todos los lectores.

Queda prohibido bajo las sanciones establecidas por las leyes escanear, reproducir total o parcialmente esta obra por cualquier medio o procedimiento así como la distribución de ejemplares mediante alquiler o préstamo público sin previa autorización.
Si necesita fotocopiar o escanear algún fragmento de esta obra diríjase a CemPro (Centro Mexicano de Protección y Fomento de los Derechos de Autor, http://www.cempro.com.mx).

ISBN: 978-607-31-4841-2

Impreso en México – *Printed in Mexico*

El papel utilizado para la impresión de este libro ha sido fabricado a partir de madera procedente de bosques y plantaciones gestionadas con los más altos estándares ambientales, garantizando una explotación de los recursos sostenible con el medio ambiente y beneficiosa para las personas.

Penguin
Random House
Grupo Editorial

ÍNDICE

Agradecimientos. 9

Presentación 11
El señor Peña 15
Ayotzinapa: la herida que no cierra 55
Los aliados de Peña Nieto. 121
Economía: gobierno rico, pueblo pobre. 157
Los muertos de Peña Nieto. 177
La energética: una reforma para élites. 205
Los empresarios consentidos 251
Nochixtlán: la matanza. 279

Agradecimientos

Un libro de esta dimensión no se realiza por sólo una persona. Cierto: son dos manos las que escriben, pero fueron varios colegas, especialistas, analistas e investigadores quienes, de una u otra forma, participaron, de manera directa o indirecta, en este trabajo periodístico, y son identificados plenamente en el texto. A todos ellos, gracias por su labor. También mi enorme gratitud a quienes me proporcionaron información y no puedo revelar sus nombres: aprecio profundamente su aportación.

Particularmente, agradezco la colaboración de Alicia Carlos –invaluable–, Luis Rubio, Luis Serra, Samuel García, Sergio O. Saldaña Zorrilla, Ricardo Martínez Chávez, Mariana Meza, Rita Varela, Félix Fuentes, Javier Martínez Staines, Mael Vallejo, Frida Guerrera (Verónica Villalbazo), Miguel García Tinoco, Adán García, Rolando Aguilar y Mishel Garay; a los integrantes del Grupo Interdisciplinario de Expertos Independientes (GIEI) del caso Ayotzinapa: Alejandro Valencia, Francisco Cox, Ángela Buitrago, Claudia Paz y Carlos Beristain; a José Contreras y Arturo Rueda.

Mi reconocimiento a la madurez editorial, valentía profesional y compromiso social de Roberto Banchik, Ricardo Cayuela, Patricia Mazón, César Ramos, Andrea Salcedo y

Sandra Montoya, cabeza y corazones de Penguin Random House Grupo Editorial México.

Gracias especialmente a ti, lector, por la confianza depositada en este libro.

Martín Moreno
Ciudad de México, julio de 2016.

Presentación

Un gobierno que arrancó con altas expectativas y que hoy se derrumba.

Al régimen de Enrique Peña Nieto lo derrumbó la corrupción, la ineficacia, La Casa Blanca, Ayotzinapa, la mala economía y los negocios con empresarios amigos. Los gobernadores priístas, la soberbia, la mentira y la opacidad. Un derrumbe entre la frustración y la furia de millones de mexicanos.

Vivimos en un país donde la economía crece a cuentagotas, con reformas atoradas, desinfladas —como es el caso de la reforma energética— y erigidas —reforma hacendaria— como obstáculo para el desarrollo, descarrilando empresas y crucificando a los contribuyentes que, al meterse la mano al bolsillo, solamente encuentran el agujero de su propia desgracia financiera. ¿Dónde quedaron los beneficios de las reformas estructurales que nos prometían bonanza y gracia? Extraviados en la torpeza operacional, vulnerados por la incompetencia, en reposo para mejores días y mejores políticos. La crisis económica —con sus altibajos— es una pesadilla permanente, inextinguible para los mexicanos.

Vivimos en un país con un presidente millonario, que posee nueve propiedades, millones sobre millones de pesos guardados en la bóveda de la opacidad. ¿De dónde salieron tantas casas, tanta ostentación, tanto lujo?, se preguntan a diario millones de mexicanos mal pagados mientras la Primera dama viaja por todo el mundo con séquito familiar, personal y aparece sonriente, muy sonriente, en las portadas de la revista *¡Hola!* ¿De qué se ríe el poder en México con sus millones de pobres, con sus legiones de desempleados, con su desesperanza crónica: pueblo pobre, gobierno rico?

Vivimos en un país donde los grandes negocios son para los amigos de Los Pinos y para la élite gobernante. No se genera riqueza para impulsar a la pequeña y mediana empresa y con eso detonar un crecimiento generalizado, parejo. No. Esa riqueza es para el empresario amigo del poder que nos gobierna. Para el socio de negocios del grupo gobernante, bajo un esquema vulgar e innegable: te doy contratos pero me financias mi mansión. Tal es el precio. Ése es el trueque. Como nunca antes —desnudos, impunes— los favores del poder al servicio de particulares. Las puertas y los contratos abiertos en la casa presidencial. Lo único que cambia entre los grupos HIGA y OHL son sus siglas. Y nada más. Reciben el mismo trato preferencial, favorecedor.

Vivimos en un país con, hasta ahora, durante el gobierno de Peña Nieto, más de 90 mil homicidios violentos. Nada cambió. Decían los priístas que era "la guerra de Calderón". Muy bien. Pues ahora es "la guerra de Peña Nieto": sin estrategia, sin eficacia, sin resultados. Es la desesperanza de levantarse cada mañana con la angustia de no saber si habrá vida al regresar a casa. Si serás asaltado, secuestrado, asesinado. Si vas a vivir al día siguiente.

Vivimos en un país donde los estudiantes de Ayotzinapa son masacrados por criminales y con un gobierno que pretende manipular los hechos —su *verdad histórica* insostenible y débil, débil por insostenible. Ciudadanos en Oaxaca abatidos por las balas de la sinrazón y con armas policiales, por el fracaso de la política, la intolerancia gubernamental que confundió firmeza con represión. El salvajismo por encima del diálogo. Para eso se disparan las balas: para acallar la protesta, silenciar los reclamos. Qué pena.

Vivimos en un país con aliados del poder político que fomentan y solapan el abuso, garantizan el silencio cómplice y el disimulo vergonzante. De políticos en una jefatura capitalina supeditada, lacaya del poder presidencial, entregada a los brazos de la conchabanza y cada vez más alejada del bienestar de sus gobernados. De periodistas que reciben dinero del gobierno, mano a mano, y que prestan su pluma para difundir lo que le interesa al poderoso, cancelando la investigación periodística o la corroboración de hechos. Un país con la censura como punta de lanza degollando a las voces críticas, a las plumas incómodas, al periodismo que no aplaude. No es casualidad que comunicadores críticos del gobierno se hayan quedado sin columnas en diarios o sin micrófonos en estaciones radiofónicas. Se ordena, se obedece y se manda silenciar la libertad, la crítica, el cuestionamiento.

Vivimos en un país con gobernadores que manejan de manera feudal los estados que malgobiernan, endeudándolos con cifras estratosféricas, sin rendir cuentas a nadie, abusando del erario público y fomentando negocios familiares, en una postal congelada e inmune al paso del tiempo: la política, desde antaño, es para enriquecerse, no para servir al ciudadano. ¿Quién lo dice? ¿Quién nos obliga a gobernar bien? Nadie.

Vivimos en un país, hoy por hoy, fallido.

Tiene el lector entre sus manos un corte de caja del México actual. Qué se ha hecho, qué no se ha logrado, cómo nos han gobernado tras el regreso del PRI al poder presidencial. Un balance sustentado y respaldado por el rigor de la investigación periodística, apuntalada a su vez con documentos oficiales, hechos, cifras, testimonios válidos, voces autorizadas, entrevistas a personajes calificados, información confiable que nos aclara varios puntos nebulosos:

Cómo se ha enriquecido el Presidente.

Por qué la economía no avanza.

Por qué las reformas se han descarrilado.

Por qué la Reforma Energética se desinfló.

Por qué la Reforma Hacendaria no funcionó.

Cómo se han manejado los negocios con grupos empresariales consentidos de Los Pinos.

A dónde se llevaron a gran parte de los estudiantes de Ayotzinapa, y no se ha investigado.

Por qué ha fracasado la estrategia de seguridad y se ha disparado el número de muertes.

Cómo se ha ejercido la censura contra periodistas.

Por qué México es un país fallido.

"No se está gobernando", resume en una frase dura, lapidaria, el prestigiado analista Luis Rubio, en las páginas de este libro. En tres palabras se encierra uno de los problemas más graves del México actual: sus malos gobiernos.

"Les vamos a romper la madre", amenaza el secretario de Hacienda a directivos de un periódico crítico del gobierno, en una estampa fiel, rotunda, de la soberbia con la que se manejan los hombres del Presidente.

Revisemos juntos, de manera rigurosa, lo que se ha hecho y lo que no se ha hecho, bajo una óptica imprescindible: la crítica y el cuestionamiento a la manera como se ejerce el poder en México. Y juntos también tomemos mejores decisiones a futuro, castigando a los malos gobernantes en las urnas, protestando contra la corrupción y el abuso del poder político. Salgamos a las calles, sin miedo, porque cuando salimos a esas calles, es miedo lo que sienten nuestros gobernantes. Elijamos mejores gobiernos con un voto razonado, maduro. Hagamos, como ciudadanos, lo que nos toca hacer para tener un mejor país.

Hoy, vivimos en un México que no merecemos. En un México que ya no es viable. En un México de sombras.

Un México, sin duda, fallido hasta ahora.

Ciudad de México, julio de 2016

El señor Peña

*Nunca abuses del poder humillando a tus semejantes,
porque el poder termina y el recuerdo perdura.*
BENITO JUÁREZ

El priísta Rodrigo Medina fue una desgracia para el industrializado y pujante estado de Nuevo León: no solamente le heredó una deuda demencial de... ¡61 mil 179.6 millones de pesos! (la recibió, en 2009, de 27 mil millones de pesos, de acuerdo con información de la Secretaría de Hacienda), sino que, entre otras calamidades (como el repunte brutal de la violencia: en algunas zonas de Monterrey, a partir de las ocho de la noche, las familias se encerraban en sus casas por miedo a ataques del crimen organizado, cuyos sicarios desfilaban campantes en camionetas negras, asomadas las boquillas de las metralletas por las ventanillas a medio cerrar, ausente la presencia y protección de las policías), dejó una estela de corrupción denunciada de manera pública.

Un botón de muestra indigna, aturde:

Humberto Medina Ainslie, padre del gobernador, es dueño de siete propiedades en el municipio de San Pedro, con un valor aproximado de 300 millones de pesos, las cuales habría adquirido durante la administración de su hijo, según denuncias del Partido Acción Nacional (PAN) y jamás desmentidas por la familia Medina. La pregunta es: ¿De dónde sacó 300 millones de pesos papá Medina para comprar tantos inmuebles? La respuesta todavía nos la debe el exmandatario estatal.

¿Más?

A principios de mayo de 2015, se hizo pública la información de que Rodrigo Medina adquirió una propiedad con valor de 13 millones 300 mil pesos en el exclusivo sector de Hacienda Las Misiones, en el municipio de Santiago, Nuevo León. "El hecho de comprar una casa no sería relevante, a no ser porque el ingreso total de Medina de la Cruz como gobernador es de poco más de 8 millones de pesos, ya con la inflación", reportó el diario digital *Sin Embargo* (3/X/2015). Otra vez, como en el caso de su padre, la pregunta se impone: ¿De dónde sacó 13 millones 300 mil pesos el mandatario para comprarse su mansión o, siendo menos suspicaces, de dónde salieron los 5 millones de pesos que le faltaban, suponiendo que fuera un político muy ahorrativo, que no gastara ni un peso en comidas, educación para sus hijos, salud, gastos personales, etcétera, y que hubiera guardado peso sobre peso durante todo su sexenio? ¿De dónde salieron los millones de Rodrigo Medina?

¿Más?

En marzo de 2012, organismos locales como el Issteletón y el Colegio de Estudios Científicos y Tecnológicos del Estado (CECyTE), se vieron envueltos en escándalos de evidente corrupción. El primero anunció un quebranto por 288 millones de pesos. En el caso del Colegio, se recibieron varias denuncias por retención de pagos y prestaciones a los trabajadores, además de compras millonarias a empresas fantasmas.

Las denuncias de innegable corrupción brotaban por todo Nuevo León. Las voces que pedían investigar a Rodrigo

Medina se multiplicaban, ante la furia cuasi generalizada en el estado. El escándalo era mayúsculo. La mayoría quería a Medina investigado y encarcelado.

En julio de 2015, el presidente del Consejo Nacional Ciudadano, Gilberto Lozano González, presentó una denuncia ante la Procuraduría General de la República (PGR), en contra de Rodrigo Medina y de su padre. Los delitos: peculado, enriquecimiento ilícito y delitos federales.

Infinidad de historias de corrupción se cuentan en Nuevo León aunque la cifra que más ocupa y preocupa a los neoleoneses, es la deuda pública heredada por el priísta, así como la fortuna personal de la familia Medina que jamás ha sido justificada ni, mucho menos, comprobada.

Durante las elecciones de junio de 2015, el electorado de Nuevo León castigó al PRI y a Medina por su mal gobierno, negándole el beneficio de la duda a los partidos políticos y otorgando su voto, con un aplastante y rotundo 51% de la votación emitida, al candidato independiente Jaime Rodríguez, "El Bronco", quien en su campaña hizo una promesa que todos escucharon y que le valió la simpatía y el sufragio de la gente:

"Se investigará a funcionarios de la anterior administración, incluido Rodrigo Medina, y de estar involucrado en algún acto indebido, será procesado conforme a la ley."

Todos esperaban que en cuanto tomara posesión, El Bronco investigaría a fondo al priísta Medina y a sus colaboradores, cumpliendo lo que en privado también comentaba: "Voy a meter a Medina a la cárcel." Del pesimismo por el gobierno negro de Medina, Nuevo León pasaba al optimismo por elegir al primer gobernador independiente en la historia electoral del país y, de paso, ver tras las rejas al gobernador que saqueó a la entidad. Por fin se haría justicia.

¿Qué ocurría, mientras tanto, en el gobierno priísta de Enrique Peña Nieto, con el escándalo desatado en Nuevo León?

* * *

El Grupo Toluca está de fiesta.

Es cumpleaños de Luis Miranda, subsecretario de Gobernación y uno de los amigos íntimos de su paisano: el presidente Enrique Peña Nieto; ambos crecieron a la sombra de uno de los políticos con mayor desprestigio en México, el exgobernador mexiquense Arturo Montiel, otro personaje multimillonario y jamás investigado de manera seria y formal.

Había festejo en el Grupo Toluca. Uno de los miembros más selectos, Miranda, era felicitado y agasajado por Peña Nieto y algunos amigos cercanos. Buena comida. Buen vino.

Pero, entre ellos, había un exgobernador que también era celebrado y abrazado. Su nombre: Rodrigo Medina, que recién había dejado la gubernatura de Nuevo León, endeudando a tope al estado, hundiendo a los regios en la desgracia financiera, azotados por la evidente corrupción medinista.

Medina, apapachado por Peña Nieto. Por el Grupo Toluca. Por el gobierno en pleno. ¿Qué importaba la montaña de acusaciones en su contra, si era cercano a la élite gobernante?

El mensaje era claro: para el gobierno de Peña Nieto, Rodrigo Medina es intocable. Es amigo. Es de casa.

¿Cómo apretar a El Bronco?

Cerrándole la llave del dinero desde la Secretaría de Hacienda. Negándole recursos. Alegando austeridad a sabiendas de que Nuevo León fue quebrado por el priísta Medina. "No hay dinero", le decían a El Bronco.

Por eso, el gobernador electo tuvo que hacer, al menos, dos visitas a las oficinas de otro selecto integrante del Grupo Toluca: Luis Videgaray, a quien le planteó la necesidad de recursos para Nuevo León y salir de la crisis heredada por Medina.

El valor entendido, muy al estilo priísta, funcionaba de momento: habrá apoyo para Nuevo León, pero a Rodrigo Medina no se le investiga.

El Bronco tuvo que ceder... aunque no por mucho tiempo.

El viernes 3 de junio de 2016, la Fiscalía Anticorrupción de Nuevo León anunció una investigación masiva en contra del exgobernador Rodrigo Medina y nueve funcionarios de su administración, bajo el presunto delito de desvío de recursos, mediante el cual se adquirieron propiedades, de manera irregular, por 3 mil 600 millones de pesos. Hasta la entrega de este libro –julio 21 de 2016–, la investigación continuaba. Sólo un rancho le fue embargado a Medina, mediante un litigio legal que, seguramente, llevará varios meses concluirlo.

¿Veremos, algún día, a Rodrigo Medina en la cárcel?

Recordemos otro pasaje:

En junio de 2012, a unos días de la elección presidencial, el gobernador Medina envió a personal de la Secretaría de Salud estatal para encabezar brigadas en el Estado de México, que fueron parte de la campaña electoral de Peña Nieto. Poco después, se hizo pública una nómina oculta en la Secretaría de Gobierno de Nuevo León, mediante la cual se pagó a los promotores de Peña Nieto.

Así protege Peña a sus aliados.

Así gobierna Peña.

Ése es el señor Peña.

LA FORTUNA DEL SEÑOR PEÑA

> *¿De qué sirve que me confiese,*
> *si no me arrepiento?*
> MICHAEL CORLEONE

México tiene un Presidente millonario.

México tiene un Presidente que, sin embargo, no aclara ni convence de dónde salió su fortuna.

México tiene un Presidente que compró su primera casa… ¡a los 16 años de edad y sin trabajar!

Las cifras que ofrece Enrique Peña Nieto en su declaración patrimonial, nada más no cuadran. No checan. No embonan. Resumido en una frase: lo que el presidente de México registra en propiedades, bienes, ahorros e inversiones, no corresponde a los salarios que ha tenido como servidor público.

Una revisión comparativa de las finanzas personales de Peña Nieto como diputado local en el Estado de México, como gobernador y presidente de la República (información disponible, aunque de modo parcial) arroja que lo obtenido por la vía salarial, no le alcanzaría, sencillamente, para comprar todas sus propiedades personales (aun eliminando, por supuesto, las "donaciones" o "herencias" de cuya procedencia también se desprenden severas dudas, como lo demostraremos).

Las suspicacias en cuanto a salarios y propiedades del presidente de México (derivadas y sustentadas en esta revisión de las finanzas personales de Peña Nieto y de sus ingresos como político) son inevitables y justificadas. Preocupantes y tangibles.

¿Por qué lo afirmamos?

Porque las posibilidades de que solamente con sus ingresos burocráticos Peña Nieto se haya vuelto millonario, al menos vía salarial, son prácticamente nulas e inverosímiles. Las sospechas de su enriquecimiento inexplicable aumentan, como sus propiedades, día con día.

La pregunta planteada en este libro es: ¿Cómo se enriqueció financieramente Enrique Peña Nieto en tan corto tiempo sin ser empresario?

Aquí, algunas revisiones financieras hechas de manera integral sobre ingresos-propiedades de Peña Nieto, que he realizado en los últimos tres años como parte de mi tarea periodística (agradezco profundamente a quienes me apoyaron con información para este capítulo, cuyos nombres me reservo):

Ingresos:
19 millones 760 mil pesos en promedio

1) Como diputado local en el Edomex (septiembre 2003-enero 2005), Peña Nieto ejerció durante 16 meses y fungió como coordinador de la fracción parlamentaria del PRI. Su sueldo fue, en promedio, de 230 mil pesos mensuales, más apoyos financieros no especificados. Así, tenemos que sus ingresos legislativos ascendieron a alrededor de 3 millones 220 mil pesos en ese periodo.
2) Como gobernador (septiembre 2005-septiembre 2011), Peña Nieto percibió un salario mensual neto de 143 mil 728 pesos. (Su sueldo base era de 124 mil 334 pesos más una gratificación de 78 mil 734 pesos mensuales, lo que da un monto total bruto de 203 mil 68 pesos al mes, con deducciones fiscales por 59 mil 340 pesos. Se hace notar que la disposición discrecional de otros recursos inherentes al cargo, se manejaron con absoluta confidencialidad y no fueron hechos públicos.) Por ello, obtenemos que, como gobernador, Peña percibió, durante su sexenio y vía salarial, alrededor de 10 millones 344 mil pesos.

3) Como presidente de la República, sus ingresos anuales ascienden a 2 millones 909 mil 455 pesos, más 211 mil 359 pesos por "actividad financiera" (fuente: diario *Reforma*, 10/noviembre/2014). Así, tenemos que en dos años en Los Pinos (hasta noviembre de 2014, cuando ya había presentado su declaración patrimonial), el Presidente ganó alrededor de 6 millones 200 mil pesos. (Por ley, ningún funcionario público puede recibir obsequios que tengan un costo mayor a 650 000 pesos.) Y sólo para cálculos posteriores, precisiones o aclaraciones: hasta julio de 2016 (fecha de entrega de este libro a la editorial Penguin Random House), Peña Nieto obtuvo como presidente de México, vía salarial, un ingreso por alrededor de 10 millones 770 mil pesos. (Habrá que agregar los aguinaldos de 2013, 2014 y 2015.)
4) En 1999 fue coordinador financiero de la campaña de Arturo Montiel para la gubernatura del Estado de México. NO HAY RASTRO DE SUS INGRESOS.
5) Hay otros "hoyos negros" en la trayectoria presupuestal de Peña Nieto, manejados sin transparencia. Ejemplos: de 1999 al año 2000, fue subsecretario de Gobierno con Arturo Montiel. NO HAY RASTRO DE SUS INGRESOS.
6) De 2000 a 2003 se desempeñó como secretario de Administración de Montiel. NO HAY RASTROS DE SUS INGRESOS.
7) Peña Nieto obtuvo, de manera global, sumadas sus percepciones como diputado local, gobernador y presidente de la República en los últimos once años como servidor público (con fecha de corte a noviembre de 2014 para comparar ingresos y bienes declarados en ese momento), un promedio de 19 millones 760 mil pesos.

BIENES:
36 MILLONES 665 MIL PESOS EN PROMEDIO

1) En su declaración patrimonial, Enrique Peña Nieto asegura que compró, al contado, su primera casa con una superficie de 560 metros cuadrados, en... ¡924 viejos pesos! ¡Una ganga, casi un regalo! Vaya tipo con suerte, con mucha suerte, sin duda, el señor Peña. Sin embargo, algo llama sospechosamente la atención: la adquirió, según su propia declaración, el 25 de octubre de 1982, cuando tenía apenas... ¡16 años de edad! ¿Cómo fue? Es decir: apenas salía de la secundaria y, de acuerdo con su currículo oficial, todavía no laboraba. Sus primeros trabajos fueron hasta después de 1984, recién adquirida la mayoría de edad, en los despachos de abogados Laffan Muse y Kaye, y en la Notaría Pública 96 en el Distrito Federal. ¿De dónde salió ese dinero o cómo se logró una operación en la que el adolescente Enrique Peña Nieto obtuvo lo suficiente para comprar una propiedad no donada ni heredada, sino adquirida con dinero de su bolsillo? Es algo oscuro y que aún no aclara el Presidente.

2) Peña Nieto declara que seis de sus casas y terrenos le fueron donadas por sus padres: Gilberto Enrique Peña del Mazo (2) y María del Perpetuo Socorro Ofelia Nieto Sánchez (4). Muy bien. Pero, en este punto, hay algo que destaca de manera extraña: su papá era ingeniero eléctrico y su mamá maestra. ¿Es creíble que con estas profesiones, respetables, sin duda, tuvieran seis propiedades entre casas y terrenos? No. El periodista reta a cualquier pareja en México integrada por un electricista y una maestra, a menos que se llame Elba Esther Gordillo, a que con el producto de su salario compren tal cantidad

de propiedades. Es imposible con recursos devengados vía salarial. De acuerdo con su declaración patrimonial de noviembre de 2014, el valor total de los inmuebles de Peña Nieto asciende a 21 millones 420 mil 659 pesos. Eliminemos, de este monto, las casas que compró al contado (2) y el departamento heredado a la muerte de su esposa, Mónica Pretelini (2 millones 660 mil pesos). El resto le fue heredado por un electricista y una maestra. Nada más no cuadra.

3) Peña Nieto tiene tres hermanos: Verónica, Ana Cecilia y Arturo. ¿A ellos sus padres no les dejaron ni un alfiler de herencia? ¿Todo fue para Enrique, consentidazo sin duda? ¿O acaso también a los otros hermanos les donaron sendas propiedades? Ahora resulta que los padres de Peña Nieto –un electricista (aun siendo ingeniero) y una maestra– también habrían sido millonarios. Ninguna de estas hipótesis tiene lógica ni razón.

4) Peña Nieto declara que ha comprado dos casas al contado: una, por la que pagó 924 viejos pesos en 1982 (sí: a los 16 años de edad, casi regalada), y otra, el 27 de diciembre de 2005 (cuando se iniciaba como gobernador del Estado de México), que le costó 5 millones 611 mil 195 pesos.

5) Asimismo, Peña Nieto declara, como parte de su patrimonio, ahorros e inversiones por 16 millones 856 mil 523 pesos.

6) Asegura el Presidente tener en arte, joyas y muebles, 6 millones 900 mil pesos. Según su declaración, su madre le donó obras de arte por un millón de pesos en 2011, así como joyas y relojes exactamente con el mismo valor y en el mismo año. Demasiada coincidencia en cuanto a montos y tiempos. Y su esposa fallecida, Mónica Pretelini, le donó obras de arte por 2 millones de pesos.

DATOS PATRIMONIALES.- BIENES INMUEBLES

TIPO DE OPERACIÓN	TIPO BIEN:	SUP. TERRENO EN M2	SUP. CONSTRUCCIÓN EN M2	FORMA DE OPERACIÓN	REGISTRO PUBLICO DE LA PROPIEDAD	FECHA	VALOR	MONEDA
SIN_CAMBIO	CASA	560	492	CONTADO	10307441070000000	25/10/1982	924	VIEJOS PESOS
SIN_CAMBIO	CASA	2138	850	CONTADO	06001111424000000	27/12/2005	5611195	PESOS MEXICANOS
SIN_CAMBIO	DEPARTAMENTO211		211	HERENCIA - CÓNYUGE	030-001410-00001	19/03/2001	2660288	PESOS MEXICANOS
SIN_CAMBIO	CASA	150	150	DONACIÓN - CÓNYUGE	101501070503039	08/12/2011	611253	PESOS

http://servidorespublicos.gob.mx/paginas/servidores_publicos/pag_busqueda_servidor_detalle.jsf

19/11/2014

Registro de servidores publicos

					MADRE			
SIN_CAMBIO	CASA	338	338	DONACIÓN - MADRE	02401037040000000	08/12/2011	455600	PESOS MEXICANOS
SIN_CAMBIO	TERRENO	1000		DONACIÓN - PADRE	10701125360000000	29/01/1988	11200	VIEJOS PESOS
SIN_CAMBIO	TERRENO RÚSTICO	24000	0	DONACIÓN - PADRE	02310002050000000	08/03/1989	647	VIEJOS PESOS
SIN_CAMBIO	TERRENO	2547		DONACIÓN - MADRE	10307326030100000	08/12/2009	6964500	PESOS MEXICANOS
SIN_CAMBIO	TERRENO RÚSTICO	58657	0	DONACIÓN - MADRE	02401502140000000	08/12/2011	5117823	PESOS MEXICANOS

ACLARACIONES ACERCA DE LOS BIENES INMUEBLES
LOS 2 BIENES QUE MI PADRE ME DIO, MEDIANTE DONACIÓN, FUE ESTANDO ÉL AÚN CON VIDA. LOS 4 BIENES QUE MI MADRE ME DIO A MÍ MEDIANTE DONACIÓN, LOS RECIBIÓ DE LA HERENCIA DE MI PADRE. CON RESPECTO A LOS 2 TERRENOS RÚSTICOS A QUE HAGO REFERENCIA, ÉSTOS SON TIERRAS CULTIVABLES.
1.- LOS DATOS CORRESPONDEN AL 31 DE DICIEMBRE DEL AÑO INMEDIATO ANTERIOR
2.- SÓLO SE PROPORCIONAN LOS BIENES QUE REPORTÓ EL SERVIDOR PÚBLICO A NOMBRE DEL DECLARANTE O DEL DECLARANTE Y SU CÓNYUGE.
NO SE INCLUYEN LOS BIENES DECLARADOS A NOMBRE DE SU CÓNYUGE, SUS DEPENDIENTES ECONÓMICOS O DE OTROS.

7) Entre donaciones y herencias, Peña Nieto obtuvo un patrimonio equivalente a... ¡casi 20 millones de pesos! (¡La buena suerte sí existe!)
8) Así, sumadas sus propiedades y bienes (comprados, donados o heredados), más ahorros, inversiones y demás artículos, el presidente de México cuenta con bienes por alrededor de 36.6 millones de pesos.

CONCLUSIONES

1) Es evidente e innegable que la diferencia entre los ingresos salariales de Enrique Peña Nieto y lo que ha adquirido como servidor público, resulta notable. Aun sin incluir (porque no están disponibles) sus apoyos financieros "extras" como diputado local y gobernador, estos ingresos adicionales (bonos) jamás serán superiores a su sueldo base, al menos con tabuladores normales. Mientras no lo aclare, seguirá bajo sospecha.
2) Peña Nieto oculta sus ingresos cuando fue operador financiero de la campaña de su impulsor político: Arturo Montiel, otro intocable del sexenio peñista, así como subsecretario de Gobierno y secretario de Administración del gobierno montielista durante tres años. ¿Cuánto ganó en estos cargos?
3) ¿Y los gastos que Peña Nieto debió hacer durante esos años para la manutención de sus hijos: alimentación, educación, salud, gastos diarios, vacaciones, etcétera? A sus ingresos en el Edomex no se le restaron, en este ejercicio de comparación financiera, las erogaciones que, por fuerza, debió destinar a su familia y que, por supuesto, no serían gastos nimios.

4) ¿Y acaso Peña Nieto no tiene automóviles? No reporta ninguno. Tampoco libros (entendible dada su escasa cultura y, por tanto, no es de extrañar). Y si los tiene, seguramente costaron dinero que aún no ha reportado.

Sí: el presidente de México es un personaje brutalmente enriquecido. Con nueve propiedades. Seis, dice, donadas por sus padres: un electricista y una maestra. Sólo ha sido político. Jamás empresario. Al menos, no en el papel.
Ése es el señor Peña.

CASTILLO, EL FONTANERO...

Todo político que se precie de profesional debe tener alguien que le haga el trabajo sucio. La talacha en las coladeras. La limpieza de las cañerías. Siempre a la orden. Siempre presto.
Y el del trabajo sucio de Enrique Peña Nieto se llama Alfredo Castillo.
Amigos desde que Castillo formaba parte del bufete jurídico del abogado Marcos Castillejos (ejecutado afuera de su oficina, en la Ciudad de México, en julio de 2008, crimen que jamás se aclaró), Enrique y Alfredo consolidaron una amistad a prueba de todo, inclusive, desde luego, por encima de cualquier pizca de ética o transparencia, como lo asumieron al paso de los años. Humberto Castillejos (hijo de Marcos) asumió el control del despacho en el cual también laboraba Tomás Zerón, controvertido subprocurador de la PGR y cuestionado por su oscura participación en las investigaciones del caso Ayotzinapa. Hoy por hoy, Humberto es el influyente y todopoderoso Consejero Jurídico de la Presidencia.

Se trata de algunos amigos cercanos del presidente de México. Muy honorables, sin duda.

La primera prueba de lealtad de Alfredo Castillo hacia Peña Nieto –a la sazón gobernador del Estado de México– fue El caso Paulette, en el que Castillo ofreció la increíble y descabellada versión de que la pequeña, desaparecida durante días, se encontraba… ¡escondida al pie del colchón de su propia cama! Allí encontraron su cadáver y Castillo fue el encargado directo de armar la pantomima, a la cual se prestaron autoridades judiciales del Edomex, el procurador de Justicia Alfredo Bazbaz, agentes de la PGJEM, los padres de Paulette y, por supuesto, el propio Castillo en su calidad de Fiscal Especial para este caso. (En mi libro *Paulette, lo que no se dijo*, Editorial Aguilar, comprobé, con documentos oficiales, que los papás de la niña, Mauricio Gebara y Lisette Farah, habían sido los directos responsables de la desaparición de su hija, confesando inclusive su culpabilidad. Empero, ni Castillo ni Bazbaz, mucho menos Peña Nieto, reabrieron el caso, a pesar de la contundencia de pruebas incluidas en ese libro. Políticos mexiquenses, sin duda).

Servir de tapadera en El caso Paulette le ganó aún más a Castillo la confianza absoluta de Peña Nieto. "Están hablando con el próximo procurador General de la República", se ufanaba Castillo (personaje que debe ingerir pastillas para calmar la ansiedad y que, cuando era regañado por el procurador Bazbaz en el Edomex, caía en depresión, salía de la Procuraduría y se sentaba afuera de un OXXO cercano, lloriqueaba y allí lo iba a consolar algún colaborador) ante su equipo de trabajo. Sin embargo, al arranque del sexenio peñista, se le nombró subprocurador General de la República, donde permaneció poco tiempo, debido a desencuentros con su jefe, Jesús Murillo Karam. De la PGR brincó a la Procuraduría

Federal del Consumidor, sin importar su nula experiencia en este campo. Lo importante era aplicar aquella máxima del padre del Grupo Atlacomulco, Carlos Hank González: "Vivir fuera del presupuesto, es vivir en el error."

Eran días de violencia desbordada en el país. Particularmente en Tamaulipas, Estado de México, Guerrero, Nuevo León y Michoacán.

Este último estado registraba una imparable espiral de violencia. Michoacán reclamaba un cambio de estrategia, necesitaba un fiscal y, en Los Pinos, voltearon a ver a Castillo a quien se le llamó a la casa presidencial para darle la noticia: ante las circunstancias, sería nombrado comisionado para la Seguridad y el Desarrollo Integral en Michoacán.

Castillo, en la práctica, iba realmente como comisionado personal del presidente de la República, con todo el apoyo del Estado mexicano: facultades, recursos, hombres, presupuesto. Arribó a Michoacán rodeado de un aparato de seguridad salido de las filas policiacas del Estado de México, con funcionarios también mexiquenses; estableció, en el ejercicio diario, un gobierno paralelo al constitucional encabezado por el también priísta Fausto Vallejo. Un suprapoder por encima de cualquier autoridad, incluyendo al gobernador.

Fue un error mayúsculo de Peña.

Dotar a un personaje tan mediocre como oscuro de tanto poder, fue un presagio negro y azaroso para el violento Michoacán. Castillo no fue la solución y, en cambio, dejó tras de sí una estela de muerte, ilegalidad, abusos y confusión.

Si pudiéramos dibujar la estrategia, por llamarla de alguna manera, de Alfredo Castillo para pacificar a Michoacán, podríamos resumirla en una frase inequívoca, rotunda: a los sicarios los volvió policías. ¡Ésa fue la propuesta de Castillo!

Nos remitimos a los hechos. Recurro a mi columna en el diario digital *SinEmbargoMX*, titulada "Michoacán, la farsa" (14/mayo/2014. Extractos):

Con Alfredo Castillo a la cabeza —encargado permanente del trabajo sucio de Enrique Peña Nieto— la situación en Michoacán no podía resolverse de otra manera: a las autodefensas las institucionalizaron, les cambiaron el nombre, las convirtieron en policías rurales y les dieron licencia para matar. Hoy, el estado ha quedado formalmente bajo el control policiaco de mafiosos y sicarios.

Pobre Michoacán.

No nos engañemos: las autodefensas no han desaparecido ni mucho menos dejaron de operar, como pregonan Castillo y algunas plumas y voces oficialistas. Simplemente las rebautizaron: ahora se llaman Policía Rural Estatal. No es lo mismo, pero es igual.

Así, de un plumazo mortal, el gobierno peñista, vía Alfredo Castillo, convirtió a Michoacán en tierra gobernada, de manera oficial, por asesinos con permiso para portar armas y matar "a los enemigos del pueblo". "Son ustedes los imprescindibles", les dijo Castillo y les dio luz verde para acabar con quienes les plazca. Una tragedia.

¿Y quiénes son parte de los heroicos policías rurales que ahora gobiernan Michoacán?

"Son grupos de choque o sicarios que antes pertenecían a Los Templarios; luego, pasaron a ser autodefensas… y ahora forman parte de la nueva Policía Rural", me revela el periodista Miguel García Tinoco, preciso, confiable, uno de los que mejor conocen el tejido social, el entramado y la evolución de las autodefensas michoacanas.

¿Qué tal?

Michoacán, ahora, en manos de asesinos profesionales.

"Somos gobierno", clama triunfante el Papá Pitufo (Estanislao Beltrán), apapachado por Castillo, rodeado de sicarios vestidos de azul, metralletas al pecho y listos para matar. A ver quién los frena ahora, armados hasta los tobillos.

Qué vergüenza para este gobierno.

* * *

"Nadie autorizó ni determinó el registro de armas para ningún grupo de personas, puesto que el registro se realiza ante la Dirección General del Registro Federal de Armas de Fuego y Control de Explosivos...", dijo, ante el Juzgado Quinto Penal, en diciembre de 2015, Alfredo Castillo, tras las versiones insistentes y rotundas de que las autodefensas (integradas también por sicarios), ahora formaban parte, de manera ilegal, de la Policía Rural michoacana.

Una vez más —embuste su código, embuste su nombre—, Alfredo Castillo mintió.

Aquí, la prueba:

Con base en documentos firmados por el propio Castillo y exhibidos por los abogados de las autodefensas, se confirma hoy que sí hubo acuerdo formal entre el comisionado federal para la Seguridad en Michoacán y las autodefensas estatales.

La información del periodista Adán García, corresponsal del periódico *Reforma* en Michoacán, publicada el 3 de marzo de 2016, no deja duda. Así lo relató:

> Los litigantes (abogados de las autodefensas) exhibieron un acuerdo firmado por Castillo el 26 de enero de 2014 con los entonces líderes del movimiento armado.

En el documento se obliga a autodefensas a registrar sus armas y a enlistarse como policías rurales para institucionalizar su lucha.

Las autodefensas firman el presente documento, en conjunto con los Gobiernos federal y del estado de Michoacán, a fin de incorporarse a la institucionalidad, refiere el acuerdo que también fue avalado por el entonces gobernador Fausto Vallejo.

Las autodefensas se institucionalizan al incorporarse a los cuerpos de defensa rurales (…) y se obligan a registrar las armas que actualmente poseen o portan ante la Secretaría de la Defensa Nacional.

En el escrito, el Gobierno se compromete a dotar de herramientas de comunicación, traslado y operación al movimiento armado ya institucionalizado.

Para Ignacio Mendoza, abogado de autodefensas que hoy están presos, esto demuestra que los civiles armados actuaron con respaldo de los gobiernos federal y estatal."

Hasta aquí el reporte de Adán García.

Presentamos, íntegro, el Acuerdo firmado por Alfredo Castillo con las autodefensas michoacanas convertidas en… ¡policías!

ACUERDO

Los Gobiernos de la República y del Estado de Michoacán, concurren al presente acuerdo con la convicción de reconstruir la tranquilidad y el orden públicos desde un enfoque integral que abarque los aspectos sociales, económicos y culturales, para lo cual es indispensable utilizar todas las herramientas y mecanismos legales para lograr un ambiente de normalidad institucional, duradera y estable.

Las autodefensas firman el presente documento, en conjunto con los Gobiernos Federal y del Estado de Michoacán, a fin de incorporarse a la institucionalidad, mediante las siguientes acciones:

1. Las AUTODEFENSAS se institucionalizan al incorporarse a los CUERPOS DE DEFENSA RURALES. Para este fin, los líderes de las AUTODEFENSAS presentarán una lista con todos los nombres de sus integrantes, los cuales serán validados con la formación del expediente respectivo, controlado por la Secretaría de la Defensa Nacional. Estos cuerpos serán temporales y estarán bajo el mando de la autoridad en los términos de las disposiciones aplicables.

2. Para la protección de sus comunidades, personal de las AUTODEFENSAS podrá formar parte de la POLICÍA MUNICIPAL, siempre y cuando acrediten los requisitos de ley y cuenten con el aval del Cabildo de su Ayuntamiento para ser propuestos para formar parte de dicha policía.

3. LAS AUTODEFENSAS se obligan a registrar las armas que actualmente poseen o portan ante la Secretaría de la Defensa Nacional. Por su parte, el Secretariado Ejecutivo del Sistema Nacional de Seguridad Pública o, en su caso, la Secretaría de la Defensa Nacional, se comprometen a dotarlos de las herramientas necesarias para su comunicación, traslado y operación.

4. Se acuerda que en los municipios en conflicto se llevará a cabo una auditoría del uso de los recursos públicos, conforme a las disposiciones legales aplicables.

5. Se acuerda la rotación de los Agentes del Ministerio Público Federal y Local, así como la instrumentación de unidades móviles de Ministerio Público.

6. La Comisión para la Seguridad y el Desarrollo Integral de Michoacán se compromete a mantener comunicación permanente con los municipios afectados para ofrecerles el apoyo conforme a las facultades que tiene dicha Comisión.

7. Para el caso de las personas que fueron detenidas por portación de arma de fuego y que se encuentran en libertad provisional bajo caución, se harán las gestiones pertinentes para que puedan firmar en el Estado de Michoacán, sin tener que trasladarse a otras entidades federativas.

ACUERDO

8. En el caso de los servidores públicos municipales y estatales que tengan responsabilidad penal o administrativa, y que se encuentre totalmente acreditada, se les aplicará todo el peso de la ley.

Suscriben el presente acuerdo, a los 26 días del mes de enero del año 2014, en Tepalcatepec, Michoacán:

C. Alfredo Castillo Cervantes
Comisionado para la Seguridad y el Desarrollo Integral de Michoacán.

C. Fausto Vallejo Figueroa
Gobernador Constitucional del Estado de Michoacán.

Los representantes ciudadanos de las siguientes comunidades:

Churumuco de Morelos.

Nueva Italia de Ruiz.

La Huacana.

Parácuaro.

Tepalcatepec.

Cualcomán de Vázquez Pallares.

Aquila.

Coahuayana de Hidalgo.

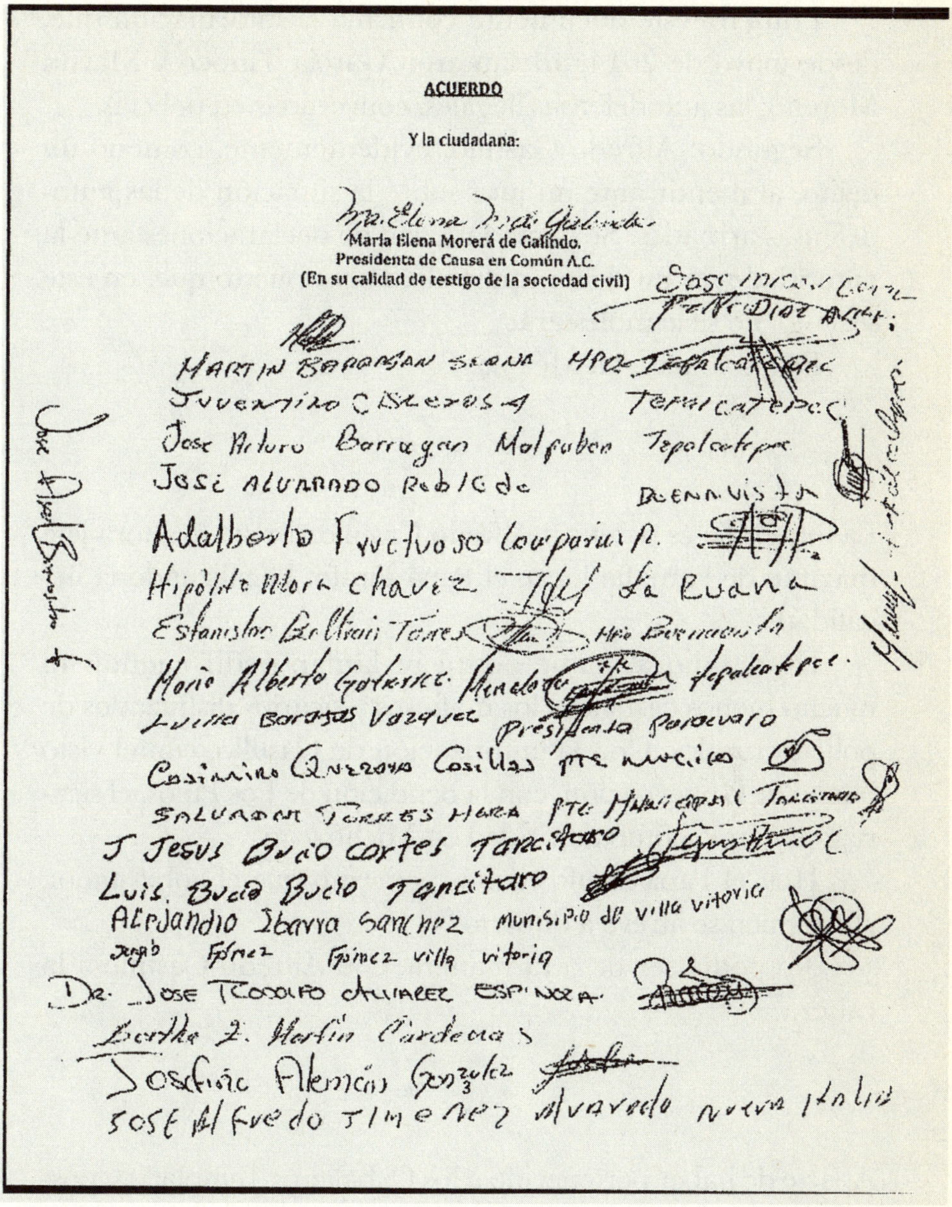

ACUERDO

Y la ciudadana:

María Elena Morera de Galindo
María Elena Morera de Galindo.
Presidenta de Causa en Común A.C.
(En su calidad de testigo de la sociedad civil)

[Page contains numerous handwritten signatures with names and locations, including:]

- Martín Barragán Serna — Hpo. Tepalcatepec
- Juventino Cisneros A. — Tepalcatepec
- José Arturo Barragán Malfabon — Tepalcatepec
- José Alvarado Robledo — Buenavista
- Adalberto Fructuoso Comparán R.
- Hipólito Mora Chávez — La Ruana
- Estanislao Beltrán Torres — Hpo. Buenavista
- Mario Alberto Gutiérrez — Tepalcatepec
- Luis Antonio Torres Vázquez — Presidente Parácuaro
- Casimiro Quezada Casillas — Pte. Municipal
- Salvador Torres Mora — Pte. Municipal Tancítaro
- J. Jesús Bucio Cortes — Tancítaro
- Luis Bucio Bucio — Tancítaro
- Alejandro Ibarra Sánchez — Municipio de Villa Victoria
- Joab Gómez — Gómez Villa Victoria
- Dr. José Teódulo Álvarez Espinoza
- Bertha Z. Martín Cárdenas
- Josefina Alemán González
- José Alfredo Jiménez Alvarado — Nueva Italia

Primero: este documento confirma la información que, desde mayo de 2014, adelantaron García Tinoco y Martín Moreno: las autodefensas ilegales, convertidas en policías.

Segundo: Alfredo Castillo, evidentemente, cometió un delito, al mentir ante un juez sobre la situación de las autodefensas armadas. Se llama falsedad de declaraciones ante la autoridad y es un delito tipificado. Por supuesto que, en este sexenio, no se le molestará.

Esto sólo pasa en México.

* * *

La fotografía es patética: Alfredo Castillo abraza al ahora jefe máximo de la mafia local, el Papá Pitufo. Legalizando la ilegalidad.

Desde ahora, nadie podrá reclamar, pedir cuentas ni mucho menos castigar a los mafiosos y sicarios disfrazados de policías rurales. Con la autorización de Castillo, con el visto bueno de Gobernación, con la bendición de Los Pinos, el sicariato emergió como autoridad en Michoacán.

Hoy, el Papá Pitufo es más poderoso que el gobernador. ¿O alguien se atreve a dudarlo?

No podía ser de otra manera, con Alfredo Castillo a la cabeza.

* * *

Aparte de haber pertenecido a los Caballeros Templarios, posteriormente a las autodefensas y ahora a la Policía Rural Estatal, algunos sicarios-policías michoacanos fueron entrenados… ¡en unas cuantas horas para parecer policías!

"Un día antes (fueron anunciados oficialmente por Castillo el 10 de mayo de 2014), a los nuevos policías los enseñaron a saludar a la bandera y a marchar", relata Miguel García Tinoco para este libro.

La "solución" en Michoacán fue a la manera de la mancuerna Peña-Castillo: mediante trampas y encubrimientos (como comprobamos en nuestro libro sobre El caso Paulette). Vestimos de policías a los sicarios que estén de nuestra parte, con el Papá Pitufo a la cabeza, aniquilamos y perseguimos a quienes se opongan (casos de Hipólito Mora y de José Manuel Mireles, encarcelados por no alinearse con Castillo), y hacemos como que aquí no ha pasado nada y todo está en orden. Y se acabó.

Hoy, Michoacán está bajo la autoridad de sicarios uniformados de policías y con licencia para matar. Ni más ni menos.

Pobre Michoacán.

Hoy por hoy, Michoacán sigue figurando entre los estados más violentos y peligrosos del país, de acuerdo con el índice denominado Semáforo Delictivo, que realiza mediciones serias y confiables sobre la evolución de la violencia en México.

Castillo ya no es comisionado para la Seguridad en Michoacán.

Atrás dejó un desastre: caos, ingobernabilidad, anarquía.

Se fue Castillo... pero se quedaron los michoacanos con sus sicarios convertidos en policías.

* * *

"¿A dónde te quieres ir? Tú dime..." Le dijo el presidente Peña Nieto a su amigo Alfredo Castillo. Así se han tomado algunas decisiones en el gobierno peñista: guiadas por la mano del amiguismo en lugar de recurrir a la sensatez y el profesionalismo.

Y como Castillo es un fanático del deporte, pues fue nombrado, en abril de 2015, nuevo… ¡titular de la Comisión Nacional del Deporte! (Conade).

De fiscal de niña desaparecida a procurador de Justicia mexiquense. De procurador de Justicia a subprocurador en la PGR. De subprocurador a procurador Federal del Consumidor. De procurador del Consumidor a comisionado para la Paz en Michoacán. Y de comisionado para la Paz en Michoacán a jefe del deporte mexicano. Castillo es un ejemplo clásico de un "milusos" de la política, siempre, sin duda, bajo un común denominador: servir al jefe exclusivamente, sin importar resultados para los demás.

Peña Nieto dejó que Alfredo Castillo decidiera dónde cobrar… ¡perdón, dónde trabajar!; así, sin mayor experiencia o conocimiento del deporte, como mero capricho y como si la Conade fuera un juguete o una especie de pasatiempo para cualquiera de los amigos del Presidente. ¡Qué pena!

Aunque, a decir verdad, Alfredo Castillo sí tiene cierta experiencia en los deportes. "Cuando trabajaba en la Procuraduría de Justicia del Edomex, se la pasaba horas y horas frente a la pantalla de televisión, viendo ESPN, y nos decía: por eso sé mucho de deportes", me confía uno de sus excolaboradores.

Así maneja algunas decisiones de gobierno el Presidente: para complacer a sus amigos.

Así ha gobernado: en ocasiones frívolo e irresponsable, al enviar a un abogado penalista a la Conade.

Ése es el señor Peña.

DE CÓMO PEÑA NIETO PERVIRTIÓ EL PACTO POR MÉXICO (O CÓMO SE UTILIZÓ PARA ENCUBRIR AUTORITARISMO Y CORRUPCIÓN)

"No entienden que no entienden…", resume el expresidente nacional del PAN, artífice del Pacto por México y actual diputado federal, Gustavo Madero, la dinámica de gobierno de Enrique Peña Nieto y de su equipo.

Madero exhibe:

"Cuando se acaba el Pacto por México y Peña se queda solo, empieza a colapsarse. Y más: a evidenciar que ni el Pacto ni el contenido ni las propuestas, provinieron del Ejecutivo."

Madero desnuda:

"Estaban utilizando (Peña Nieto y su gobierno) al Pacto por México, para seguir con su autoritarismo y con la corrupción de siempre."

Gustavo Madero no da respiro. Reconoce, pero alerta. Acepta, aunque arremete. Atisba, pero advierte. Dueño de sus palabras, dueño de su circunstancia.

Y hoy sabemos, con esas palabras, cómo se gestó el Pacto por México, tal vez la política pública más eficaz y funcional en los últimos cinco sexenios. Empero, también conocemos cómo Peña Nieto y su equipo pervirtieron el Pacto, lo usaron, lo prostituyeron, sin entender realmente cuánto dependían políticamente del mismo Pacto y, en su lance abusivo, arrogante, se tropezaron y cayeron.

Martín Moreno (MM): ¿Cómo inicia el Pacto por México? ¿Quién le llama a usted?

Gustavo Madero (GM): El Pacto por México se cocina por varios lados: primero, el PAN emplaza al presidente electo Enrique Peña Nieto, a integrar una Agenda de Reformas, siempre y cuando se acordaran contenidos de lo que el país necesitaba. Convocamos al PRD bajo un esquema denominado "El Método IFE" (fórmula espejo del bloque que integraron PAN y PRD cuando el PRI quería ganar la mayoría de nombramientos de los nuevos consejeros del Instituto Electoral). Finalmente ganamos esa pelea, al nombrarse consejeros menos identificados con el priísmo.

MM: Todos sabemos cómo se maneja el PRI. ¿Ustedes no le tenían desconfianza al proponerle un Pacto?

GM: ¡Sí, cómo no! Había mucha desconfianza, aunque estábamos negociando con un gobierno que todavía no entraba en funciones. Eso nos daba una posición diferente, porque si lo hacíamos después del uno de diciembre de 2012, las propuestas se esclerotizarían, se frenarían.

Los actores principales en reuniones privadas para integrar el Pacto por México fueron: por el gobierno electo, Luis Videgaray y Miguel Ángel Osorio Chong quienes, a lo largo de la primera mitad del gobierno peñista, fueron sus brazos ejecutores en las operaciones financiero-políticas; por Acción Nacional iban su presidente, Gustavo Madero, y Santiago Creel; por el PRD, Los Chuchos: Zambrano (dirigente partidista) y Ortega. Con el tiempo se sumaron Aurelio Nuño, Juan Molinar Horcasitas (q.e.p.d.) y Carlos Navarrete. Se aportaron diversas propuestas con coincidencias de fondo: la necesidad de sacar adelante las reformas.

"A Videgaray y a Osorio Chong les interesaba y preocupaba, sobremanera, enfrentar a los poderes fácticos ante un gobierno débil como el de Peña Nieto, debido a un diseño institucional que presentaba una presidencia débil", narra Madero. Coincidimos bajo la regla del "nada estaba aprobado hasta que todo estuviera acordado."

Sobre la mesa tripartita había reformas que convergían en el imperativo de cambiar a los jugadores, a los árbitros y tener una nueva cancha: las de Telecomunicaciones, la Política y la Energética. "Se requerían nuevas reglas del juego."

Así llegó el 2 de diciembre de 2012 cuando, en una ceremonia con aromas echeverristas, a la vieja usanza, celebrada en Palacio Nacional, de adoración ignominiosa al presidencialismo priísta, con el aplauso cerrado y melifluo hacia el nuevo Dios, gobernadores, líderes partidistas, invitados especiales (entre ellos propietarios de medios de televisión, estaciones radiofónicas y periódicos) y algunos de los llamados líderes de opinión, se anunció el Pacto por México, cuyo objetivo central era aprobar las reformas que, según la clase política, necesitaba el país. La República allí reunida, en pleno, como en los años de la frivolidad y la corrupción lopezportillista.

MM: ¿Fue justo el nuevo gobierno al anunciar el Pacto por México como un logro priísta y soslayar el apoyo fundamental de la oposición?

GM: En nuestro país hay una cosa que se llama "vértigo por el vértice": la gente se marea con el poder y todo lo personifica en el gran tlatoani, o en el jefe máximo o en el presidente de la República. Entonces creen que nada se mueve sin ellos, pero es una mala estrategia, porque el Pacto por México fue el referente de lo que iba a pasar, el que generó un cambio de expectativas, el verdadero impulsor del *Mexican Moment*.

"¿Por qué?", razona Gustavo Madero. Argumenta: "Tan fácil va a ser demostrar que cuando el Presidente se quede solo, va a enseñar lo limitado que es (el Presidente) sin la participación de los otros actores. Cuando se acaba el Pacto por México y Peña se queda solo, pues empieza precisamente a colapsarse, y más: a evidenciar que ni el Pacto ni el contenido ni las propuestas provinieron del Ejecutivo.

La principal aportación al Pacto, resume Madero, no fue de parte del gobierno, sino de la oposición."

(Abril de 2013 fue el mes en que se desfondó el Pacto por México. Vaya paradoja: una imprudencia, rayando en el cinismo del discurso presidencial, reventó la alianza con la oposición, justo cuando se ponían a prueba la solidez y la confianza entre el PAN y el PRD con Los Pinos. La ligereza de Peña Nieto horadó al Pacto.

Resulta que en su calidad de presidente del PAN, Gustavo Madero denunció a una red electoral en Veracruz que utilizaba los programas sociales del gobierno federal a cambio de votos –a cargo de la titular de la Sedesol, la experredista Rosario Robles–, para favorecer al PRI. Fue una denuncia pública.

Peña Nieto pudo responder como estadista, ofreciendo una investigación sobre las irregularidades denunciadas por Madero, o bien instruir a Rosario Robles para que se ocupara del caso. Sin embargo, imperó el corazón del priísta que late del lado del encubrimiento y, en otra de sus frases desafortunadas, justo en el arranque de la Cruzada Nacional Contra el Hambre, le recomendó a su colaboradora:

"Rosario, no te preocupes... hay que aguantar porque han empezado las críticas y descalificaciones..."

Con sólo catorce palabras, Peña Nieto comenzó el derrumbe del Pacto por México que, hasta ese momento, había sido el principal sostén de su gobierno. No hay duda: el pez por su propia boca muere.

Madero y el PAN tomaron aquel "Rosario, no te preocupes..." como una afrenta y una prueba no superada por Peña en el combate a la corrupción electoral.

Aún más: cuando a finales de 2013 se dio el retiro del PRD por el incumplimiento del PRI con las Reformas Política y Energética, así como la posterior salida del PAN, el Pacto por México comenzó a derrumbarse. El gobierno de Peña Nieto pasó del triunfalismo por las reformas aprobadas a la confusión por las leyes reglamentarias de las propias reformas, que no sólo fueron fuertemente cuestionadas por la oposición y por especialistas, sino que atoraron los beneficios contemplados. La *letra chiquita* de las reformas había sido asumida como responsabilidad plena del priísmo y, hasta hoy, no se ha reflejado en mejoras sustanciales para el país.

El tiempo le dio la razón a Gustavo Madero: sin el Pacto por México, el gobierno de Peña Nieto se colapsó. Sea por soberbia, por torpeza. Por lo que sea, pero el Presidente se dio un tiro en el pie.

"Allí empezaron a prenderse los focos amarillos porque (Peña y su gobierno) estaban utilizando al Pacto para continuar con el autoritarismo y la corrupción de siempre. Por eso nosotros, de manera tajante, anunciamos nuestro retiro del Pacto por México", apunta Madero.

Osorio Chong llamó por teléfono a Madero, invitándolo a regresar al Pacto. "¿Por qué se van?", le preguntó el secretario de Gobernación al líder panista.

GM: Nosotros le entregamos una carta para que se investigaran los hechos de Veracruz. Sí, se removieron a algunos funcionarios, pero hoy los vemos operando en otras carteras. Todo fue una treta para brincar los problemas del momento, pero no para solucionar los conflictos de fondo.

MM: ¿Qué pasa después con las Reformas? Hoy hay desaliento...

GM: Hoy, sin Pacto, están atoradas leyes como la Ley Anticorrupción o el Mando Único Policial que el PRI no puede sacar adelante, lo que nos demuestra la necesidad del Pacto por México. Las leyes secundarias salieron, por lo tanto, con menor potencial. Quedaron a deber. Y para aterrizarlas, el gobierno federal se ha quedado corto. Se ha diluido el potencial reformador.

MM: ¿Qué clase de presidente es Peña Nieto?

GM: Es un presidente que no ha entendido el combate a la corrupción. Cuando él habla del "mal humor social" y dice que no se lo explica, trata de convencer a la población con datos de crecimiento, pero lo que molesta a los mexicanos es la impunidad, la corrupción y la falta de oportunidades. Los grandes beneficios los gozan unos cuantos, y notoriamente muchos cercanos a su administración.

Pensaron que podían gobernar como en el Estado de México, donde hacían cualquier cosa y no pasaba nada. Eso es lo que tampoco entienden.

"NO SE ESTÁ GOBERNANDO..."

El doctor Luis Rubio se ubica entre los académicos más respetados y prestigiados en México, cuyo número no rebasa los dedos de ambas manos y, sin duda, el más reconocido en el extranjero. Los estudios que encabeza como líder del Centro de Investigación para el Desarrollo (CIDAC), son su mejor referencia. Sus textos dominicales en el diario *Reforma*, escritos desde hace más de 20 años, son lectura imprescindible. Sus opiniones son escuchadas.

Para este trabajo periodístico le preguntamos a Rubio sobre el momento que vive México. El México de hoy. El México gobernado por Peña Nieto y el PRI:

"De gobernar, no tienen ni idea… en México no se está gobernando." Las reformas: "Se creyó que México entraba al nirvana automáticamente", se aprobaron en el papel y después se abandonaron, diagnostica.

Y al Presidente, al personaje, al político de apellido Peña Nieto, Rubio lo dibuja en un trazo:

"No tiene la visión del desarrollo del país a largo plazo."

Con maestría y doctorado en Ciencia Política en Brandeis University, Luis Rubio responde, cuestiona y configura al México de nuestros días:

Martín Moreno (MM): ¿Qué tipo de Presidente tiene México?

Luis Rubio (LR): Tiene un Presidente que es el promedio de los políticos mexicanos que pueden llegar a acuerdos entre ellos, pero que no tiene la visión del desarrollo del país a largo plazo. Él (Peña Nieto) creció políticamente en la época en la que se volvió un *mantra* que, si en el país se efectuaban una serie de reformas, México entraba al nirvana automáticamente. El único problema es que ése no era el problema. Es decir: sí se necesitaban algunas de esas reformas, y quizá otras, pero se debía llevarlas a la práctica. Los cambios, por ejemplo, de la Reforma Energética que es la más ambiciosa, son de tal magnitud que van a requerir décadas de instrumentación, y eso, si los gobiernos los empujan sistemáticamente. ¿Qué ocurre con este gobierno? Que cada reforma avanza según la persona que está encargada y decide o no, avanzarla. Algunas reformas están totalmente paradas. Tenemos un Presidente que compró ciertas ideas, pero no tenía la visión de la complejidad en la implementación de las reformas, y ciertamente no tiene el deseo de llevarlas a la práctica.

El gobierno argumenta que la oposición ha sido muy grande, pero creo que no hay una sola evidencia de ello. "El problema está dentro del propio gobierno, que no quiere afectar intereses cercanos al PRI, que es diferente. No es que haya resistencias, es que ellos mismos no se quieren afectar." Están atoradas (las reformas) porque no quieren pagar el precio de llevarlas a la práctica y porque, en el fondo, no hay una comprensión cabal, en la mayoría de los funcionarios, de para qué sirven esas reformas. Se compró la idea de que eran necesarias y que solitas resolvían los problemas. No hay la visión de conjunto. No hay la comprensión de la complejidad de lo que el mismo gobierno modificó. "En México no se está gobernando."

MM: ¿Qué clase de gobierno tiene México?

LR: Tiene un gobierno que es un intento de recreación o de reconstrucción de cómo funcionaba el México de los años cincuenta o sesenta, pero que en la actualidad ya no tiene ninguna viabilidad porque ya no se puede controlar todo *desde arriba*; porque la economía está totalmente diversificada y tiene relaciones con el resto del mundo; porque la sociedad es muy demandante en muchas cosas, en fin, porque el gobierno ya no puede decidir por todos. Ya no se puede gobernar como se gobernaba antes. Simplemente es inviable. Estos señores (Peña Nieto y su equipo) llegaron y dijeron: los otros (los panistas) son unos tontos y nosotros somos muy eficaces, pero resulta que ahora tenemos un problema fundamental de sistema de gobierno: de ministerios públicos, de policías, de baches, de agua, de aire, y mientras más lejos se va uno, los problemas de inseguridad evidencian todo.

Luis Rubio habla sin concesiones:

"Es una inexistencia de gobierno en la abrumadora mayoría del territorio nacional. Tenemos un sistema de gobierno que no funciona ni es apropiado para las circunstancias actuales, y el gobierno claramente no lo vio. En campaña lo hicieron muy bien, pero de gobernar no tienen ni idea."

EL MÉXICO DE TOLEDO: "UNA MASA OSCURA, PUTREFACTA... UNA TRISTEZA..."

No. Definitivamente Francisco Toledo no es fácil de entrevistar. Nada fácil.

Rehúye, desde que empezamos a charlar. Huidizo, corre entre sus palabras y se esconde en sus pensamientos de artista: profundos, universales. Se impacienta y apresura su respuesta, la propia pregunta del periodista se acelera. Se escapa de sí, como una trucha de río que se resiste a ser atrapada por la red del pescador. Dispersa la mirada, rebusca y reencuentra la frase. La expulsa en voz baja, pesarosa, plomiza.

Los caminos de Toledo.

Estoy a unos centímetros del artista vivo más importante de México. El más reconocido en el mundo. Recién cumplió 76 años de edad. Se le ve fuerte. Se percibe fuerte. "Lo veo muy bien, maestro…", le suelto un tanto impertinente. Toledo me ofrece una risotada y con la mano derecha, una y otra vez, como si fuera una garra, se remueve el cabello: una mata desordenada, grisácea, reflejando un mar embravecido, picado, con surcos blancos; barba y bigote tan blancos como la nieve.

"Bueno" me responde, ambos sentados frente a frente en una banca de cemento, bajo la sombra de un sauce milenario y generoso que nos arropa como la madre al hijo; clavada justo en medio del Centro de las Artes San Agustín, en los altos de San Agustín Etla, a unos cuarenta minutos de la capital Oaxaca, con sus caminos empinados y en bajada

"… pues para hacer una carrera de aquí hasta allá arriba, pues ya no puedo…", y desliza travieso su mirada rumbo al copete de este paraíso del arte, decenas de escalones arriba, rumbo al cenit, a la eternidad de Toledo.

Cae el sol a plomo, para fundir, y agradezco recibir la sombra del sauce.

Sorprende la fuerza de su mirada. Entre sus manos morenas, curtidas, tozudas, de largos dedos, juguetean sus conejos, sus changos, revolotean sus murciélagos y reptan sus cocodrilos. Los animales de Francisco Toledo son universales y vigentes. Su voz suave, murmullo de palabras, parece no embonar con la fuerte carga de indignación que enmarca su frase cuando le pregunto por México:

"No veo un país. Veo toda una masa oscura, una masa putrefacta. Hay una descomposición terrible en las instituciones…"

Algo le voy a preguntar pero Toledo me interrumpe con su voz de agua sobre río. Se autopregunta, como si enfrente tuviera el lienzo blanco, virgen, o el barro amorfo sobre plancha, con su genio a punto de ser volcado sobre uno y otro:

"¿Qué se puede hacer para cambiar a este país? Porque no sólo es Oaxaca. Es México, con partidos que se reparten el poder, el dinero. Es una tristeza. Y nos piden cumplir con nuestras obligaciones fiscales, ¿y para qué? Para que el dinero vaya a manos de unos cuantos…", lamenta Toledo.

Tiene razón. Da la impresión de que siempre tiene razón. Desde que se opuso y encabezó la resistencia civil a que un Mcdonald's se estableciera en la plaza central oaxaqueña, o cuando, otra vez cabeza de pueblo, doblegó al gobierno estatal en su intención de construir un Centro de Convenciones que pretendía arrasar parte del Cerro del Fortín, horadando el pulmón oaxaqueño. Lo observo, y está indignado. Lo escucho, y sigue indignado.

"Y bueno –punza Toledo–, agreguemos la cosa del narco, la delincuencia organizada, y cómo está ligada al poder político. Es un caos."

Es el México putrefacto que dibuja, que traza Toledo. El México fallido.

Le suelto una pregunta más íntima:

"¿Qué le falta hacer a Francisco Toledo a estas alturas de su vida?"

"Quedarme quieto en mi casa", sonríe como niño travieso y ahora sí me mira a los ojos. "Siempre trabajo sobre la marcha."

Toledo y la muerte. "¿Piensa en la muerte?", le planteo, como un dilema de vida resuelto desde los orígenes de la humanidad: lo único inevitable cuando se tiene vida. La muerte segura. La muerte burlona. La muerte inoportuna.

Es Toledo una filosofía de esa vida:

"Bueno, más que nada es el deterioro del cuerpo, ¿no? Cómo poco a poco va perdiendo la agilidad, los huesos que empiezan a fallar, la mente, dientes, pelos, oídos... eso es lo que está más presente. Y la muerte, pues es el derrumbe total de todos estos males que uno está padeciendo a los setenta y seis años. ¡Es el fin de los males!"

"¿Qué lee Francisco Toledo?"

"Me ha atrapado Kafka. Yo también soy ilustrador de textos, entonces hemos ilustrado muchos textos de Kafka. El 'Informe para una Academia', por ejemplo. También están sus diarios y algunas historias cortas que no terminó."

"¿Y mexicanos?"

"Bueno, me gusta Rulfo, sobre todo. Algunas cosas de Agustín Yáñez, cuando describe el mundo de la provincia, del campo. Un poco de todo..."

"¿Qué música disfruta?"

"Un poco de todo también. Nosotros (en el Centro de las Artes) tenemos una fonoteca muy amplia con toda la música que hemos podido adquirir, con todos los clásicos: Mozart, Bach. También escucho la música de los pueblos, grabaciones antiguas que se hicieron en México en los años veinte, treinta. Y música de Asia. Y de África..."

El maestro Toledo se pone de pie. Se despide, afable, mucho más relajado que al inicio de la charla. Lo siguen sus changos, sus conejos, sus cocodrilos, sus chaneques. Jamás lo abandonan. ¿No me creen? ¡Se los puedo jurar!

LOS DISLATES DEL SEÑOR PEÑA

En enero de 2015, un foro con víctimas, organizado por la asociación Alto al Secuestro que encabeza la valiente Isabel Miranda de Wallace (todos sabemos que su hijo, Hugo Alberto, fue secuestrado y asesinado por sus plagiarios), fue inaugurado por el presidente de la República. Casi al salir del recinto, Peña Nieto miró a un hombre joven, volteó hacia Isabel y, ante la sorpresa de quienes estaban cerca, le preguntó:

—Oiga, Isabel... ¿él es su hijo?

—No, señor Presidente... mi hijo está muerto... él es mi sobrino...

Ése es el señor Peña.

¿Ignorancia? ¿Errores? ¿Distracciones? ¿Dislates? ¿Equivocaciones? ¿Desvaríos? ¿Patinadas? Póngale usted, lector, el calificativo que quiera. El que le plazca. Lo cierto es que, como jamás había ocurrido con presidente alguno de México, Enrique Peña Nieto tiene un récord que nadie, nunca, le envidiará: el récord de las torpezas verbales.

Todos, por supuesto, podemos equivocarnos. O confundir algún nombre o un sitio, extraviarnos en algún momento entre lo que pensamos y lo que decimos. Absolutamente todos.

Sin embargo, los constantes resbalones presidenciales se han convertido en un patrón de conducta. En una característica, una constante que, queramos o no, nos llevan a una pregunta inevitable:

¿Por qué Peña Nieto tiene errores tan garrafales y graves, sobre todo para un presidente de la República? ¿Qué pasa por su cabeza cuando no conecta y sus desvaríos lo llevan a cometer error tras error?

¿Qué lo lleva a decir que "el Benemérito Juárez que... en 1969 (¿?)...?"

¿Qué lo lleva a confundir Ojinaga con Okinawa?

¿Qué lo lleva a asegurar que León y Lagos de Moreno son estados?

Que nos responda una especialista:

"Se trata de conductas que no están alineadas con la inteligencia, sino con la dislexia (definición conceptual: *Alteración de la capacidad de leer por la que se confunden o se altera el orden de letras, sílabas o palabras*). Ese puede ser uno de los trasfondos, aunque no significa que esas personas sean ignorantes o tontas. Son fallas simbólicas que llevan a lapsus", describe la doctora Luz Pascoe, presidenta de la Fundación Sigmund Freud y una de las psicoanalistas más reconocidas de México.

Para un ciudadano común, es inadmisible este tipo de dislates.

Para un presidente de la República, es imperdonable. Una cosa es el trabalenguas verbal, el errar, y otra cosa es el error impune.

Aquí, algunos dislates presidenciales para el archivo del asombro nacional:

"Leí algo que seguramente en mi vocación por la política alentaba ese espíritu. Fueron varios libros, algunos, *La Silla del Águila*, de Krauze…"

"Por un lado acerca al gobernador del estado vecino de Lagos de Moreno, y de igual manera acerca al estado… de este estado… al estado de León, donde se ubica León…"

"Al presidente municipal de Boca del Río, a quien agradezco su hospitalidad, y a la presidenta municipal de su ciudad capital de Veracruz…muchas gracias…"

"Y de igual manera quiero saludar a legisladores federales y locales, presidentes municipales. A toda esta gran representación de la sociedad de Chihuahua que se da cita aquí en Okinawa…"

"Desde esta plaza, erigida en memoria del Benemérito Juárez, del Benemérito que fuera, justamente, quien en 1969 justamente…ayer se cumplieron 144 años de la erección del estado de Hidalgo…"

"… En nombre de los Estados Unidos Mexicanos es un honor recibir hoy al presidente de la República Popular de China, Juan Yin…"

"Que el cien por ciento de los habitantes del estado de Tijuana…"

"Agradezco la invitación que me han formulado los consejeros de Bancomer y de be be u doble u a Bancomer…"

Carlos Fuentes (autor de *La Silla del Águila* y no Krauze, como erró Peña Nieto), colgó una frase demoledora a Peña tras su error. Punzó:

"Peña Nieto tiene derecho a no leerme. A lo que no tiene derecho es a ser presidente de México a partir de la ignorancia. Eso es lo grave. Es un hombre muy ignorante."

El Presidente, tras cometer uno de sus tantos dislates, expresó de manera pública:

"También el presidente de la República a veces se equivoca…"

A veces.

Ése es el señor Peña.

Ayotzinapa:
la herida que no cierra

"A Huitzuco se los llevaron…"
"No nos estén dando lata…"
La farsa del autobús cargado de droga…

Huitzuco de los Figueroa. La línea no investigada.

Huitzuco, el territorio de la familia Figueroa —no es casualidad que geográficamente así se le ubique— y su dinastía; poderoso clan priísta, padre e hijo del mismo nombre, Rubén, y ex gobernadores, amos de tierras, voluntades y conciencias.

Huitzuco, adonde —todo así lo indica— fueron llevados parte de los normalistas de Ayotzinapa.

Dos fuentes diversas que fueron consultadas por separado por el autor, lo hacen llegar a esta conclusión; además de que así lo confirman tanto declaraciones ministeriales, como el GIEI y la CNDH, para plantear el siguiente escenario: estudiantes de la Normal Raúl Isidro Burgos fueron llevados, con vida, la madrugada del 27 de septiembre de 2014, a Huitzuco, ubicado a menos de una hora de Iguala. Y más: esta probabilidad se incluye en el II Informe sobre Ayotzinapa del Grupo Interdisciplinario de Expertos Independientes (GIEI). No es una suposición. Es una realidad, insistimos, NO INVESTIGADA.

"Mientras estaba acostado en la cajuela de la patrulla, con los ojos borrosos por el gas pimienta, me echaba agua del arroyo que se hizo en el acotamiento derivado de la lluvia, la cual era un leve chipi chipi; como pude me enjuagué los ojos, desde la patrulla pude observar cómo iban bajando poco a poco los estudiantes y los estaban golpeando brutalmente con unos palos en la cabeza, y los que podían caminar los subían a la patrulla y los que no podían caminar entre dos policías los arrastraban y los aventaban a las patrullas; uno de los policías le dijo a otro que ya no cabían en la patrulla y el otro dijo: 'No importa, ahorita vienen los de Huitzuco.' En ese momento llegaron varias patrullas de color azul con blanco y subieron a los demás estudiantes…" **(Declaración ministerial del chofer del autobús Estrella de Oro 1531).**

"Una vez que los agentes policiacos toman control de la situación, comienzan a subir a los detenidos a la patrulla ubicada en contra flujo del autobús. Uno de los agentes de la Policía le dice a uno de sus compañeros: 'Ya no caben en la patrulla.' En respuesta el otro agente señala: 'No importa, ahorita vienen los de Huitzuco.' Instantes después, en sentido contrario, tal como llegó la patrulla que se ubicó al frente del autobús, arriban tres patrullas presumiblemente de Huitzuco. (De acuerdo con las declaraciones ministeriales de los policías de Huitzuco, hay tres patrullas que salen a realizar un recorrido en la localidad de Pololcingo como a las 11 de la noche, los números de estas patrullas son: la patrulla 18, patrulla 15, patrulla 1).

"Los estudiantes empiezan a ser subidos en las patrullas, sería bueno describir la forma en la que los suben y qué maniobras hicieron los policías, al lugar arriban dos patrullas federales en donde uno de los agentes de la Policía Federal pregunta: '¿Qué pasa con los Chavos?' Uno de los tres municipales contestó: 'Allá atrás chingaron a un compañero. Se los van a llevar a Huitzuco. Allá que el Patrón decida qué va a hacer con ellos.' El mismo Policía Federal dijo: 'Ah, ok, ok. Está bien.'

"Terminando de subir a los estudiantes a las 3 presumibles patrullas de Huitzuco y una de Iguala que arribaron minutos antes y que fue consentido por la Policía Federal… dichas patrullas maniobraron en reversa hasta llegar a un tope, dieron vuelta y se dirigieron de frente con rumbo a Huitzuco sobre la misma carretera a Chilpancingo". **(Testigo incluido en la investigación de la Comisión Nacional de Derechos Humanos, CNDH sobre el caso Iguala)**.

"Se los van a llevar a Huitzuco. Allá que el patrón decida…"

"¿Hay la probabilidad de que los normalistas hayan sido llevados a Huitzuco y allí fueran ejecutados?", le pregunto, viéndolo a los ojos, al investigador colombiano Alejandro Valencia, uno de los miembros del GIEI.

"Siempre se ha dicho que todo se desarrolló en Iguala y Cocula. Ahora se abre la línea de Huitzuco. Además, hay una participación de los policías de Huitzuco. Es como una serie de anillos de seguridad para no permitir salir a los normalistas, incluso un anillo más: Mezcala, donde hubo otro retén militar en horas de madrugada. Esto fue un operativo bien planificado, con un *modus operandi* complejo, con un nivel de coordinación serio e importante, y demuestra que no estábamos frente a una operación aleatoria o casual… fue algo bastante organizado y planificado."

"¿Hay probabilidad de que los estudiantes hubieran sido llevados a Huitzuco y allí ejecutados?" Vuelvo a preguntar.

"Es una línea de investigación que hay que hacer. Y en la medida que para nosotros no es convincente la incineración de los normalistas en el basurero de Cocula, pues hay que agotar todas las posibilidades…"

(Más adelante, dentro de este capítulo, se amplía la información sobre el traslado de los normalistas hacia Huitzuco durante aquellas horas infernales, con información sustentada y respaldada.)

* * *

Madrugada del sábado 27 de septiembre de 2014.

La llamada llegó desde Guerrero al teléfono del procurador General de la República, Jesús Murillo Karam. Provenía de la Procuraduría General de Justicia guerrerense.

Desde el otro lado de la línea se le informó, con detalles, sobre lo que había ocurrido en Iguala con los estudiantes de Ayotzinapa. De la agresión. De los muertos. De Guerreros Unidos. De la gravedad del asunto.

La respuesta heló a quien escuchó decir a Murillo Karam:

"Ése no es nuestro asunto. Es problema de ustedes. No nos estén dando lata…"

Y colgó.

* * *

El famoso "quinto camión" cargado de droga.

La farsa. El invento. El embuste.

Mucho se escribió, se habló y hasta se opinó –sin sustento en realidad– de que el motivo central para masacrar a los normalistas de la escuela rural Raúl Isidro Burgos, había sido que el "quinto camión", que supuestamente también robaron, iba con la panza rellena de droga, y que en su desesperación por recuperarla, los sicarios de Guerreros Unidos mataron a los estudiantes de Ayotzinapa para escarmentarlos, darles una lección.

Mentira.

La droga en ese "quinto camión" (que en realidad sí apareció, pero fue abandonado por los estudiantes justo afuera de la Central Camionera de Iguala, como se reflejará en este capítulo), jamás existió.

¿Fue un invento? ¿Un engaño?

La respuesta es sí.

¿Quién inventó aquello de que los ayotzinapos robaron un camión cargado de droga (sin saberlo) y que por eso fueron ajusticiados?

Una de las cabezas más influyentes del Partido de la Revolución Democrática (PRD), concretamente, uno de los dirigentes de Nueva Izquierda (NI), de la corriente conocida como Los Chuchos.

¿Por qué inventar eso?

Para descargar de presión política al PRD, que se hundía de la mano del alcalde amarillo de Iguala, José Luis Abarca, apoyado, precisamente, por el grupo de Los Chuchos. El desprestigió era brutal, imparable. Inclusive, le costó al perredismo perder la gubernatura de Guerrero en junio de 2015.

—Sabes que lo de la droga en el quinto camión no es cierto...no se ha comprobado... –le dijo un interlocutor al "chucho".

—Pues vamos a insistir en eso...

—¿Y no les importan los estudiantes...? –le reviraron al "chucho".

—No. Lo que nos importa es que el gobierno federal también asuma su responsabilidad... –respondió quien es, sin duda, de los integrantes principales de Los Chuchos, a uno de los funcionarios que investigaban lo ocurrido en Iguala durante una charla privada.

Mentir para absolver.

Mentir para salvarse.

Mentir como recurso.

A ese grado se llegó en el episodio aún no cerrado llamado Ayotzinapa: a la mentira por encima de la desgracia. De la tragedia.

* * *

Los soldados y los estudiantes.

Vieron cómo los detenían, golpeaban, sometían y se los llevaban. Nada hicieron los militares. Absolutamente nada.

Tres momentos marcan, con fuego, con sangre, el vergonzante papel del 27º Batallón del Ejército mexicano (con sede en Iguala), durante las horas en que los normalistas eran masacrados:

1) "Al manejar las cámaras del C-4 (sistema de monitoreo), el Ejército vio que los policías de Iguala se llevaron detenidos a los jóvenes. Al no encontrarlos en la comandancia debieron preguntar y si no hubieran obtenido respuesta, debieron denunciar... El control de las cámaras estaba a cargo de militares."

2) "El soldado M fue testigo del enfrentamiento, estuvo en el lugar al menos 45 minutos mientras se desarrollaban los hechos, y tomó fotografías de lo que estaba sucediendo... Dicho agente llegó cerca de las 22:00 horas, es decir, poco después de que empezara el ataque contra ellos (los estudiantes), cuando aún se encontraban dentro del autobús,

lo que muestra que el Ejército tenía información de la salida de los normalistas y de la acción de la Policía Municipal muy poco tiempo después de iniciarse los hechos."

3) "Llegamos al militar y ese hombre que estaba ahí en la pluma, y no nos hicieron caso. Nosotros, cuando llegué a la pluma del militar, me sentí aliviada, creo aquí está la ayuda. Y no fueron para ayudarnos, nos tiraron de a locos, el señor de la pluma se estaba burlando, le causó mucha gracia... ayúdame, mi hijo está tirado, te llevo al lugar donde es... Y el señor se reía. Decía: 'es que nosotros no podemos salir, no tenemos orden de mi jefe.' Le dije: '¿entonces pueden matar a toda la ciudad y si no les dan la orden ustedes no salen...?' **(Declaración de un familiar del equipo de futbol Los Avispones).**

El Ejército siempre tuvo conocimiento de lo que los policías de Iguala hacían con los normalistas de Ayotzinapa. Los vio. Fue testigo de la barbarie y del momento en que se los llevaron. Y nadie movió un dedo para auxiliarlos, arrebatarlos de una muerte cruel, espantosa, infernal. Ningún soldado. Nadie.

Era por humanidad.

(Más adelante, con mayor detalle, la actuación del Ejército la noche del 26 de septiembre y madrugada del 27, de 2014, en Iguala.)

Ayotzinapa. La sola mención de la palabra estremece, indigna. Perturba.

"Ayotzinapa será un fantasma similar a lo que fue Tlatelolco para el PRI", sintetiza, punzante, la especialista en seguridad e investigadora del Centro de Investigación para el Desarrollo (CIDAC), Mariana Meza.

Este capítulo fue investigado, diseñado y escrito para aclarar —en la medida de lo posible—, algunas dudas que persisten sobre lo ocurrido entre la noche del 26 de septiembre de 2014 y las horas posteriores, en Iguala y sus alrededores, incluyendo el basurero de Cocula. Aportar información, no contribuir a la desinformación. Despejar escenarios. Amarrar cabos sueltos. Desechar especulaciones o suposiciones. Recurrir a la herramienta inapelable de la comprobación de hechos.

El capítulo que usted, lector, tiene ante sus ojos, conlleva ese propósito único: aclarar algunos puntos oscuros respecto a lo que realmente ocurrió con los estudiantes de Ayotzinapa.

Investigando, no elucubrando.

* * *

Cuando el 7 de noviembre de 2014 el procurador General de la República, Jesús Murillo Karam, avaló sin chistar, cuestionar o contradecir las declaraciones de sicarios de Guerreros Unidos (palabras de criminales, a final de cuentas) sobre lo ocurrido con los normalistas y, en consecuencia, sin instruir el mínimo rigor profesional para aplicar una investigación a fondo por parte de la PGR, para comprobar o desmentir lo dicho por los gatilleros, el procurador inició, con el pie izquierdo, la investigación en torno a lo ocurrido en Iguala.

¿Por qué?

Porque el primer gran error, omisión criminal, de Murillo Karam, fue asumir como "verdad histórica" la palabra de un grupo de matones, y no sustentarla con una investigación profesional, inclusive, apoyándose en trabajos paralelos o independientes que le dieran mayor certidumbre a las conclusiones. "El gobierno tenía prisa por cerrar el asunto, y eso los apresuró...", me confía un funcionario que estuvo dentro de la investigación en su etapa inicial.

Recordemos lo que Murillo Karam tomó como palabra de la Biblia para presentar la "verdad histórica" del gobierno de Peña Nieto sobre Ayotzinapa:

Testigo 1. Agustín García Reyes. El Chereje.
—¿Cuántos estudiantes traían?
—Eran, dicen que eran 44... yo oí... Así que los haya contado uno por uno, no.
—¿Quién te dijo?
—Ellos dijeron.
—¿Quién?
—El Pato, El Guereque, decían son 44 o 43, así yo no más oí pero que los haya contado, no. Pero sí eran hartos, entonces de ahí se pasó El Pato...
—¿Y en dónde venían los 43 o 44?
—Venían en la camioneta más grande...
Hasta aquí la declaración ministerial de El Chereje.

Dice El Chereje que "44 o 43" estudiantes fueron trasladados al basurero de Cocula para ser incinerados. 44 o 43. No 35 o 40. Tampoco 45 o 50. No. Exactamente "44 o 43", con una precisión matemática admirable e innegable.

Murillo Karam, el fiscal de la justicia federal, asume lo declarado por un criminal como la "verdad histórica" del Estado mexicano sobre lo ocurrido a los normalistas de Ayotzinapa.

Se equivocó. Erró, por el apresuramiento para dar carpetazo al caso. Falló, por su nulo rigor profesional.

La siguiente línea del tiempo –bajo el esquema del trabajo periodístico– desmiente que los 43 estudiantes de la Escuela

Normal Raúl Isidro Burgos de Ayotzinapa, hayan sido llevados juntos, todos, al basurero de Cocula, por una razón inapelable, sustentada y basada en los hechos incluidos en el expediente oficial, en investigaciones paralelas y en testimonios sobre lo ocurrido en Iguala:

En ningún momento de la noche del 26 de septiembre, o de la madrugada del día 27, los estudiantes estuvieron juntos en cualquier punto de Iguala y de sus alrededores. Jamás hubo, como lo demuestra dicha línea del tiempo, un punto de encuentro geográfico, de coincidencia de horario o de intersección de los 43, en el cual los normalistas –más allá de que algunos estuvieran muertos– pudieran ser juntados o amontonados (valga la expresión) en la camioneta, sólo una, que supuestamente los llevó a Cocula.

Nunca estuvieron juntos.

Entonces, ¿cómo pudieron ser llevados, todos, a Cocula?

Esa pregunta jamás podrá responderla Murillo Karam.

De alrededor de 120 ayotzinapos que llegaron a Iguala y tras la primera balacera, registrada minutos después de las 21:00 p.m., la mayoría se dispersó en grupos o células. En fuga, se refugiaron en casas particulares; en hospitales; algunos más –alrededor de 60 estudiantes– fueron rescatados, literalmente, por el subprocurador Jurídico y de Atención a Víctimas de la PGJEG, Ricardo Martínez Chávez; otros, secuestrados por los sicarios de Guerreros Unidos; algunos más se dispersaron entre los caminos que llevan a Pueblo Viejo o en la brecha de la sierra guerrerense.

A continuación dejo al lector la línea del tiempo a la que hacemos referencia, realizada por la periodista Alicia Carlos.

En ninguna declaración ministerial leída, renglón tras renglón, por el autor de este trabajo, ni en otra investigación paralela o versión extraoficial, se puede detectar que los 43 normalistas de Ayotzinapa desaparecidos, estuvieran juntos, en algún momento de la noche o de la madrugada inmediata, para ser subidos todos a la camioneta y transportados al corazón de la sierra guerrerense: al basurero de Cocula. (Aparte de que es prácticamente imposible que en una sola camioneta fueran transportados 43 cuerpos humanos en un camino enlodado, fangoso y suelto por la lluvia caída esa noche, brecha difícil de atravesar bajo esas condiciones.)

Aún más: en ningún punto del expediente Ayotzinapa (por darle un nombre), se comprueba o se narra dónde, en qué punto geográfico o cómo fueron amontonados los estudiantes para ser llevados a Cocula. Por cómo se dieron los acontecimientos aquella noche, era imposible que los reunieran a todos y así trasladarlos al basurero.

Si el periodista tuviera enfrente a Murillo Karam (desapareció de la escena pública tras su despido de la PGR el 28 de febrero de 2015, tan sólo tres meses después de divulgar su desafortunada e insostenible "verdad histórica"; materialmente se esfumó, con excepción de cuando se reunió con diputados para hablar del caso en marzo de 2016), le preguntaría:

¿En qué momento y en qué lugar fueron reunidos los 43 normalistas para ser llevados a Cocula?

No habría respuesta, simplemente, porque no existe.

LA MACABRA DANZA DE LOS CAMIONES

"¿Cuántos camiones fueron tomados por los normalistas?", pregunta la reportera Alicia Carlos a Alejandro Valencia. Es necesario despejar dudas. Interrogar. Aclarar.

Valencia: "Se habla de seis camiones, pero el sexto era el de Los Avispones. Vinculados directamente con el episodio de la desaparición de los 43 normalistas, nosotros hablamos de cinco autobuses: tres que van por la calle Juan N. Álvarez, de los cuales, del tercero desaparecieron algunos estudiantes. Después hay otro camión que llega al Palacio de Justicia y de ese desaparecieron otros normalistas. Los 43 desaparecieron de esos dos autobuses, es decir, se encontraban dispersos…

"Después, de la Central de Autobuses de Iguala, sale al que llamamos el quinto camión que es el que no aparece en las diligencias… ese autobús se retrasó… cuando llega al Palacio de Justicia, se encuentra con tráfico, porque los autobuses de los estudiantes habían sido detenidos, pero ellos no alcanzan a ver qué es lo que ocurre…

"Momentos después se acerca la Policía Federal y los chavos se bajan inmediatamente de ese autobús y los policías federales les empiezan a apuntar, los normalistas retroceden y salen corriendo del lugar….

"Todos los chavos que van en este quinto autobús, que son catorce, sobreviven. Por eso hablamos de cinco autobuses, porque sólo son cinco los involucrados directamente con la desaparición de los estudiantes…

"Hay un hecho curioso: los dos autobuses de los cuales desaparecen los 43 normalistas, fueron con los que salieron de la Normal de Ayotzinapa."

* * *

"Nunca fueron 43 los que llegaron a Cocula…", me confía un funcionario, de manera rotunda y segura, que estuvo la noche del 26 de septiembre de 2014 y la madrugada del 27, en Iguala y sus alrededores. "Se les salió de control y los mataron en otro lugar."

Insostenible y débil, débil por insostenible, la "verdad histórica" de Murillo Karam fue vulnerada el viernes primero de abril de 2016... ¡por la propia PGR!, que respaldó un Tercer Dictamen del Grupo Colegiado de Expertos en Materia de Fuego que, sin dudas, reveló, en voz del especialista Ricardo Torres, acompañado del subprocurador Eber Omar Betanzos, que "la recolección de restos óseos dice que al menos 17 adultos fueron quemados en el lugar... (basurero de Cocula)".

Aún más:

La noche del viernes 8 de abril de 2016, el Instituto de Medicina Legal de la Universidad Médica de Inssbruck, Austria, reveló que entre los restos analizados provenientes del basurero en Cocula, no se identificó la presencia de normalistas a partir de restos humanos y muestras de ropa. Prueba fallida en ADN.

Es decir: no hubo posibilidad científica de comprobar que los estudiantes de Ayotzinapa (como lo presumió en noviembre de 2014 la "verdad histórica" sustentada por la PGR) fueran en efecto quemados en aquel basurero.

Las noticias llegadas desde Innsbruck fueron un mazazo en la nuca para el gobierno mexicano.

En un solo informe, la "verdad histórica" era despedazada. Hecha trizas.

¿Dónde quedó, pues, la credibilidad de la propia PGR que apenas en noviembre de 2014, en boca y convicción de su propio titular (Jesús Murillo Karam), había ofrecido al país, en nombre del Estado mexicano, del presidente de la República y de la institución, una "verdad histórica" para ellos contundente, inapelable y sostenible, que incluía la incineración de los 43 estudiantes en Cocula?

Tras conocerse la versión conjunta del uno de abril de 2016, con el reporte llegado desde Austria tan sólo días después, la credibilidad gubernamental naufragó inevitable y penosamente, perforada en el corazón por la precipitada "verdad histórica" promulgada por Murillo Karam.

Algunas opiniones (ni siquiera vale la pena gastar espacio en ellas) consideraron que con ese Tercer Dictamen (del primero de abril), se respaldaba aún más la versión inicial del Gobierno, basado en peritos de la propia PGR y especialistas de la UNAM, que concluía que todos los normalistas habían sido quemados en el basurero de Cocula. (Hoy podemos establecer, a la luz de hechos y acontecimientos, que aquel Primer Dictamen fue precipitado, disparado por la desesperación del gobierno para cerrar el caso, sobre todo considerando lo revelado por la Universidad de Innsbruck respecto a que no había ADN de los normalistas en los restos y materiales analizados procedentes del basurero de Cocula.)

Hay, entre otros, un punto clave en el episodio Ayotzinapa: aun confirmándose que únicamente 17 adultos (nótese que no se utiliza la palabra estudiantes o normalistas) fueran quemados en la madrugada del 27 de septiembre de 2014; aun si se ratificara esa versión, entonces la pregunta sería:

¿Dónde están, entonces, los 26 normalistas restantes que, hoy por hoy, siguen desaparecidos?

Y más:

¿Por qué insistimos aquí en que se utilizó la palabra "adultos" en la conferencia conjunta de Torres y Betanzos?

Porque la suspicacia –ante un caso Ayotzinapa contaminado, satanizado, crucificado y desvirtuado– se abre como herida que jamás cerrará:

Nos remitimos al diario digital *SinEmbargoMX* del 2 de abril de 2016, bajo la firma de Redacción:

El tercer peritaje de fuego presentado ayer por la PGR y por un vocero del Grupo Colegiado de Expertos en Materia de Fuego (Ricardo Torres), el cual indica que sí hubo un evento de fuego controlado en el basurero de Cocula, podría haber utilizado, para llegar a esa conclusión, los restos óseos humanos de otros eventos y no de los 43 normalistas, de acuerdo con fuentes cercanas consultadas por *SinEmbargo*.

Esto es grave.

Lo planteado por *SinEmbargoMX* siembra la duda: ¿Esos 17 restos pertenecían a los ayotzinapos, o eran de otras personas? De ahí la relevancia de que el Tercer Dictamen utilizara la palabra "adultos" en vez de normalistas. Ahora comprendemos mejor el origen del término incluido en el informe.

¿Había restos humanos ajenos a los estudiantes en el basurero de Cocula?

La respuesta es sí.

Aportemos dos informaciones que sustentan la pregunta anterior:

1) De acuerdo con el peritaje del Equipo Argentino de Antropología Forense (EAAF), hecho público el 8 de febrero de 2016, los restos óseos recogidos en el basurero de Cocula pertenecen a "múltiples eventos de fuego ocurridos a lo largo de los últimos años, sin que se pueda en la actualidad otorgar a cada uno de ellos una datación específica". (Es decir: sí había más osamentas humanas.)
2) Entre las consultas que se hicieron para desarrollar este libro, se conoció el caso del Ministerio Público (MP) del Fuero Común en Iguala, René Cruz Evangelista, quien desapareció en junio de 2014, tres meses antes de la masacre de

los estudiantes. Cruz Evangelista (de acuerdo con la información recabada y confiada al periodista por el funcionario que la obtuvo) también fue quemado en el basurero de Cocula.

3) Muertos también, en el basurero de Cocula, Gildardo Laguna Anacleto, Luis Alfredo Lagunas Modesto, Marlen Hernández Modesto y José Luis Cruz Peralta, desaparecidos desde el 13 de agosto de 2014, después de haber sido detenidos por elementos de la Policía Municipal de Iguala. (Fuente: Pliego de Consignación Subprocuraduría Especializada en Investigación de Delincuencia Organizada A.P. PGR / SEIDO UEIDMS/1017/2014.)

Los normalistas no estaban solos en el infierno.

UN EJÉRCITO BAJO SOSPECHA

Servir de guardia pretoriana a una clase política corrupta, e íntimamente vinculada a grupos criminales, termina fragmentando al Ejército y destruyendo la poca credibilidad que le queda.
EDUARDO BUSCAGLIA (Documental *Mirar morir*)

Iguala. Noche lluviosa y fría del 26 de septiembre de 2014.

"Lo primero que vimos al llegar a la entrada de Iguala —narra un alto jefe policiaco que llegó acompañado de cinco escoltas— fue un 'piquete' de soldados rodeando a algunos normalistas de Ayotzinapa. Ordené al chofer que se detuviera. Bajé. Y cuando iba hacia ellos, escuché un grito militar dirigido a los muchachos:

¡¡No te muevas cabrón, o te mato…!!

Me identifiqué. Apenas voltearon. '¿Quiénes son ellos?', pregunté a los militares. 'A los que les dispararon...', me respondieron cortantes. '¡Pues entonces son víctimas!', les advertí. Llamé a mis hombres y prácticamente rescaté a ese grupo de estudiantes. Los soldados nada me dijeron."

La actuación del Ejército mexicano en el caso Ayotzinapa quedará, por siempre, bajo sospecha. Y no es opinión. Es, con base en los hechos ocurridos en Iguala, poner en blanco y negro, sin prejuicios, la actuación de la fuerza castrense antes, durante y después de la masacre estudiantil en Guerrero. Con pruebas. Con testimonios.

¿Qué se desprende de la actuación militar en el caso Ayotzinapa?

I) Hubo omisión criminal de soldados. Pudiendo arrebatar a los normalistas del control de los policías municipales igualtecas –testigos ellos, los militares, de la matanza que se anunciaba– y, en consecuencia, salvarlos de las garras de sicarios sanguinarios, en un acto, más allá de protocolos y reglamentos, de elemental humanidad, y ponerlos a disposición de otra autoridad; simplemente los militares no lo hicieron y abandonaron a su suerte a los ayotzinapos. Aquí una breve pero dolorosa historia (Martín Moreno –Red Pública– *SinEmbargoMX* –23-noviembre-2015):

> A unas horas de que se cumpla un año de la matanza estudiantil en Iguala, surgen nuevas declaraciones ministeriales y testimonios que apuntan hacia dos acciones que dejan muy mal parado al Estado mexicano: que los policías municipales dispararon y asesinaron, al

menos, a dos muchachos de Ayotzinapa, y que militares estuvieron muy cerca de la tragedia y se cruzaron de brazos. Nada hicieron.

Y más allá de la proclama de ¡Fue el Estado!, que hoy retumba en torno a Ayotzinapa, impulsada con dosis de razón y de fanatismos, lo que sí se puede comprobar es la intervención de fuerzas públicas cuya obligación constitucional es proteger y defender a los mexicanos, bajo cualquier circunstancia, y que entre la noche del 26 de septiembre de 2014 y la madrugada del día 27, claudicaron de esas responsabilidades, y los resultados ya los sabemos todos: la masacre de 43 estudiantes a manos de sicarios de Guerreros Unidos.

¿Los policías municipales de Iguala forman parte del Estado mexicano? La respuesta es sí. Sin duda.

¿Los soldados del 27 Batallón de la Secretaría de la Defensa Nacional (Sedena) integran al Estado mexicano? Sí. Sin duda, también.

Policías igualtecos dispararon y mataron a estudiantes de Ayotzinapa.

Soldados estuvieron durante su detención y no los protegieron.

Con esos elementos contundentes, irrefutables, y más allá de fanatismos, pues sí, las evidencias así lo indican: ¡También fue el Estado!

* * *

Esta columna obtuvo parte de las declaraciones ministeriales incluidas en el Pliego de Consignaciones PGR/SEIDO/UEIDMS/1017/20141, dentro de la Causa Penal 01/2015-2. La intención periodística es aportar, con bases y no con especulaciones, cómo se actuó aquella noche infernal en Iguala, y tener un panorama más amplio y detallado. (Lo anotado entre paréntesis es para mejor comprensión del lector y en nada altera el contenido original):

Aquí, parte de lo declarado:

"En la calle Juan N. Álvarez son interceptados (los estudiantes a bordo de camiones) por patrullas de la Policía Municipal de Iguala, entre ellas la 02, que les impide el paso... los elementos de la Policía Municipal de Iguala, Raúl Cisneros García y Nicolás Delgado Arellano, señalan que son agredidos por los estudiantes y realizan disparos con armas de fuego, lo anterior se va robusteciendo con las inspecciones ministeriales a los autobuses, los cuales presentaron impactos de bala, así como cristales rotos... que hacen referencia al sentido de la trayectoria de los proyectiles de arma de fuego...

... siendo impactados de bala Aldo Gutiérrez Solano, quien es trasladado en ambulancia al hospital, (y) falleciendo 2 estudiantes: Julio César Ramírez Nava y Daniel Solís Gallardo, de los cuales la Fiscalía de Guerrero realizó los levantamientos....

En Actuaciones de la PGJE de Guerrero, los estudiantes reconocen a 19 policías municipales como los que les dispararon y detuvieron a sus compañeros."

Hasta aquí lo asentado en cuanto a la agresión de policías contra los estudiantes.

¿Y los militares?

Vayamos, ahora, a lo declarado respecto a la presencia de soldados del Ejército Mexicano en Iguala:

"A las 00:00 del 27 de septiembre de 2014, los estudiantes escuchan varios disparos que vienen de las camionetas con torreta, por lo que corren, percatándose que cae al suelo Edgar Andrés Vargas, lo cargan y se refugian en la clínica particular Hospital Cristina, ubicado en calle Juan N. Álvarez núm. 14, donde les refieren que no hay médico, pero que pueden quedarse, llegando al lugar elementos de la Sedena del 27 Batallón, quienes toman fotos y registro y queda corroborado con su declaración… y con las declaraciones del personal del hospital quienes tuvieron contacto directo con los estudiantes."

Aún más:

El diario *El País* revela que de acuerdo con lo declarado por el teniente Joel Gálvez y el soldado Eduardo Mota, el Ejército mexicano "supo de primera mano acerca del ataque que los normalistas sufrieron, y además hubo una orden para que los soldados no intervinieran".

Asienta el periódico español que el soldado Mota –integrante del 27 Batallón de Infantería, destacado en Iguala–, sólo tomó fotos y se retiró, como le ordenó el teniente. Acudió a un punto cercano a la terminal de autobuses, donde varios policías municipales de Iguala tenían rodeados a los estudiantes.

Nada hizo el militar. Nada reportó.

Los estudiantes fueron entregados, posteriormente, al grupo delictivo Guerreros Unidos. Los mataron. Los quemaron. Los enterraron. Los desaparecieron.

* * *

"Ha quedado demostrado que la Policía Municipal de Iguala disparó y mató a estudiantes de Ayotzinapa.

Ha quedado demostrado que militares del Ejército mexicano supieron de la captura de los estudiantes, estuvieron cerca de ellos, los fotografiaron, y absolutamente nada hicieron para evitar que fueran entregados a los sicarios y ser masacrados.

Y sí: bajo esas pruebas y testimonios, y fuera de fanatismos: ¡También fue el Estado!"

Hasta aquí aquella columna periodística, basada estrictamente en declaraciones ministeriales.

II) Declaración ministerial ampliada incluida en el expediente oficial sobre lo ocurrido en Iguala, respecto a la presencia de militares:

"… durante esta agresión resulta lesionado Edgar Andrés Vargas, a quien cargan y se refugian en la clínica particular 'Hospital Cristina', ubicada en la calle Juan N. Álvarez Núm. 14, alrededor de la 1:15 horas del 27 de septiembre de 2014, donde María Elena Ponce Lagunes e Isabel Peña Martínez les refieren que no hay médico, pero que pueden quedarse, dando aviso éstas al doctor Ricardo Herrera Noriega, socio de dicho nosocomio, quien pide apoyo al 066, por lo que al llegar al hospital, ya se encontraban en el mismo, personal del 27° Batallón a cargo del capitán Crespo, siendo que personal a su cargo toman fotos de los estudiantes, sin registro, aplicando sólo una revisión para verificar si traían armas, lo cual se desechó desde un inicio, al respecto se han declarado 36 elementos militares, incluido el coronel responsable del 27° Batallón…"

Hasta aquí ese reporte.

Los soldados siempre estuvieron cerca de los normalistas.

III) "Los familiares de los futbolistas (Los Avispones) que presenciaron el ataque… los que traían a sus hijos heridos se regresaron para que los auxiliaran, siendo detenidos por la policía municipal para no dejarlos ingresar a Iguala. De igual manera, varios de ellos llegaron a la puerta del Batallón 27° y allí contaron lo que sucedió, pidiendo ayuda, y contestaron los militares que estaban en guardia: 'nosotros no podemos apoyar porque no es nuestra jurisdicción.' Por esa razón empieza el calvario de los padres de Los Avispones…", precisó el Grupo Interdisciplinario de Expertos Independientes (GIEI) al rendir su II y último Informe sobre Ayotzinapa, el domingo 24 de abril de 2016. (Cinco días después saldrían de México, ante la postura del gobierno mexicano de negar su permanencia en el país.)

Aún más:

Desde las 18:00 horas del 26 de septiembre, cuando los estudiantes se movilizaban desde Chilpancingo hacia las afueras de Iguala, fueron monitoreados por el C-4, por lo que los responsables militares tenían conocimiento de sus movimientos (Fuente: Informe Ayotzinapa II del GIEI).

Bajo lectura acuciosa, se revelan en el informe de aquellas horas otras historias que dejan a los soldados mexicanos bajo la sombra de la sospecha:

"Me di cuenta que llegaron otras tres camionetas oficiales de la Policía Municipal de Iguala a apoyar a los elementos municipales que se encontraban en el lugar, pero estos últimos llegaron más agresivos ya que les aventaron dos granadas lacrimógenas por las ventanillas del autobús, después de esto empezaron a bajarse personas jóvenes que gritaban: 'AYOTZI VIVE…AYOTZINAPA VIVE…PINCHES POLICÍAS, NO NOS VAMOS A BAJAR, SUBAN POR NOSOTROS'… por las consignas que gritaban supuse que eran estudiantes de la Normal de Ayotzinapa, así también los policías municipales les gritaban 'BÁJENSE, HIJOS DE LA CHINGADA…SI NO SE BAJAN LES VA A IR PEOR'… me percaté de que a los estudiantes los bajaban del camión, la Policía Municipal los esposaba con las manos hacia atrás y en forma agresiva los tendían en el piso boca abajo, siendo esto un número aproximado de diez estudiantes, y como recibí la instrucción que no me arriesgara mucho, opté por retirarme del lugar…" **(Declaración del soldado EM)**

"Las patrullas militares fueron a la Comandancia (de Iguala) no a conocer la situación de los normalistas detenidos, sino a preguntar por una moto que habría sido abandonada en el Palacio de Justicia por un militar de Inteligencia, debido a que tenía miedo de los policías municipales por su actitud agresiva… Sin embargo, en las declaraciones previas realizadas en diciembre de 2014, no se encuentra ninguna referencia a la desaparición de dicha moto, ni que el agente de Inteligencia la hubiera dejado abandonada en el Palacio de Justicia… Esto debe ser investigado para conocer por qué una noche en la que se da la desaparición de 43 normalistas, quienes han sido testigos de parte de los hechos (soldados) y conocen la detención de los jóvenes por parte de la Policía Municipal, van a la Comandancia buscando una moto sin siquiera interesarse por el destino de los jóvenes…" (Nota del autor: los militares que llegaron a la Comandancia de Iguala, lo hicieron después del ataque a los ayotzinapos, ya que según obra en el expediente del caso, arribaron al Palacio de Justicia a las 00:40 horas del 27 de septiembre. La pregunta es obligada: ¿tanto movimiento militar para buscar… ¡una moto!?)

"En el mes de junio se produjo la declaración ante la PGR del Informe de Inteligencia de un marino CGP, donde señala que un elemento del 27° Batallón (apodado El Satánico) sería traficante de armas para el grupo Guerreros Unidos… Sin embargo, hasta la actualidad no se ha realizado ninguna diligencia de investigación, al menos que haya quedado consignada en el expediente." (Pregunta del autor a la PGR: ¿Por qué jamás se abrió esa línea de investigación, a pesar de que eran declaraciones de un integrante de la Marina que, suponemos, merecería credibilidad y respeto por parte tanto del Ejército como de la PGR?

Hoy debemos insistir: por humanidad, los soldados debieron intervenir. Por humanidad, los soldados debieron rescatar a los normalistas de la brutalidad de los policías municipales. Por humanidad, debieron cancelar cualquier posibilidad de que fueran entregados al narco y masacrados.

Sí: era por humanidad.

Y nada hicieron.

¡¡¡FORME A SUS HOMBRES… QUIERO SUS ARMAS!!!

—¿Quieres un café?

—Sí…

—¿Me dejas ver tu arma?

—Sí, tenga… guárdela usted.

La voz del secretario de Seguridad Pública de Iguala, Felipe Flores, sonaba trémula aquella noche, cerca de la madrugada, en Iguala. Gordo, bigotón, moreno, el jefe policiaco parecía, más que desconcertado, ausente por lo que sucedía en su entorno; desapegado de la realidad.

Frente a él estaba Ricardo Martínez Chávez, subprocurador Jurídico y de Atención a Víctimas de la Procuraduría General de Justicia del estado de Guerrero (PGJEG). "Te vas a Iguala y desarmas a los policías municipales para saber quién disparó…", era la orden que Martínez Chávez, en Chilpancingo, había recibido de su jefe, el procurador Iñaki Blanco. Pero había un problema:

¿Cómo desarmar a 200 policías municipales, cuando el subprocurador solamente llevaba… ¡cinco escoltas!

Dentro de la infinidad de historias en torno a lo sucedido a partir de las 9 de la noche del 26 de septiembre de 2014 en Iguala, hay algunas que se han perdido, y que a los periodistas toca rescatarlas y contarlas. Y ésta es una de ellas.

Cierto: el trabajo de Martínez Chávez era obedecer y cumplir las órdenes del procurador; sin embargo —imaginemos la escena de alto riesgo—, enfrentar en aquella noche lluviosa, con la oscuridad como telón de fondo, ánimos encendidos, conciencias y corazones enardecidos, olor a pólvora y a muerte, cadáveres regados cerca del Periférico Norte y, sobre todo, una posible negativa y rebelión de policías igualtecas que se negaban a entregar sus armas, todo hubiera conducido a una tragedia paralela: policías contra policías.

"¡¡Forme a sus hombres… quiero sus armas!!", pidió, enérgico, Martínez Chávez a Flores. El jefe policiaco accedió. Afuera, impávidos, acechantes, resguardaban elementos del Grupo Especial de Reacción Inmediata (GERI) —una especie de SWAT a la mexicana. No intervinieron.

Esparcidos en Iguala había policías municipales. Algunos grupos hacían ronda. Vigilaban.

Junto a Flores —hoy prófugo, desaparecido, tal vez muerto—, Martínez Chávez salió de las oficinas de la secretaría. "Quiero a los municipales juntos", pidió en voz alta. "¡¡Fórmense!!", gritó Flores. Los uniformados respondieron con parsimonia.

En ésas estaban cuando apareció La Parca, uno de los 120 normalistas que esa noche llegaron a Iguala. Así nada más: La Parca. Se acercó a Martínez Chávez:

"¡Nos echaron bala! Yo iba con mis compañeros... muchos de ellos corrieron durante la balacera... algunos se escondieron en casas... otros, en el hospital..."

"¿Dónde están los demás?", preguntó el subprocurador.

"A unos quince se los llevaron al batallón de la Policía Municipal... todavía me faltan más amigos... muchos..."

Los municipales comenzaron a formarse, sin soltar sus armas. Las miradas clavadas en Martínez Chávez y en sus cinco escoltas.

"¡Entreguen las armas!", pidió Flores a los jefes de sector.

Nada.

"¡Entreguen las armas!", repitió.

Silencio.

En el suelo había casquillos. Uno de los escoltas del subprocurador comprobó que pertenecían a las armas de los municipales.

La madrugada caminaba.

Comenzaron, entonces, a llegar más policías, pero no iban solos: iban acompañados de sus familiares. Algunos gritaban, alaridos mezclados con los gritos de los policías.

"¡Sáquenlos...! ¡Déjenlos ir!", refiriéndose a los uniformados.

Querían rescatar a los municipales. Dejarlos libres.

Martínez Chávez comenzó a alarmarse. "Eran muchos, entre policías y familiares. Nosotros apenas éramos seis. Yo sabía que si no les recogíamos pronto las armas, allí podría desatarse un enfrentamiento. Pero llevábamos las de perder..."

"Pide el apoyo del Ejército... de la Federal... de los estatales...", ordenó el subprocurador a uno de sus hombres. Se procedió. Jamás llegó el auxilio.

Policías y familiares comenzaron a cercar a Martínez Chávez y a sus hombres. "¡Déjenlos libres!", continuaban los gritos. "¡Déjenlos!" El jefe Flores estaba rebasado. Los municipales no cedían. La tensión crecía. El riesgo de un enfrentamiento era cercano...

"... en ese instante ocurrió algo que no esperábamos: la calle estaba bloqueada por microbuseros y aproximadamente trescientas personas que empezaban a gritar que no iban a dejar que nos lleváramos a los policías que se encontraban adentro, empezaron a gritar que ninguno de ellos iba a ser detenido, por lo que ante la situación grave se ordenó, por parte del Ministerio Público, detener a los 22 elementos de la Policía Municipal... policías empezaron a rodearnos por las afueras del destacamento, es más: vi cuando algunos se quisieron subir al helicóptero en el que se fue el secretario de Seguridad Pública estatal, comunicándole vía telefónica a mi jefe (el procurador estatal de Justicia Iñaky Blanco) el peligro en que estábamos... los policías se querían meter a fuerza, tratando de tumbar las cercas que estaban a los lados y gritaban que no iban a dejar que se llevaran a sus compañeros así corriera sangre... así me fuera la vida, no se los iba a entregar..." (fragmento de la declaración ministerial rendida por el subprocurador Martínez Chávez).

Martínez Chávez tenía que tomar una decisión: abandonaba la misión o se enfrentaba, con todas sus consecuencias, a esa rebelión policiaca que comenzaba a gestarse. El tiempo se agotaba. Tiempo era lo que menos había.

"¡¡Al que se meta, lo mato!!", desenfundó su arma. Sus escoltas lo acompañaron en su advertencia.

Silencio.

Los gritos se apaciguaron.

Nadie se movía.

Los policías comenzaron a entregar sus armas. Sus familiares empezaron a retirarse. La advertencia severa tuvo efecto.

"...en ese momento, El Pelón, que era el comandante, me dijo: '¿sabe cuál fue su éxito? Que entregaran las armas porque ustedes lo pidieron, si no, ya ahora estaría muerto...'", asentó Martínez Chávez en su declaración correspondiente.

"¿Hubieras disparado de ser necesario...?", le pregunto a Martínez Chávez, abogado de profesión, penalista destacado, luego de aquella noche infernal en Iguala, noche de lluvia, noche de muerte, noche de infamia.

En su rostro aparece una mueca, medio sonrisa, medio lamento:

"Sin duda... no tenía de otra... aunque de haberlo hecho, ya no estaría contándotelo", responde.

IGUALA, UN INFIERNO. ESTUDIANTES MASACRADOS. EL PRESIDENTE, AVISADO... SE VA A JUGAR GOLF

El procurador General de la República, Jesús Murillo Karam, era un manojo de nervios. Inquieto. Apresurado. Errado.

Llegó a Guerrero días después del 26 de septiembre. Arribo tardío, impreciso, penoso.

El gobierno de Peña Nieto había reaccionado tarde, muy tarde, empujado más por el vendaval de críticas nacionales e internacionales que por convicción propia.

¿Qué fue lo que hizo, durante esas horas aciagas, Enrique Peña Nieto, ese fin de semana tras ser informado de que en Iguala, Guerrero, se había registrado un ataque de policías contra estudiantes, que un normalista fue desollado, fallecido civiles (un jugador de Los Avispones de Tercera División y un taxista y su pasajera) y que, como fuego sobre pólvora, crecía la versión de que 43 muchachos desaparecieron tras ser detenidos por policías municipales? ¿Qué hizo el Presidente?

Jugar golf.

Sí, no es broma.

Jugar golf donde acostumbra hacerlo hasta por dos días seguidos, desconectado del país: en el Club de Golf de Ixtapan de la Sal. Arropado por sus amigos. Cobijado por el verde campo, los lujos y la camaradería. Abrazado por el poder político y, en una parábola de vida, pegándole a la pelotita lejos, muy lejos de donde la tragedia tiene rostro de policías y de criminales, distante del sufrimiento nacional, lejano, muy lejano a la realidad del país que intentó gobernar. Muy lejos de Ayotzinapa.

Del campo de golf al campo de la insensibilidad.

De frente al atril, resguardado y bien protegido entre los añosos muros de Palacio Nacional, el presidente de la República se refirió... ¡diez días después!... por vez primera al ataque que sufrieron los estudiantes guerrerenses en Iguala. Lo hizo a su manera, bajo el tono del desdén:

"Quiero dejar muy clara la posición del gobierno de la República, ante los muy lamentables hechos de violencia, de los que ha conocido la sociedad mexicana, en el municipio de Iguala, Guerrero. Como presidente de la República, me encuentro profundamente indignado y consternado... lamento, de manera muy particular, la violencia que se ha dado y, sobre todo, que sean jóvenes estudiantes los que hayan resultado afectados y… (Peña hace pausa) violentados en sus derechos en Iguala…"

¿Afectados, dice usted, ciudadano Presidente?

¿Afectados?

A ver: afectados son aquellos a quienes se les poncha una llanta o salen sin paraguas a la calle y comienza a llover. ¡Esos son afectados!

¿Afectados, ciudadano Presidente?

¡No, señor!

A aquellos "jóvenes estudiantes", a los cuales usted se refirió en Palacio Nacional, 240 horas después de su desaparición, y que llamó "afectados", a ellos los detuvieron, los golpearon, los torturaron, a uno lo desollaron… los mataron, los quemaron, los enterraron.

Ese era –y de hecho, así ha sido para Peña Nieto– el concepto bajo el cual visualizaba a los ayotzinapos: "afectados".

Lamentable.

De la pelotita de golf a los estudiantes "afectados".

¿Por qué ese desdén de Peña Nieto hacia los estudiantes?

Por una razón histórica con cuatro números: 1968.

A los gobiernos priístas –desde el de Díaz Ordaz que ordenó la matanza de Tlatelolco, hasta el Jueves de Corpus de Echeverría, en junio de 1971, cuando también estudiantes fueron masacrados en San Cosme–, les cuesta mucho, un trabajo enorme, tratar y entender a los estudiantes de preparatoria y universitarios, simplemente, porque son antítesis histórica. Polos opuestos. Agua y fuego. Luz y sombra.

PRI y estudiantes deben tomarse por separado.

Que le pregunten a Peña Nieto cuando, al visitar la Universidad Iberoamericana, tuvo que encerrarse, literalmente, en uno de los baños, tras ser correteado por grupos estudiantiles. Y no estaba en la UNAM. Estaba en la Ibero.

Esa relación ha sido, histórica y tradicionalmente, de enfrentamiento entre los jerarcas priístas y el estudiantado. Hay heridas que jamás cierran.

Por eso Peña Nieto, Murillo Karam, Osorio Chong y el gobierno peñista en general, jamás pudieron entender el conflicto de Ayotzinapa para darle una salida que sonara a solución.

Por eso no pueden ni podrán con Ayotzinapa: porque es un conflicto histórico, bañado con sangre de estudiantes, que no han sabido entender, enfrentar ni resolver. Y si no entienden un problema, menos lo podrán solucionar.

Ayotzinapa se le atragantó al gobierno. Continúa atragantado. Es un expediente que no se cerrará en este sexenio.

No lo entendieron. No lo solucionaron.

Así nos explicamos aquella frase de Murillo Karam citada al inicio de este capítulo:

"Ese no es nuestro asunto. Es problema de ustedes. No nos estén dando lata…"

Y por eso el Presidente, tras conocer lo ocurrido, una tragedia, mejor se puso a jugar golf.

Por eso llamó "afectados" a los golpeados, torturados, asesinados, desollados, quemados y enterrados.

Porque nunca comprendieron la dimensión de los hechos.

Porque Peña no pensó ni calculó, y ninguno de sus colaboradores le dijo, que si bien era un asunto "local o focalizado", como lo dimensionaba el gobierno, se trataba de estudiantes. De normalistas.

"El gobierno federal no puede sustituir las responsabilidades que tienen los propios gobiernos estatales… no sustituirlos ni remplazarlos o asumir responsabilidades que corresponden en estricto sentido a los gobiernos locales", declaró Peña Nieto el 30 de septiembre de 2014 en Ecatepec, vitoreado por las fuerzas vivas priístas, por sus paisanos. Es decir: cuatro días después de la tragedia en Iguala. Ya con la certeza absoluta de que 43 jóvenes estaban desaparecidos.

Al diagnóstico equivocado corresponde la demagogia inocua.

Y por todos esos factores sumados, a Peña Nieto y a su gobierno, Ayotzinapa les estalló entre las manos: jamás lo entendieron.

No lo entendieron y, por tanto, lo ignoraron. Lo soslayaron. Lo minimizaron. Luego intentaron enterrarlo. Demasiado tarde. El conflicto "local o focalizado" ya era suyo. Y jamás lo comprendieron.

Jamás.

* * *

Murillo Karam está en Guerrero. Fuera de sí. Agitado. Desaforado e inquieto, como basilisco:

"¡Denme al Chino! ¡Quiero al Chino!"

El procurador de Justicia de Guerrero, Iñaki Blanco, miró desconcertado a Murillo Karam. Tomás Zerón, director en jefe de Investigación Criminal de la PGR, queda sorprendido. Atónitos, los demás testigos de la insólita escena.

"¡Quiero al Chino!", insistía Murillo Karam.

"¿Quién es el Chino, señor procurador?", preguntó alguien.

"¡Él sabe quién es!", respondió Murillo Karam, dirigiéndose al procurador de Justicia guerrerense.

Blanco enmudeció. ¿Quién diablos era El Chino?

Minutos después, a solas, Murillo Karam le confió a Iñaki Blanco:

"Una disculpa, procurador Blanco, por lo del Chino... pero tenía que hacerlo delante de todos para que supieran quién manda aquí."

Blanco se engarrotó.

Prefirió no responder.

RESPUESTAS...

Cuando Murillo Karam ofreció aquella "verdad histórica" sobre lo ocurrido a los normalistas de Ayotzinapa, se basó en la afirmación de... ¡un criminal!, un sicario de Guerreros Unidos, palabra de asesino, de verdugo: Agustín García Reyes, El Chereje, se convirtió, aquel mediodía del 7 de noviembre del 2014, no solamente en la fuente de información principal de Murillo Karam, sino en su soporte más sólido para rescatar al gobierno de ese pantano llamado Ayotzinapa.

Vaya paradoja: el Chereje fue erigido, de la mano de Murillo Karam, en corazón y alma de la "verdad histórica" del caso Ayotzinapa.

Asumimos, al abordar el doloroso caso de Ayotzinapa en este trabajo periodístico, desechar especulaciones o suposiciones, que abundan y aderezan esta penosa historia. Sin embargo, tampoco podemos dejar de ser suspicaces, siempre con base en hechos comprobados o irrebatibles, no rumores o infundios.

Va un ejemplo:

El número "43" es conocido ya en todo el mundo y su significado es: México, Ayotzinapa, estudiantes, muerte, tragedia, incapacidad gubernamental.

El número "43" es símbolo del grado de violencia, en todos los órdenes, que se vive en México.

El número "43" le quema al gobierno. Le incomoda. Lo vulnera.

De ahí que no lo puedan descifrar.

Volvamos a la conferencia de Murillo Karam de la primera semana de noviembre de 2014.

Allí estaba, entre llamas de inconformidad y rabia, el número "43".

Murillo Karam presenta, ufano, parte de la declaración de El Chereje:

—¿Cuántos estudiantes eran?

—Eran, dicen, que eran 44, yo oí... Así que los haya contado uno por uno, no...

—¿Quién te dijo?

—Ellos dijeron...

—¿Quién?

—El Pato. El Guereque. Decían son 44 o 43, así yo nomás oí pero que los hayan contado, no. Pero sí eran hartos, entonces de ahí se pasó el Pato...

—¿Y en dónde venían los 43 o 44?

—Venían en la camioneta más grande...

                Hasta aquí la declaración de El Chereje.

Hagamos un obligado ejercicio de imaginación:

Iguala. Poco más de medianoche. Llueve. Los sentidos alterados. La violencia. El extravío. La locura. El odio. La brecha que serpentea en la serranía, las hondonadas, agua, lodo, tierra suelta. La orden de matarlos. El olor a pólvora. A muerte. Fuera de sí un puñado de sicarios. Tal vez drogados (disculpas por la suposición, pero no resulta descabellado el comentario). Sin control de sus emociones. La madrugada dueña de la sierra. La oscuridad aliada. Corazón de verdugos.

La sinrazón.

¿Cómo sabían, entonces, que eran 43 o 44 los condenados a muerte si, como dice El Chereje, no los contaron?

¿Por qué El Chereje mencionó, precisamente, que eran 43 o 44?

¿Por qué no mencionar, por ejemplo, 30... 35... 38... 45... 48...?

¿Por qué, exactamente, en esos momentos de extravío y locura, 43 o 44?

Porque era la cifra que el gobierno quería encuadrar, justificar, si es que la barbarie se puede justificar. Era la cifra que al gobierno convenía. ¿Para qué?

Para decir, en sentido estricto, la "verdad histórica": allí están sus 43 estudiantes, quemados en el basurero de Cocula. Ésa es la "verdad histórica" y queda cerrado el caso. ¡Se acabó, señores! Caso cerrado.

De allí el origen de la precisión matemática de El Chereje, admirable y exacta, dentro de la demencia que se vivió aquella noche-madrugada: en medio de la orgía de violencia y sangre, tuvo el tino de decir que eran "43 o 44" los estudiantes que llegaron, inermes, al basurero de Cocula, vacunado con su frase de "ellos dijeron... El Pato o El Guereque".

Demasiado perfecto para ser cierto.

Pero hay más.

Dentro de la vorágine de información, se ha perdido una posibilidad más. (Llamémosle, nuevamente, suspicacia.)

Aseguró El Chereje durante la conferencia de noviembre de Murillo Karam:

"Venían en la camioneta más grande..."

¿A qué camioneta se refería El Chereje?

Vayamos, ahora, a las declaraciones ministeriales, donde se detallan las características de la camioneta en la cual, supuestamente, trasladaron a "43 o 44" desde Iguala hasta el basurero de Cocula. Textual (lo que va entre paréntesis es para mejor comprensión del lector y en nada altera el sentido de las declaraciones):

"Minutos más tarde, estos sujetos (Jonathan Osorio Cortés, el Jona; Agustín García Reyes, El Cheje —mencionado también como El Chereje—; El Oaxaco, Primo, El Bimbo y/o Bimbuñuelo, el Percing y Salvador Reza Jacobo, El Chava), salen de Iguala a bordo de una camioneta Nissan, color blanca tipo estacas, rumbo a la brecha ubicada en la carretera de Iguala a Cocula que lleva a Lomas Coyote, donde se encuentran con Felipe Rodríguez Salgado, alias El Cepillo o El Terco, quienes circulaban en un vehículo Ford de 3.5 tons (toneladas), blanca, en donde se percataron de que había entre 30 y 40 personas, acostados y apilados unos sobre otros, lo anterior quedó demostrado con las declaraciones de El Jona, El Cheje (Chereje) y El Pato.

"De la camioneta de redilas bajaron a 4 de las personas que estaban apiladas, una de ellas se encontraba muerta con heridas de arma de fuego, siendo el vehículo Nissan, el que va de punta y la camioneta de 3.5 tons la que iba detrás; en su recorrido al basurero son vistos por Salvador Jacobo Reza, quien cuidaba su punto en la tienda Vicky de Cocula."

Hasta aquí ese fragmento ministerial.

Lo declarado por El Chereje en noviembre y las características de la camioneta en la que iban los ayotzinapos, abren una imposibilidad. Una improbabilidad:

¿Cabrían, realmente, 43 o 44 personas en una camioneta que, considerando su tamaño, tenía que adentrarse por caminos fangosos, de lodo, con una carga seguramente inusual (si calculamos que cada estudiante pesaba alrededor de 60 o 70 kilogramos como mínimo, más un chofer y un acompañante), que oscilaría entre los 2 800 y 3 330 kilos, más el tonelaje del vehículo, corriendo en brecha, con subidas y pendientes, bajo la lluvia, sobre camino resbaloso y, sobre todo, llegar en esas circunstancia poco después de la medianoche desde Iguala al basurero de Cocula?

Se antoja difícil. Casi imposible.

DE CÓMO LOS MATARON... LUGARES NO EXPLORADOS... EL OPERATIVO HUITZUCO...

¿Qué asunto marcará al gobierno de Peña Nieto?, me preguntan, de manera recurrente, en entrevistas o pláticas informales. En ocasiones, el periodista tiene las respuestas. En muchas otras, no. Y es en los temas áridos, cerrados, rocosos, donde hay que trabajar mucho más. Investigar. Preguntar. Escudriñar. Morder. Arrancar.

Desde aquel fin de semana infausto, entre el viernes 26, sábado 27 y domingo 28 de septiembre de 2014, comenzaron a llegar las informaciones, a veces a cuentagotas, sobre "algo" que había ocurrido en Iguala. Algo malo. Algo grave.

El domingo posterior a aquella noche infernal en Iguala, la noticia ya era pública y comenzaba a desbordarse: estudiantes habían sido secuestrados por policías municipales y desaparecidos (todavía no se sabía que fueron entregados a sicarios de Guerreros Unidos). Eso era lo que se sabía.

Los días finales de septiembre y los primeros de octubre fueron, sin duda, de los más difíciles y tristes en la historia de este país. La sombra de la tragedia comenzaba a cubrir el ánimo nacional. Los sinsabores históricos regresaban. El ánimo de fiesta en Los Pinos por las reformas logradas, la popularidad de Peña Nieto y el viento a favor, todo comenzaba a enfriarse.

A mediados de octubre, Ayotzinapa era la palabra más pronunciada en el país. Ayotzinapa aturdía. Ayotzinapa alertaba. Ayotzinapa entristecía.

¿Qué había pasado realmente con los estudiantes, qué les ocurrió, a dónde los llevaron?, mientras, las protestas de sus padres, de organizaciones sociales y partidos políticos, algunos periodistas y medios, y ciudadanos, crecían, paralelas al pesar que se cernía sobre la imposibilidad de encontrarlos vivos.

¿Qué les había ocurrido a los 43 de Ayotzinapa?

Como periodista preguntaba, interrogaba, consultaba. Como algunos de mis colegas, buscaba información que arrojara luces sobre el destino y la circunstancia de los normalistas. Información que saliera de testimonios vivos, de fuentes confiables, y no de Los Pinos, Gobernación o alguna otra instancia de gobierno que pretendiera minimizar u ocultar la suerte de los muchachos. Algo que los lectores recibieran con confianza en quien lo escribe.

La noche del 22 de octubre recibí una llamada telefónica y fui citado en un lugar fuera de la Ciudad de México. Conocía a mi fuente. De años. Era confiable.

Cuando abrí el sobre —gordo, compacto—, comencé a leer con asombro e indignación: algunos sicarios de Guerreros Unidos narraban, con frialdad perturbadora, cómo asesinaron a algunos normalistas de Ayotzinapa. Sudé frío. Sentí náuseas al descubrir cómo narraban su ejecución.

Regresé a mi casa. Esa noche dormí poco. Leí el expediente, renglón tras renglón, palabra por palabra, donde se incluían esas declaraciones ministeriales. Brutales. Salvajes. Infernales. Ardían los ojos. Ardía la conciencia.

Al día siguiente ofrecí la información al diario digital *SinEmbargoMX* —desde mayo de 2013 soy columnista del portal—, les narré esas declaraciones brutales, salvajes y, sin dudarlo, el director editorial, Alejandro Páez Varela, me autorizó escribir la historia. La confianza es fundamental.

En punto de la medianoche del 24 de octubre de 2014, a casi dos meses de la infernal noche en Iguala, fui el periodista que, con mayores detalles, nombres, lugares y circunstancias, vía *SinEmbargoMX*, ofrecí la versión más completa, hasta ese momento, apenas 60 días después de lo ocurrido con los 43 de Ayotzinapa. A la lectura del expediente siguió la dolorosa escritura de lo ocurrido.

Estas fueron las primeras declaraciones sobre las ejecuciones masivas de los muchachos de Ayotzinapa.

Así lo escribí:

> Hablan los presuntos asesinos de algunos normalistas de Ayotzinapa, en declaraciones ministeriales hechas ante el Agente del Ministerio Público del Fuero Común Adscrito a la Dirección General de Control de Averiguaciones Previas, Miguel Ángel Cuevas Aparicio, durante la primera semana de octubre de 2014, con sede en la Procuraduría General de Justicia del Estado de Guerrero:
>
> "Yo participé matando a dos de los ayotzinapos, dándoles un balazo en la cabeza, y no son de los que quemamos, están enteritos... la forma de matarlos fue ancados (sic) y les disparamos por un lado de la cabeza.
>
> "El Gaby, junto con Choky, ya había matado a los tres ayotzinapos, les pegaron un tiro en la cabeza a cada uno, el Gaby mató a dos y Choky a uno, esto por andar de revoltosos, dijo el Choky.
>
> "El Choky ordenó que bajáramos a los diez (...) Yo le disparé a dos en la cabeza con el arma de la Mente, Gaby mató a otros dos, Choky mató a uno, la Vero mató a otro y dejamos vivos a cuatro...

"En ese momento arrastraron el Choky, la Vero y la Mente a los seis muertos al hoyo en donde El Gaby les roció el diesel y también les prendió fuego hasta que se calcinaron."

Así lo manifiestan en sus declaraciones ministeriales en la Procuraduría General de Justicia del estado de Guerrero.

Las declaraciones fueron hechas antes de que la PGR atrajera el caso, el sábado 4 de octubre de 2014.

Los presuntos verdugos de normalistas de Ayotzinapa describen cómo dieron muerte a parte del grupo de estudiantes de la Normal Raúl Isidro Burgos, entre la noche del 26 de septiembre y las primeras horas del sábado 27, en Iguala.

Afirman que los ejecutaron con tiros en la cabeza. También dicen que los quemaron y los echaron en fosas que, a decir de los sicarios de Guerreros Unidos, estaban afuera de Iguala.

Las declaraciones de los detenidos dan pie a las dudas de los padres de los normalistas ante las afirmaciones del procurador General de la República, Jesús Murillo Karam, quien asegura que las pruebas de ADN indican que los cuerpos hallados en las fosas días después de la desaparición, no corresponden a los de los estudiantes.

"¿De quiénes son los cuerpos hallados en las primeras fosas al pie de los cerros en Iguala?", cuestionaron los padres. Esta y otras preguntas parecen reafirmarse en las declaraciones.

LAS DECLARACIONES

HONORIO ANTÚNEZ OSORIO (exmilitar):
"El oficial de barandilla Ulises Bernabé García, al que le dicen 'El Gay', los entregó (a los normalistas) a los sicarios

de Cocula, a los de Protección Civil y a elementos del Grupo (Especial) de Reacción Inmediata, también conocido como 'Los Bélicos', entre los que se encuentran: Francisco Salgado Valladares, director de Seguridad Pública, quien tiene a su mando a los elementos; el comandante Héctor Aguilar, alias 'El Chombo', quien es el segundo de a bordo de la célula de Valladares; Leodan Pineda Fuentes; Christian, sin recordar sus apellidos, pero sé que le dicen el 'Mataviejitas' o 'sargento Cebollas'; Neftalí Pérez, alias 'el Pan Crudo'; otra persona de apellido Vieyra, alias 'El Taxco'; otra persona de apellidos Carreto Pérez con el apodo de 'La Sombra', Juan Carlos Delgado, alias el 'Toxicológico' o 'El Capulina'; Alejandro Mejías Meza, alias 'El Granito de Oro'; una persona de apellido Cabañas, alias 'El Cabañitas'; Uribel Cuevas, alias 'El Gordo'; Agustín Cuevas, alias 'El Quequis'; Nicolás, sin saber sus apellidos…

MARTÍN ALEJANDRO MACEDO BARRERA:

"Recibí la instrucción de dispararles (a los normalistas) por parte del Choky; los disparos que les realizamos fue en el Centro de Iguala… El Choky pidió apoyo a la Policía Municipal, por lo que supe que El Choky sí alcanzó a chingar a varios ayotzinapos, ya que se estaban poniendo muy locos; una vez que se comienzan a bajar, los estudiantes comienzan a correr y logramos asegurar a diecisiete, los cuales subimos a nuestras camionetas y los llevamos a la casa de seguridad donde los matamos inmediatamente ya que no se querían someter y como eran más que nosotros, El Choky dio la instrucción que les diéramos piso…

"A algunos los mataron con el tiro de gracia en la cabeza y a otros a golpes ya que se pusieron muy violentos cuando estaban secuestrados y para que no estuvieran chingando se decidió matarlos; creo que utilizaron la excavadora para enterrarlos en el mismo rancho que tenemos, a siete de estos muchachos los quemamos por instrucción del Choky… quiero señalar que una vez que me pusieron a la vista unas fotografías de las personas que se dicen desaparecidas, no reconozco a ninguno, ya que inmediatamente los subimos a las camionetas; la instrucción fue cubrirlos para que nadie los viera…

"Yo participé matando a dos de los ayotzinapos, dándoles un balazo en la cabeza, y no son de los que quemamos, están enteritos… la forma de matarlos fue ancados (sic) y les disparamos por un lado de la cabeza…"

MARCO ANTONIO RÍOS BERBER:

"Los ayotzinapos se bajaron del autobús y de la urban sobre la calle de Guerrero y Bandera; eran varios, como unos cincuenta, todos iban encapuchados y se dirigieron al evento, al llegar hicieron detonaciones de arma de fuego al aire, yo me encontraba afuera de la Iglesia de San Francisco y la gente empezó a correr… los ayotzinapos empezaron a robar carros para escaparse, se los quitaban a la gente, entre los que recuerdo fue una CRV negra y varios taxis…

"Posteriormente Chino me avisó que Choky había levantado a tres ayotzinapos…

"Choky dijo que se iban a jalar para el cerro, fue cuando El Chino me mandó que fuera a comprar diesel, a la gasolinera de la calle Zaragoza; como a los veinte minutos regresó con ellos al cerro, arriba de la colonia Pueblo Viejo para dejarles el diesel; en ese momento El Gaby junto con El Choky ya habían matado a los tres ayotzinapos, les pegaron un tiro en la cabeza a cada uno, El Gaby mató a dos y Choky a uno, esto por andar de revoltosos, dijo El Choky…

"Cuando llegué al cerro al rato llegó también El Gaby en la Tacoma blanca y llevaba a diez de los ayotzinapos, llegó con La Vero; La Mente lo estaba esperando abajo y bajaron a los diez en ese momento, El Choky ordenó que bajáramos a los diez... yo le disparé a dos en la cabeza con el arma de La Mente, Gaby mató a otros dos, Choky mató a uno, la Vero mató a otro y dejamos vivos a cuatro; en ese momento arrastraron El Choky, la Vero y la Mente a los seis muertos al hoyo donde El Gaby les roció el diesel y también les prendió fuego hasta que se calcinaron y posteriormente El Gaby junto con El Choky taparon el hoyo con tierra y ahí dejaron amarrados a los otros cuatro a quienes golpearon y dejaron inconscientes..."

Hasta aquí las declaraciones de los sicarios de Guerreros Unidos.

Con base en estas declaraciones ministeriales, se cavó en las fosas para desenterrar los cuerpos que, según Antúnez Osorio, Macedo Barrera y Ríos Berber, pertenecían a los normalistas de Ayotzinapa, caso ya, entonces, en manos de la PGR.

La PGR y el aún gobernador de Guerrero, Ángel Aguirre, declararon, apresurados, que esos restos no correspondían a los normalistas de Ayotzinapa.

Después llegó la conferencia del 7 de noviembre de 2014, donde Murillo Karam ofreció una "verdad histórica", hoy hecha añicos.

A la luz de los acontecimientos registrados en los últimos meses y, sobre todo, tras la negativa de la Universidad de Innsbruck, respecto a que los restos de los estudiantes correspondieran a los procedentes del basurero de Cocula, hoy adquieren relieve las siguientes preguntas:

¿Realmente asesinaron, quemaron y enterraron a los 43 de Ayotzinapa, o a gran parte de ellos, afuera de Iguala, cerro arriba de la colonia Pueblo Viejo, tal y como lo advierten en sus declaraciones?

¿Si el Tercer Dictamen divulgado por la PGR a principios de abril de 2016 establece que en el basurero de Cocula fueron quemados "17 adultos" (jamás se refieren a normalistas), podemos inferir, con base en las declaraciones arriba expuestas, que los 26 restantes se encuentran, efectivamente, en fosas circundantes a Iguala y que no han sido localizados?

Preguntemos, con el mayor sentido común posible:

¿Para qué declarar crímenes tan horrendos tanto Antúnez Osorio, Macedo Barrera y Ríos Berber, al incriminar, incriminarse, dar nombres, apodos, cargos, momentos, lugares, colonias, frases, circunstancias, órdenes, palabras, procedimientos, formas de matar, escenarios, que finalmente no iban a resultar correctos?

Es decir: ¿para qué diablos incriminarse de esa manera, echándose la soga al cuello cuando, realmente, ellos mismos sabían que no era la verdad?

Carece de lógica.

Cuando los gobiernos, estatal y federal, señalaron que los cuerpos exhumados de las fosas afuera de Iguala no correspondían a los estudiantes, me asaltaron las dudas. Leí y releí las declaraciones de los sicarios. ¿Por qué y para qué mentir de esa manera?

Simple y sencillamente, no me cuadraban las cosas.

Pero cuando en abril de 2016 se dio a conocer, primero, el Tercer Dictamen (peritaje) donde se asentaba que solamente se reconocía a "17 adultos" quemados en el basurero de Cocula (insisto: no se precisaba que correspondían a los estudiantes), de inmediato surgió la interrogante con punta envenenada:

¿dónde están los otros 26 normalistas restantes, concediendo el beneficio de la duda al tercer peritaje de que los 17 hallados fueran restos de los estudiantes?

Y aún más:

Cuando días después, desde la Universidad de Innsbruck, el peritaje científico, autónomo e imparcial, reveló que NINGÚN RESTO PROCEDENTE DEL BASURERO DE COCULA CORRESPONDÍA AL ADN DE LOS ESTUDIANTES, entonces se abrieron, al mismo tiempo, más dudas, pero también otras posibilidades:

¿Finalmente, tal y como lo relatan, con detalles y coincidencias en abundancia, los sicarios Antúnez Osorio, Macedo Barrera y Ríos Berber, al menos 26 muchachos sí fueron muertos, quemados, esparcidos y enterrados en los caminos colindantes con Iguala?

Es una posibilidad. Es, al mismo tiempo, una probabilidad.

¿Dónde más buscar?

¿Dónde más hurgar?

¿Dónde más arañar?

* * *

Frente a mí están los integrantes del GIEI: Ángela Buitrago, Claudia Paz y Paz, Alejandro Valencia, Francisco Cox y Carlos Beristáin. Es un sábado nublado de abril de 2016.

Les insisto sobre las declaraciones de Ríos Berber, Macedo Barrera y Antúnez Osorio.

"Coinciden en prácticamente todo: en lugares, cómo los mataron... ¿por qué habrían de mentir?... ¿por qué incriminarse, si no era cierto...?"

En algunos rostros se asomó cierta suspicacia. Las declaraciones a las que hacía alusión no fueron hechas ante la PGR (en su II Informe, el GIEI se refirió a torturas en contra de los detenidos que declararon en la conferencia de prensa de Murillo Karam el 7 de noviembre de 2014), sino ante la Procuraduría de Justicia del estado de Guerrero. Es decir: fueron las primeras dentro de la investigación sobre Ayotzinapa. Entonces, nadie argumentó torturas o algo similar. Nadie.

"Lo que pasa es que algunos sitios que mencionan ellos (los declarantes ante la PGJEG) no fueron explorados, y no debería haberse cerrado esa línea de investigación...", responde Angela Buitrago, dueña de sus palabras.

"... es algo que no se logra entender: ya no buscaron más en esas zonas... se tendría que volver a la línea de investigación original... esa búsqueda debe continuar...", secunda Valencia.

Es decir: quedó incompleta, trunca, la investigación y la búsqueda respecto a las declaraciones de Ríos Berber, Macedo Barrera y Antúnez Osorio; se abre así la posibilidad de que algunos de los cuerpos de los estudiantes sí se ubiquen fuera de Iguala, en el perímetro de Pueblo Viejo y zonas colindantes.

Es posible. Y probable.

EL OPERATIVO HUITZUCO

Informes oficiales y declaraciones ministeriales confirman: la policía de Huitzuco estuvo al tanto de lo ocurrido en Iguala... "a través del C-4.FSS (Centro de Control, Mando, Comunicaciones y Cómputo)... oficial encargado de armar y desarmar al personal adscrito a la Comandancia, así como de proporcionarles chalecos antibalas, cargadores y municiones. La señora AHV le dijo que el C-4 se había comunicado directamente al teléfono de la Comandancia (de Huitzuco) para informarle que en Iguala había como un mitin o un relajo por los ayotzinapos..."

¿Qué ocurrió realmente y en detalle la noche del 26 de septiembre de 2014 en Huitzuco, y durante horas posteriores?

A las diversas versiones de que los normalistas fueron trasladados a Huitzuco (precisadas al inicio de este capítulo), ocurrieron varios hechos a considerar (fuente: Informe Ayotzinapa II elaborado por el GIEI. Las preguntas al final de cada párrafo en negritas son atribuibles al periodista. Lo incluido entre paréntesis es para mejor comprensión de lectura, sin que ello altere el sentido textual de la declaración):

1) Todas las declaraciones realizadas ante la PGR por policías de Huitzuco coinciden en afirmar que entre las 22:00 y 23:00 horas, se trasladaron a la localidad de Pololcingo (punto intermedio entre Huitzuco e Iguala). Hay que recordar que en ese momento se estaba dando el ataque contra los normalistas justo a la salida de Iguala, quienes se encontraban en el autobús Estrella de Oro 1531, lugar en el que el chofer escuchó "ya vienen los de Huitzuco".

¿A qué fueron los policías de Huitzuco a Pololcingo?

2) De acuerdo con el control de salidas de la Dirección de Seguridad Pública (de Huitzuco), las patrullas 18, 15 y 17, salieron a las 22:00 horas del 26 de septiembre de 2014 con dirección a Pololcingo. Cada comandante llevó a cinco policías preventivos en sus patrullas. Al llegar al crucero de Pololcingo (a unos 20 minutos de Huitzuco), reportaron

por radio un 67, es decir, una clave que significa "expectativa" o "pendiente". Otras dos patrullas –la 14 y la 19–, "posteriormente de haber acompañado al presidente municipal (de Huitzuco) y siendo aproximadamente las veintitrés horas, los integrantes de las dos patrullas nos dirigimos a la localidad de Pololcingo". (Declaración ministerial del policía preventivo identificado como GARF, a cargo del comandante CBF).

¿Para qué trasladar, de manera súbita, a 18 policías (tres comandantes y quince elementos) a Pololcingo, sin que ello estuviera planeado? ¿Por qué tantos se dirigieron y acercaron al punto intermedio con Iguala?

3) Dicho retén se configuró por cinco patrullas. Los policías en ningún momento declararon cuál era la orden o para qué se encontraban en dicho lugar. Hay que tener en cuenta que dicho crucero (Pololcingo) es la salida rumbo a la ciudad de Iguala. El retén estuvo activo de las 23:00 horas del día 26, a la 1:40 horas del 27 de septiembre, y ninguna patrulla se habría movido de dicho lugar hasta dicha hora, en que habrían regresado a Huitzuco.

¿Fue casualidad que precisamente durante las horas en que atacaban a los ayotzinapos, haya surgido, de manera inesperada, un amplio operativo policiaco en Huitzuco, que no estaba programado, y enfilado rumbo al paso con Iguala, y permanecido vigente durante las horas en las que los estudiantes desaparecieron?

4) En dichas declaraciones existe una contradicción, ya que por un lado se entiende que IMC (policía preventivo de Huitzuco) sale de Huitzuco rumbo a Chaucingo para dejar al presidente municipal en dicha comunidad y regresa a su sede a las 23:00 horas. Por su parte, CBF (comandante) señala que sirve de apoyo a la patrulla 19, ya que iría a Chaucingo a recoger al presidente (municipal) para regresarlo a la cabecera de Huitzuco.

¿Por qué no se ha interrogado a fondo al alcalde de Huitzuco, Norberto Figueroa, para que responda sobre este operativo desmedido, inusual e imprevisto, justamente la noche del 26 de septiembre y que permaneció, de acuerdo con los declarantes, hasta entrada la madrugada del día 27? ¿Por qué el sigilo con Figueroa?

El 30 de mayo de 1974, el candidato del PRI a la gubernatura de Guerrero, Rubén Figueroa Figueroa, El Tigre de Huitzuco, fue secuestrado por un comando del Partido de los Pobres, cuyo líder era el legendario Lucio Cabañas. Liberado días después, ocupó la Casa de Gobierno en Chilpancingo de 1975 a 1981. Su régimen fue opresor, implacable con los insurrectos, de mano dura, reconocido por los propios priístas como sanguinario. Su ferocidad perruna marcó una etapa sangrienta en la entidad.

La dinastía Figueroa, para desgracia de la democracia guerrerense, se extendió.

Rubén Figueroa Alcocer, hijo de El Tigre, llegó a la gubernatura en abril de 1993. Sin embargo, un video estremecedor divulgado por el periodista Ricardo Rocha, relativo a la matanza de indígenas en Acteal durante un operativo policiaco y mediante el cual se implicó a Figueroa junior, lo obligó a renunciar a su cargo.

Hoy, el apellido Figueroa se niega a abandonar el poder. No requiere estar, forzosamente, alguien de apellido Figueroa en la gubernatura. Hay aliados, amigos, socios, incondicionales. Junto y detrás del poder guerrerense.

Pero en Huitzuco sí hay un Figueroa: el presidente municipal, Norberto Figueroa Almazo, uno de los discípulos más aventajados de Figueroa Alcocer.

A Figueroa Almazo no se le ha molestado ni con el pétalo de un interrogatorio.

La PGR no lo ha llamado a declarar, a pesar de tantas evidencias sólidas de que a los normalistas de Ayotzinapa se los llevaron a Huitzuco. Ni siquiera se le ha mandado citar.

El poder de los Figueroa.

El poder priísta.

EL FRÍO DE BERLÍN CONGELÓ AYOTZINAPA

Más allá de la displicencia con que el gobierno de Peña Nieto asumió, por decirlo de alguna manera, la investigación sobre lo ocurrido con los normalistas de la escuela Raúl Isidro Burgos, el desdén que desde las horas posteriores al infierno en Iguala mostró y demostró el procurador Murillo Karam, y la incapacidad gubernamental para darle claridad, certidumbre y resolución al episodio. Más allá de todo ello, resulta inobjetable que el caso Ayotzinapa marcó, para siempre y para mal, con hierro candente, al gobierno del priísta.

Hoy, en cualquier foro o país, cada día, sin importar el lugar, hora tras hora, día a día, la sombra de Ayotzinapa persigue a Peña Nieto (y a Murillo Karam) donde vayan. Como si fuera su propia sombra. Por siempre. Para siempre. Como extensión de su ser. Como un tercer ojo. Como un tercer brazo. Como una tercera pierna. Como una segunda vida dentro de su primera vida.

La muerte de los normalistas se convirtió en una suerte de hijo no deseado para el presidente de la República (valga la analogía respecto a la condición paternal de Peña Nieto y su escándalo público por el hijo que tuvo fuera de matrimonio con Maritza Díaz Hernández quien, hasta hoy, sigue luchando por obtener el reconocimiento y la manutención del hijo que tuvo con Peña). Un hijo no deseado, Ayotzinapa, que llevó al presidente de México al apresuramiento, y del apresuramiento a la torpeza, y de la torpeza a la manipulación, y de la manipulación a la sospecha, y de la sospecha al fracaso.

Ayotzinapa marcó, para siempre, a Enrique Peña Nieto.

Para siempre.

"Si Ángela Merkel se tira a una piscina llena de pirañas, al poco tiempo sólo flotarían en el agua las espinas de las pirañas", dijo implacable Gerd Lannguth, biógrafo de la mujer, hoy por hoy, más poderosa del mundo: la canciller alemana Ángela Merkel (revista *Nexos*. Martín Moreno. Marzo 2006).

Y esa mujer —estadista respetada, admirada, poderosa— regañó bajo el sutil lenguaje de la diplomacia, con el garrote aterciopelado, al presidente de México y de manera pública. Lo exhibió. Lo desnudó ante los ojos del mundo.

Ha sido, hasta ahora y sin duda, el momento más penoso para un presidente mexicano en visita a cualquier mandatario, durante los últimos cuatro sexenios. No se recuerda mayor bochorno diplomático en 24 años.

Porque en abril de 2016, ante los ojos de periodistas alemanes y mexicanos (instruidos éstos por la Presidencia de México de evitar el tema Ayotzinapa, ignorarlo), y bajo los reflectores del país europeo líder, la señora Merkel, que no sabe de censuras ni temas vetados, le dijo a Peña Nieto, frente a frente, sutil, sí, pero abordando el asunto que la delegación mexicana no quería que se mencionara:

Estamos trabajando juntos, a través de la Agencia Alemana para la Cooperación Internacional, en tratar de esclarecer la muerte de los 43 estudiantes de Iguala, lo cual ha sido un difícil suceso. Alemania está tratando de ayudar. Estamos en pláticas sobre derechos humanos y valores fundamentales. He ofrecido un intercambio de experiencias con la reforma de la policía en México…

A Peña Nieto y a su comitiva les cayó un duchazo de agua helada cuando la mujer más poderosa del mundo mencionó aquella frase brutal: *"La muerte de los 43 estudiantes de Iguala…"* Un duchazo que provenía de las frías aguas del Elster blanco en Liepzig, ciudad donde Merkel cursó su carrera universitaria.

Ayotzinapa se asomaba y saludaba a Peña Nieto, petrificado ante el deslizamiento grácil aunque profundo de su anfitriona. Merkel sabía del efecto de sus palabras. De su repercusión. Pero también sabía que Peña Nieto necesitaba un jalón de orejas fuera de su país, en reuniones internacionales, *sotto voce*, porque no había sido capaz de resolver la matanza estudiantil en Iguala.

Ese era el punto.

Y ese era el punto que la delegación mexicana evitaba a toda costa, bajo malabares diplomáticos, entre sugerencias y advertencias. Nada pudieron hacer.

Merkel hizo de Berlín, lugar de la reunión, el Waterloo de Enrique Peña Nieto al decirle, entre líneas, que su gobierno, y él, habían sido incapaces de enfrentar con eficacia el caso Ayotzinapa.

"Derechos humanos...", citó la mujer más poderosa del mundo.

Durante la estancia de Peña Nieto en la histórica Berlín, el presidente de la Cámara de Comercio e Industria de Alemania, Erich Schweitzer (no confundir con la Concamin o Canacintra mexicanas, tradicionalmente incondicionales del poder político en turno), alertó: "En México existe un gran vacío en temas de seguridad jurídica. El gobierno debe abordar estos temas si desea atraer a los inversionistas".

Aún más:

La Coordinación Alemana por los Derechos Humanos en México publicó una carta dirigida al presidente Joachim Gauck, mediante la cual catalogaron de "catastrófica" la situación de los derechos humanos en México.

Y mucho más:

Durante la comida ofrecida a Peña Nieto, Gauck también insistió: "Los ciudadanos esperan del Estado, además de la prevención de la violencia, que los crímenes sean esclarecidos y sancionados con prontitud, y respetando los principios del Estado de Derecho." Fue una alusión directa a la incapacidad del Estado Mexicano para resolver el caso Ayotzinapa.

Ha sido, hasta ahora, el episodio político-diplomático más lamentable en la historia contemporánea de las visitas de Estado de presidentes mexicanos, tradicionalmente tersas, de autoelogio y comodinas. En Berlín no fue así. Ángela Merkel demostró por qué es la mujer más poderosa del mundo. Que no todas son conversas del poder como Rosario Robles, ayer esperanza de izquierda, hoy célula incondicional del priísmo peñista.

Mal le fue a Peña Nieto en Berlín.

Peor le ha ido a México.

RESPUESTAS SOBRE AYOTZINAPA

Preguntas. Dudas. Incertidumbres. Planteamientos. Suposiciones. Disparates. De todo ha habido en el caso Ayotzinapa.

Versiones equívocas, otras, de mala fe o dictadas por intereses personales.

Asumimos con los lectores de este trabajo apegarnos al espíritu de la investigación, de los testimonios, de los hechos, de lo comprobable, en vez de contribuir a las fantasías sobre Ayotzinapa y abonar, así, la opacidad sobre el tema.

Con base en la revisión de más de mil páginas escritas a renglón cerrado del expediente oficial sobre Ayotzinapa (no es todo, por supuesto, pero sí una parte fundamental); apegados a pláticas con quienes estuvieron en Iguala aquella noche del 26 de septiembre de 2014, y en un ejercicio periodístico que, a juicio del autor de este libro, conlleva la intención de limpiar un poco el caso Ayotzinapa, lejos de condenas o de fanatismos, alejado de posturas oficialistas o de poses caudillistas, aquí se intenta dar respuesta a lo ocurrido en Iguala y sus alrededores, durante las horas aciagas de este episodio trágico en la historia de México:*

1) ¿En qué otros sitios, además de Cocula, mataron a normalistas de Ayotzinapa?

"... que pasó a los normalistas de Ayotzinapa en Hielos Laurita donde fueron alcanzados por las camionetas de la Policía Municipal con números de unidad 582, 38, 03, 05, 220, 020 y 010 donde iban 5 policías por camioneta, quienes indicaron a los estudiantes que se detuvieran ya que estos viajaban en una urban blanca y dos taxis, logrando detenerla, siendo aproximadamente como veinte normalistas de Ayotzinapa, ya que los llevó a la colonia Guadalupe donde se encontraban en compañía... yéndose (sic) al cerro con los estudiantes, mandando por diesel a la gasolinera a la calle de Zaragoza, regresando a dejarles el diesel cerro arriba a la colonia Pueblo Viejo, dándose cuenta que en ese momento ya habían matado a tres normalistas de Ayotzinapa, dándoles un tiro en la cabeza... según los habían matado por andar de revoltosos, ordenando que hicieran una fosa, donde los aventaron y él los roció con diesel y les prendió fuego, posteriormente llegó al cerro, llevando a diez estudiantes de Ayotzinapa, a bordo de una camioneta Tacoma color blanco, ordenando que mataran a los diez, mató a dos con el arma con disparos en la cabeza... mató otros dos... mató a uno y dejaron vivos a cuatro, aventando a los seis muertos al hoyo donde les prendió fuego hasta que se calcinaron, tapando el hoyo con tierra y ramas, dejando amarrados a los otros cuatro estudiantes a quienes golpearon y dejaron inconscientes, manifestándole posteriormente que habían matado ese mismo día a los cuatro normalistas que restaban, ya que se estaba calentando la Plaza..."

"Me enteré de acuerdo a mis funciones y toda vez que me dijo El Capu que se los llevaron por el camino que va por la brecha que va para la comunidad de Pueblo Viejo, la cual se encuentra al lado de una gasolinera, en la cual compraron diesel, que está antes del entronque de la brecha, fue ahí donde los policías municipales se los entregan a la gente del Chocky y tengo conocimiento que fueron ellos quienes privaron de la vida a los estudiantes de la normal de Ayotzinapa y quienes inclusive los rociaron con diesel y les prendieron fuego para después enterrarlos en ese cerro de Pueblo Viejo,

cabe señalar que ese punto se encuentra muy cerca del rancho de 'el Viejo Gil' "…
2) Durante la investigación de Ayotzinapa, ¿qué otras personas fueron halladas en fosas?

   René Cruz Evangelista, quien fue levantado cuando fungía como Ministerio Público del Fuero Común en Iguala. Gildardo Laguna Anacleto. Luis Alfredo Lagunas Modesto. Marlen Hernández Modesto y José Luis Cruz Peralta, desaparecidos desde el 13 de agosto de 2014, después de haber sido detenidos por elementos de la Policía Municipal de Iguala.
3) ¿A qué hora llegan a Cocula los estudiantes? (Dato relevante porque, de acuerdo con la Línea del tiempo diseñada para este capítulo, es prácticamente imposible que hubieran llegado a la hora mencionada, dada la dificultad para llevar 43 cuerpos en una sola camioneta, más chofer y acompañante, y avanzar bajo la lluvia entre brechas, lodo, hondonadas y caminos de difícil acceso.)

   Siendo aproximadamente las 00:10 horas del veintisiete de septiembre de dos mil catorce, llegan al basurero de Cocula, donde bajaron a todas las personas y las acostaron boca abajo, sobre el piso. Aproximadamente 15 de éstas llegaron sin vida posiblemente por la asfixia sufrida en el trayecto.
4) ¿Quién ordenó directamente la detención de los normalistas?

   Volviendo al momento en el que me habló El Chocky, después de esta llamada escuché por el radio Matra que el subdirector de la Policía Municipal de apellido Valladares, dijo: "POR ÓRDENES DE A-5, HAY QUE DETENER A LOS ESTUDIANTES, PORQUE YA SABEN CÓMO SON", y digo que esa orden la dio

Valladares porque conozco su voz perfectamente, además la clave A-5 se refiere al presidente municipal de Iguala de nombre José Luis Abarca Velázquez...

5) Además de Guerreros Unidos y Los Rojos, ¿hay otro grupo criminal peleando el control de la región?

"... estas personas son los distribuidores de la droga que se vende en los municipios de Iguala, Cocula, Taxco y Huitzuco, también llega otra persona a la que sólo sé que le dicen El Mike, él es como comandante encargado de pelear con los contras que quieren entrar a Teloloapan, en concreto la gente de Jonny (sic) Hurtado Olascoaga, alias el Pez, líder de la Familia Michoacana..." (Declaración ministerial de Sidronio Casarrubias Salgado.)

6) ¿Había infiltrados entre los normalistas que llegaron a Iguala?

"Siendo aproximadamente las 00:10 horas del veintisiete de septiembre de dos mil catorce, llegan al basurero de Cocula, donde bajan a todas las personas y las acuestan boca abajo sobre el piso. Aproximadamente 15 de éstas llegaron sin vida posiblemente por la asfixia sufrida en el trayecto. Patricio Reyes Landa, alias el Pato y El Cepillo y/o El Terco, comenzaron a interrogar a estas personas quienes refieren ser estudiantes de primer grado y señalan que Bernardo Flores Alcaraz, alias El Cochiloco, era la persona que los había llevado a ese evento con conocimiento del director de la Escuela Normal. Todas las personas excepto el Cochiloco iban rapados (característica particular de los alumnos de nuevo ingreso), por lo que lo separan junto con otro sujeto que dicen era policía infiltrado. Posteriormente, privan de la vida a todas las personas, algunos por medio de golpes, con palos, a otros con impactos de bala en la cabeza. Minutos después, El Cepillo y/o Terco, ordena que en la parte baja del basurero se haga una cama con ramas y sobre la misma se coloquen los cuerpos de los estudiantes, incluyendo sus pertenencias, incluidos teléfonos celulares, y se les prendieron fuego... En acciones de seguimiento a estos hechos, se ha logrado la detención de varios miembros de la organización Guerreros Unidos en la que se destaca Sidronio Casarrubias Salgado, que en declaraciones refiere ser informado por El Gil vía pin, en diversos momentos, citando hay Rojos infiltrados y que ya les dieron destino en el río..."

"Lo que para nosotros los abogados significa plena prueba, demostró que los normalistas no fueron a boicotear un acto político. Que no eran ni estaban infiltrados por el crimen organizado. Que todos los desaparecidos de la escuela Normal Raúl Isidro Burgos, eran estudiantes aceptados por la escuela..." (Declaración del Grupo Interdisciplinario de Expertos Independientes sobre Ayotzinapa, en voz de Ángela Buitrago 24-IV-2016.)

7) ¿Quién le disparó, directamente, a Aldo Gutiérrez Solano, normalista con muerte cerebral que se mantiene con vida artificial?

"... mientras que Aldo Gutiérrez Solano sometía a un policía, el cual fue auxiliado por la policía Margarita Contreras Castillo, quien le dispara en la cabeza a Aldo Gutiérrez Solano cayendo éste al suelo..."

---

*Declaraciones ministeriales incluidas en el Pliego de Consignación Subprocuraduría Especializada en Investigación de Delincuencia Organizada A.P. PGR / SEIDO UEIDMS/1017/2014). Varias declaraciones son presentadas como colectivas y no atribuidas a una sola persona.

AYOTZINAPA: DEL TERROR A LA OPACIDAD

Opaco. Nebuloso. Poco transparente. Uno de los perfiles del actual gobierno. Reacio a rendir cuentas, proclive a levantar la alfombra y esconder la basura bajo ella.

No nos debe extrañar: Enrique Peña Nieto pertenece a un grupo político (Grupo Atlacomulco) que, desde la formación juvenil de los priístas mexiquenses, aprenden que parte esencial de su manera de hacer política, es la opacidad. Ocultar. Esconder.

La rendición de cuentas no es práctica recurrente entre los políticos mexicanos y, de manera muy marcada, en la clase priísta, y aún más entre los políticos mexiquenses que son una especie de cofradía secreta, con sus propios códigos y claves, con sus muy particulares maneras de hacer política aunque siempre bajo una premisa, inequívoca, constante: la falta de transparencia.

A los priístas mexiquenses les quema la transparencia. No la conocen. No la practican. La aborrecen. Se ofenden, inclusive, cuando alguien les pide rendición de cuentas. Lo asumen como un agravio. Lo reciben como si se les estuviera lanzando ácido en el rostro, o bien, como un golpe bajo.

La regla no falla: cada vez que a un priísta se le exige transparencia, se le señalan errores u omisiones en su ejercicio del gobierno, o se le critica, siempre tiene la misma respuesta: "Es un ataque de índole político…"

Para ellos, los priístas, no hay crítica fundamentada, exigencias democráticas o libertad de prensa que les señale sus errores. No. Siempre se zafan con la consabida frase de "hay trasfondo político", o bien, "hay trasfondo electoral". Jamás legitiman una crítica en su contra.

No les gusta la transparencia.

Y ya sabemos que la ausencia de transparencia es la madre de la corrupción.

Esa actitud de abierto rechazo a exhibir las cosas de frente, airearlas ante la opinión pública, mostrarlas tal cual, no estuvo ausente en el caso Ayotzinapa, lo cual contribuyó a contaminar, todavía más, las investigaciones. A enredarlas. A no entenderlas.

"Semanas después de la maldita noche del 26 de septiembre de 2014, en Iguala, Guerrero, los padres de los 43 normalistas desaparecidos exigieron un encuentro con el presidente Enrique Peña Nieto. Se les concedió el 29 de octubre en los entresijos de la residencia oficial de Los Pinos. ¿Qué pasó durante las seis horas que duró ese encuentro? A más de un año de la reunión no es posible conocer por completo lo que se dijo. La Presidencia de la República respondió ante el INAI que la transcripción del evento es 'inexistente'. Lo es también el registro fotográfico de la reunión en la que en la casa de Constituyentes se abordó por primera vez esta tragedia que puso una sombra deforme sobre el Gobierno. Para negar información, hay tres criterios que siguen las instituciones gubernamentales: la reserva, la confidencialidad y la inexistencia. Sobre Ayotzinapa, la Presidencia suele apegarse al último."

Esta es la presentación de una valiosa información publicada por el diario digital *SinEmbargo*, mediante **#Datos Cerrados**, bajo la directriz de Linaloe R. Flores, donde se llega a una conclusión grave: el gobierno peñista ocultó, sin duda, información sobre Ayotzinapa. Muy grave. Otra vez, allí, la forma de hacer política del priísmo mexiquense: esconder, ocultar.

La siguiente es la piedra angular del trabajo periodístico de Linaloe, reportera confiable:

"Hacía tiempo, mucho tiempo, que en la residencia oficial de Los Pinos no se escuchaba una voz como la de él. Así de indignada, poco quebradiza, muy fuerte. Era la tarde del 29 de octubre de 2014 y Felipe de la Cruz, padre de un sobreviviente de la tragedia de Iguala, dijo al presidente Enrique Peña Nieto:

'Nosotros, definitivamente, ya llegamos al límite de la tolerancia y la paciencia. Estamos con la última instancia, como mexicanos, exigiéndole a usted, como Presidente, respuesta inmediata a la presentación inmediata de los 43 jóvenes desaparecidos…'

* * *

Los mexicanos no pueden conocer lo que pasó en esa reunión de manera oficial. De hecho, tampoco podrán saberlo los hijos de los hijos de quienes han atestiguado las secuelas de Ayotzinapa, con sus extensas manifestaciones, gritos de protesta, averiguaciones de cientos de fojas y la constante frustración por no dar con el paradero de los 43. A quien en el futuro se proponga averiguar sobre la tragedia, le espera una minuciosa tarea de reconstrucción de hechos publicados por aquí y por allá. Cuando se remita a la Presidencia de la República no encontrará registro en imágenes ni transcripciones de lo que se dijo esa vez el 29 de octubre, ni de otras reuniones relacionadas.

Es su respuesta a dos solicitudes de información en el Instituto Nacional de Acceso a la Información Pública y Protección de Datos (INAI), la Presidencia sostiene que la transcripción del encuentro entre el Presidente y los padres de familia es 'inexistente'. A otra solicitud que pide el registro fotográfico de la primera reunión en la que el Presidente abordó la crisis de Ayotzinapa frente a miembros del gabinete, le responde lo mismo: 'La información es inexistente' (Folios 0210000106915 y 0210000136015 en el INAI).

Para no brindar datos, las unidades de la Función Pública se apegan a tres criterios: la reserva, la confidencialidad o la inexistencia. A la última categoría se ha apegado la Presidencia cuando debe responder sobre Ayotzinapa. En septiembre de 2015, el presidente Peña Nieto volvió a reunirse con algunos de los padres de los normalistas en el Museo Tecnológico de la Comisión Federal de Electricidad en Chapultepec. En esa ocasión, los integrantes del Grupo Interdisciplinario de Expertos Independientes (GIEI) entregaron un informe en el que se refutó la llamada 'verdad histórica' que indicaba —según el procurador Murillo Karam— un gran incendio en Cocula como sepulcro de los desaparecidos. De ese encuentro, la Presidencia sostiene que tampoco hay 'transcripciones'.

La transcripción de la reunión entre el Presidente y los padres de los 43 fue solicitada en 2015. Al peticionario, la Presidencia de la República lo remitió a un par de blogs alternos a la página de la Presidencia que se crearon para que la tragedia de Ayotzinapa fuera consultada. Hoy, el contenido de esas direcciones no existe más:

http://www.presidencia.gob.mx/articulos-prensa/estamos-del-mismo-lado-y-trabajamos-con-el-mismo-objetivo-saber-que-sucedio-con -sus-hijos-y-castigar-a-todos-y-cada-uno-de-los-responsables-expreso-el-presidente-pena-nieto-a-los-p/

http://www.presidencia.gob.mx/ayotzinapa/

Así que de la reunión de septiembre de 2014 sólo queda la grabación de una cámara de video que alguien logró utilizar, muy probablemente de un celular. Y sólo por ello, se sabe que, esa tarde, Felipe de la Cruz levantó esa voz suya que suele ser pausada, y habló sin detenerse: 'Creo que si usted no tiene la capacidad para darnos la respuesta, ya también debe de estar pensando lo mismo que el gobernador de Guerrero (quién dejó el cargo) porque también tiene responsabilidad por omisión.

Al ciudadano que solicitó las transcripciones de las dos reuniones del Presidente y los padres de los 43, la Presidencia le respondió lo siguiente:

'…su solicitud fue turnada a la Jefatura de la Oficina de la Presidencia, a la Secretaría Particular, a la Coordinación de Asesores, a la Coordinación General de la Oficina de la Presidencia, a la Coordinación general de Comunicación Social y Vocerías del Gobierno de la República, a la Coordinación de Crónica Presidencial y al Estado Mayor Presidencial, unidades administrativas que respectivamente dieron respuesta mediante oficios números OPR/SPD/112/2015 del ocho de octubre; PR/SP/CRAI/611/15, del primero de octubre; CA/SP-DGAyE/126//2015 del 9 de octubre; CGOP/SDP/36/2015, del treinta de septiembre; CCSVGR/DGPV/153/2015, del seis de octubre; OPRE/CCP/DGEI/194/2015, del treinta de septiembre y No. 1259/15 del catorce de septiembre, todos del dos mil quince…'

'Manifestaron que derivado de una búsqueda exhaustiva en sus archivos, no se localizó información que guarde relación con la… transcripción de lo dicho por los participantes en los dos encuentros que ha tenido el presidente de México, Enrique Peña Nieto, con los papás de los 43 normalistas desaparecidos de Ayotzinapa', por lo que manifestaron la inexistencia de la información solicitada.

A quien solicitó el registro fotográfico de la "primera reunión en la que el Presidente abordó la agresión de Ayotzinapa", le llegó una respuesta de la Coordinación de Comunicación Social y Vocería del Gobierno de la República:

'Con fundamento en lo dispuesto en los artículos 46 de la Ley federal de Transparencia y Acceso a la Información Pública Gubernamental y 70, fracción V de su Reglamento, le informo que se llevó a cabo una búsqueda exhaustiva en los archivos de la Coordinación de Comunicación Social y Vocería del Gobierno de la República, sin que se localizara la información requerida por el solicitante.'

Hasta aquí la información de Linaloe R. Flores.

"Búsqueda exhaustiva en los archivos"..., asegura la Presidencia de la República sin ofrecer, finalmente, ninguna información.

¿Para qué, entonces, precisar, exhibiendo un alarde de autosuficiencia agraviante, que la solicitud de información sobre la reunión entre Peña y los padres de los normalistas fue turnada, prácticamente, a todo el organigrama en Los Pinos, y nadie registró absolutamente nada?

Es, sin duda, una burla a los mexicanos.

Es, sin duda, un agravio más.

Sin duda.

Los aliados de Peña Nieto

Estos son mis principios. Si no le gustan, tengo otros.
Groucho Marx

—Les voy a romper la madre...

Así amenazó Luis Videgaray, brazo derecho de Enrique Peña Nieto, el amigo más cercano al Presidente, el secretario de Hacienda, a directivos del periódico *Reforma*, un diario crítico hacia el poder político, incluido, por supuesto, el grupo mexiquense hoy gobernante en México.

—Pues esta plática terminará antes de lo previsto—, fue la respuesta a Videgaray.

Tras la amenaza, Grupo Reforma puso un tope al ingreso de publicidad gubernamental en sus páginas, como medida precautoria, tras la fuerte advertencia del alto funcionario del gobierno peñista.

Así se maneja el Grupo Toluca.

Así se maneja Videgaray, el principal aliado del presidente Peña Nieto.

EL AMIGO MANCERA

Durante estos años de gobierno, Enrique Peña Nieto ha contado con innumerables y valiosos aliados, socios del poder invaluables que lo han apoyado y obedecido de manera incondicional, sin chistar, aun dentro de la llamada oposición, anulando, bajo esa postura entreguista, cualquier equilibrio de poderes, factor indispensable para consolidar cualquier democracia. No ha sido así.

Y entre los apoyos más dóciles e incondicionales, ha contado Peña Nieto con el del jefe de Gobierno capitalino, Miguel Ángel Mancera.

Segundo procurador de Justicia durante el gobierno de Marcelo Ebrard; candidato del PRD a la jefatura del Gobierno capitalino (fue la cuarta opción política, tras la eliminación de Alejandra Barrales, Mario Delgado y Martí Batres), y considerado un híbrido de la política: no pertenece al PRD ni mucho menos es de izquierda, Miguel Ángel Mancera ha sido un alfil eficiente para el PRI de Peña Nieto.

Aliado de Los Pinos, Mancera ha sabido acomodarse dentro del juego de la política para beneficio propio. Carente de ideología nítida o de convicción partidista, personaje de pocas luces, decepción para las izquierdas capitalinas. Un gobernante más al servicio de lo que ordenen en la casa presidencial, Mancera es tildado, inclusive, de traidor, por quien lo encumbró: Marcelo Ebrard.

Recurro a la parte inicial de mi columna en *SinEmbargoMX* del 30 de diciembre de 2015:

> Ser un sapo. Un chivato. Un dedo. Un traidor. Lo más degradante en la conducta de un ser humano. La parte más ruin y detestable de cualquiera, incluyendo a un político.

Dentro de un sector de la izquierda mexicana, en voz baja, esa condición –la de sapo– ha marcado a Miguel Ángel Mancera, un híbrido de la política, una circunstancia desafortunada de tiempo y forma para la propia izquierda. Sí: el error más grande de Marcelo Ebrard.

Y ha sido el propio Ebrard quien le ha colgado, de manera velada, el letrero de "traidor" a Mancera.

"¿Miguel Ángel Mancera fue su más grande error?", le preguntó el reportero Aníbal Santiago.

"No puedes prever todo lo que una persona va a hacer", responde Marcelo.

"¿La política es así?"

"No tiene que ser así... la traición es una opción...", aclara Ebrard (Newsweek en español / 15/marzo/2015).

Al buen entendedor, pocas palabras.

El reportero no le hablaba de traiciones. Fue Ebrard quien sacó la palabra 'traición'.

¿Traicionó Miguel Ángel Mancera a Marcelo Ebrard?

Hechos y testimonios así lo indican.

* * *

El 5 de febrero pasado, en su columna en El Universal, Ricardo Raphael escribió, a propósito del escándalo de la "Casa Blanca" de la familia presidencial, lo siguiente:

"No fui yo, fue Marcelo. Así cuentan que acusó Miguel Ángel Mancera cuando en Los Pinos le preguntaron quién había filtrado a la prensa (Carmen Aristegui) los datos sobre la Casa Blanca..."

Basados en esta versión periodística, Mancera "sapeó" a Marcelo. Lo delató.

¿Qué piensa de ello Ebrard?

"No creo que sea una volada. Debe tener bases... si Mancera hizo eso, estaríamos ante un problema muy serio de credibilidad de una persona."

Es decir: Marcelo da por hecho que Mancera lo 'chivateó', más allá de que Ebrard niegue haber filtrado la información sobre la Casa Blanca a Aristegui. Eso queda rebasado. El punto aquí es, sin duda, la traición de Mancera a quien le heredó el cargo: Marcelo Ebrard.

La traición. La vileza.

Hasta aquí aquella columna.

* * *

¿Cómo acostumbra actuar Miguel Ángel Mancera? ¿Quién es Mancera por dentro?

Narro el siguiente episodio con la intención única de que el lector conozca la entraña de un funcionario público, en su intención de sobornar conciencias y vender favores. Algunos los aceptan. Otros los rechazamos.

El 18 de agosto de 2009 publiqué, en "Archivos del poder" en *Excélsior,* una columna titulada "Cevallos Coppel: sabían del secuestro". Aquí los dos primeros párrafos:

> El comandante de la Fuerza Antisecuestros (FAS) de la PGJDF, Erasmo de la Rosa, supo desde junio pasado que Yolanda Cevallos Coppel iba a ser secuestrada y nada hizo por evitarlo. Aún más: dejó que se realizara el plagio, que culminó con la muerte de la mujer, de dos altos jefes policiacos y del jefe de la banda.
>
> De acuerdo con la declaración de un agente policiaco identificado como Rodolfo —cuya copia tiene esta

columna–, en varias ocasiones se reunió con de la Rosa y los agentes Alejandro Mejía Mariscal y Manuel Ponce Cruz, para decirles 'nombres y apodos de algunos de los secuestradores, quién sería la persona a secuestrar, el lugar donde se haría el secuestro, y hasta les entregó la llave de la casa de seguridad donde esconderían a Yolanda.

Hasta aquí esa parte de mi columna.

El lunes 23 de noviembre recibí un citatorio firmado por la MP Micaela Hurtado Valtierra, para presentarme a declarar ante la Subprocuraduría de Averiguaciones Previas Centrales Fiscalía Central para Asuntos Especiales de la PGJDF, en calidad de "probable responsable" del delito de difamación. La denuncia la presentaba el agente Mejía Mariscal. (Algo perdía de vista u omitía la PGJDF: yo no acusaba directamente a nadie. La acusación provenía de *Rodolfo*. Como periodista, me limité a transcribir los hechos a los lectores.)
Entonces ocurrió lo inaudito.
A mi celular llegó una llamada. Era Julio Serna, secretario particular del entonces procurador de Justicia del Distrito Federal, Miguel Ángel Mancera. "El procurador te invita a comer hoy, aquí, en su oficina. A las tres de la tarde." Lo consulté rápidamente con mi abogado. De acuerdo, le dije a Serna, pero bajo una condición: que durante la comida esté presente un directivo de Grupo Imagen (empresa a la que pertenece el diario *Excélsior*). Serna aceptó.
Terminada mi audiencia, subí a la oficina de Mancera, quien llegó minutos después de la hora pactada. Se percibía tensión. Él era el procurador que acusaba y yo el periodista que se defendía.
Hablamos trivialidades. De futbol. Él es cruzazulino. Yo necaxista. De pronto, de algún lugar sacó el expediente en el

cual radicaba la denuncia en mi contra, lo puso sobre la mesa y me dijo:

"Esto no debió haber procedido..."

"Pues sí, procurador, pero procedió..."

Mancera me vio a los ojos, palmeó afable en dos ocasiones mi hombro izquierdo y, bajo el tono de la confidencialidad, de la búsqueda de una complicidad, me susurró:

"No se preocupe, Martín... yo le voy a dar el no ejercicio de acción penal... no se preocupe..."

Sentí indignación por ser tratado así, ante la propuesta oscura del soborno moral. Chantajeado. No me pedía nada a cambio, de momento, pero era claro que me estaba intentando vender un favor. El procurador de Justicia intentaba corromper a un periodista. Ése era el punto.

Vi al representante de Grupo Imagen, regresé la mirada a los ojos de Mancera y le respondí:

"Mire, procurador: acepté esta comida de buena fe, pero le advierto: no vine a pedir favores ni perdón. Eso que quede claro. Y mientras yo tenga información sustentada de lo que hacen en la Procuraduría, lo seguiré publicando..."

La comida se acabó. El proceso en contra mía continuó.

Pocas semanas después, mi abogado me notificó que el No Ejercicio de Acción Penal se había girado. No había delito para perseguirme ni pena qué aplicarme. Serna me pidió ver de nuevo a Mancera, aunque ya no para comer. Lo vi en su oficina, el enorme escritorio entre ambos, un abismo entre los dos.

"Aquí tengo ya el no ejercicio de acción penal", me dijo, y reposó su mano en un legajo.

"Sí, ya me lo notificó mi abogado..."

Mancera tenía duro el gesto, sus labios una línea.

"No era necesario que interviniera derechos humanos en su caso..."

"Yo creo que sí..."

"Y sus colegas, ya vi lo que escribieron..." (se refería a lo que Félix Fuentes y Ricardo Alemán habían escrito en *El Universal*, en sus respectivas columnas, sobre el caso abierto en mi contra en la PGJDF).

"Sí, a veces los periodistas somos solidarios entre nosotros... hoy me tocó a mí..."

"¿De verdad se siente usted intimidado, Martín?"

"No se lo voy a negar: sí. ¿O cómo tomar que un columnista crítico del gobierno capitalino esté acusado en la Procuraduría?"

Mancera se levantó. Lo mismo hice. Me explicó, ufano, algo de unas pantallas mediante las cuales vigilaba a la ciudad. No le entendí bien. Nos despedimos.

Así ejerce el poder Miguel Ángel Mancera.

El aliado de Peña Nieto.

LA PRENSA. LA CENSURA...

Como cualquier gobierno, el de Enrique Peña Nieto ha contado con aliados. Socios del poder por conveniencia política, por interés personal o simplemente por estrategia, que sirven al actual gobierno como comparsas, aun siendo de la oposición, o periodistas que tomaron el camino fácil: el del halago al poder presidencial, el de la nula crítica al Presidente, el de cero investigación periodística, el de no cuestionar los abusos, ser voceros de funcionarios o gobernadores, erigiéndose, de paso, en plumas o voces oficialistas que a la menor provocación se asumen como defensores de oficio de Peña y del poder político, sin importar siglas o colores. Allá ellos. Cada quien su historia y destino.

Sin embargo, no podemos cerrar los ojos ante una realidad comprobada y comprobable: cuando periodistas reciben dinero público procedente del gobierno, ¿ven comprometida y limitada su libertad de expresión? La respuesta es sí.

Es, a final de cuentas, un juego de intereses.

¿Con qué autoridad y credibilidad periodística se podrá cuestionar a algún poder del que se recibe un beneficio económico?

¿Hay un valor entendido –forzoso, inevitable–, bajo el esquema perverso del "tú me pagas, yo no te pego" y estamos a mano?

Una cosa es que los medios, vía publicidad gubernamental, reciban un pago, simple transacción financiera válida y legal, y otra, diferente y cuestionable, que el periodista reciba, sin escalas publicitarias, dinero directamente del gobierno. Son dos asuntos distintos.

Los periodistas que reciben, de manera oficial y comprobable, dinero del gobierno, como trueque, como pago, siempre podrán decir: fue de manera legal. No hay ilegalidad. Puede ser. Pero olvidan algo muy importante: la ética. El compromiso. La libertad del propio periodista, divisa irrenunciable para algunos, con tarifa y precio para muchos.

Ingresos legales, tal vez, pero no éticos ni sanos para la libertad de expresión. Manchados de origen. Sin pudores. ¿Por qué? Por una razón de fondo, indiscutible: al recibir recursos económicos emanados del arca pública y sin trabajar oficialmente en alguna dependencia pública perciben dinero injustificable y sospechoso, crean un compromiso ineludible y oscuro con quien les beneficia. Es, a final de cuentas, un conflicto de interés abierto y, a juicio de quien esto escribe, muy cuestionable. Aquí, algunos ejemplos (la lista completa la difundió en su momento el portal enlapolitika.com, a cargo de Julio Roa, de donde se obtuvo esta información, y puede el lector consultarla si lo desea).

	Concepto	Ingreso (pesos)
Joaquín López-Doriga	XEIPN TV Canal Once	98 000.66
	Secretaría del Trabajo y Previsión Social	2 078 000.72
José Cárdenas	Secretaría de Agricultura Ganadería, Desarrollo Rural, Pesca y Alimentación	30 000.00
	XEIPN TV Canal Once	98 000.66
	Secretaría del Trabajo y Previsión Social	2 078 000.72
	Secretaría de Gobernación	1 113 000.60
	Secretaría de Relaciones Exteriores	129 000.92
Óscar Mario Beteta	Secretaría de Gobernación	1 113 000.60
Eduardo Ruiz Healy	Secretaría de Gobernación	1 113 000.60
		167 000.04
Jorge Fernández	Secretaría del Trabajo y Previsión Social	1 836 000.25
Ciro Gómez Leyva	Secretaría de Gobernación	1 113 000.60
Adela Micha	Secretaría del Trabajo y Previsión Social	1 436 000.38

Informe Sobre la Ejecución de los Programas y las Campañas de Comunicación Social del Gobierno Federal
Ejercicio Fiscal 2013

López-Dóriga fue titular del noticiero nocturno de Televisa en Canal 2 (2000-2016) y conductor en Radio Fórmula, además de columnista en *Milenio*.

José Cárdenas es conductor en Radio Fórmula y columnista del periódico *Excélsior*.

Óscar Mario Beteta, conductor en Radio Fórmula.

Eduardo Ruiz-Healy, conductor en Radio Fórmula.

Jorge Fernández Menéndez, columnista en *Excélsior* y titular de la tercera emisión de Imagen Informativa.

Ciro Gómez Leyva, conductor del Noticiero nocturno en Imagen Televisión, conductor en Radio Fórmula y columnista de *El Universal*.

Adela Micha, conductora de noticias y de entrevistas en Televisa, y titular de la primera emisión radiofónica en Imagen Informativa.

Prensa dócil

Un periodista que no cuestiona al poder no hace su trabajo.
Jorge Ramos

Plumas al servicio del poder. De los poderosos. Son innumerables. Fácilmente detectables. Ejemplos de prensa dócil. De prensa fallida.

Citamos un caso de vergüenza para el periodismo mexicano: el de Pascal Beltrán del Río, director editorial de *Excélsior*.

Antecedentes: el 9 de julio de 2014, tras una manifestación ciudadana en San Bernardino Chalchihuapan, policías del estado de Puebla se enfrentaron contra pobladores. En la gresca, el niño José Luis Tehuatlie Tamayo, quien se dirigía a la escuela y tuvo la desventura de cruzar por el camino de la violencia y la sinrazón, resultó herido en la cabeza. Murió diez días después.

El gobierno del panista Rafael Moreno Valle aplicaba entonces la polémica y bautizada Ley Bala, cuyo Artículo 10 argumenta… "la legítima defensa, en el caso de armas de fuego o de fuerza letal, cuando exista agresión real, actual o inminente que ponga en peligro la vida o la integridad física". Dos meses más tarde, el presidente de la CNDH, Raúl Plascencia, dictaminó que el niño Tehuatlie falleció por proyectiles usados por los policías poblanos. "Hubo un uso indebido de la fuerza por parte de las autoridades", señaló.

Tras la muerte de José Luis, el gobierno de Moreno Valle inició una operación mediática tendiente al control de daños. Y recurrió, para ese propósito, a plumas a modo, dóciles, incrustadas en medios de nula crítica al poder político.

Leamos primero, para mejor comprensión de este episodio, la columna que el 24 de julio de 2014 redactó Pascal Beltrán del Río en *Excélsior* sobre la tragedia en Chalchihuapan:

Bitácora del director
PASCAL BELTRÁN DEL RÍO

Chalchihuapan: los hechos

24 de Julio de 2014

En diferentes ocasiones he comentado en este espacio la tendencia que existe en la opinión pública mexicana de hacer debates en torno de suposiciones más que de datos duros.

Los acontecimientos del miércoles 9 de julio en San Bernardino Chalchihuapan, Puebla, son una nueva exhibición de esa costumbre. Se ha creado una narrativa de lo ocurrido durante el desalojo de una protesta en la carretera Puebla-Atlixco a la altura de esa población.

La versión difundida, por la diputada federal **Roxana Luna**, entre otras personas, sostiene que elementos de la Policía Estatal disolvieron violentamente una manifestación pacífica y que, al hacerlo, usaron balas de goma que causaron la muerte de un menor.

Esa versión también pretende hacer creer que la aprobación de una ley para regular el uso de la fuerza pública fue el antecedente y pretexto para realizar un acto represivo ese día; y que la Policía Estatal fue enviada al lugar porque no había intenciones de resolver mediante el diálogo la inconformidad de los pobladores.

Sin embargo, una revisión de las evidencias gráficas y auditivas de lo ocurrido entre las 13:40 y las 18:00 horas en la autopista permiten poner en duda, cuando no desmentir tajantemente, lo que muchas personas —incluyendo algunos comunicadores— asumen con grado de certeza.

Como lo que a mí me importa son los hechos, tomé la decisión de no escribir sobre lo ocurrido en tanto no tuviera la máxima información posible.

El siguiente es un resumen de lo que encontré:

Lo que origina los hechos es una ley promovida por un diputado de la anterior Legislatura estatal —el panista **Mario Gerardo Riestra Piña**— para quitarle a las juntas auxiliares municipales del estado el manejo del Servicio del Registro Civil.

En Puebla existen 647 juntas similares que funcionan como órganos desconcentrados de los 217 municipios, muy a la manera de las tenencias en Michoacán o las congregaciones en Veracruz.

Las juntas atienden las necesidades de la población que vive fuera de las cabeceras municipales. En ocasiones, la población de una junta es superior a la de la cabecera.

En el caso del Registro Civil, el gobierno estatal expide las actas pero antes de las modificaciones legales —que recién entraron en vigor— las entregaba en blanco a las juntas auxiliares para que éstas las usaran para dar fe de nacimientos, matrimonios, divorcios, defunciones, etcétera. Una de las razones que propiciaron el cambio del marco legal es que se comenzó a detectar la clonación de actas y el registro de nacimientos falsos en la entidad.

Muchas de esas actas terminaron en manos de migrantes extranjeros, al punto de que existe una alerta sobre actas de nacimiento poblanas en las oficinas que expiden pasaportes mexicanos.

De las 647 juntas auxiliares, el cambio generó una inconformidad en apenas una decena de ellas.

La protesta de Chalchihuapan fue una de las tres que tuvieron lugar ese día en Puebla y la única donde estalló la violencia.

A las 13:40, un miembro de la Policía Estatal pidió a los manifestantes, que ya bloqueaban la autopista —cosa que es delito— formar una comisión para dialogar. Esto fue rechazado. A las 13:54, se les dio un ultimátum para desalojar la vía.

En los videos puede observarse que, al cumplirse el plazo, los cerca de 300 policías comenzaron a avanzar hacia los manifestantes y éstos, en respuesta, les lanzaron piedras. De inmediato, los policías arrojaron granadas de mano de gas lacrimógeno, lo que hizo que los manifestantes se reagruparan en un puente que pasa sobre la autopista. Cuando los policías reabrieron la vía a la circulación, los pobladores arrojaron piedras a los vehículos particulares.

Esa acción llevó a los policías a avanzar sobre el puente, pero, cuando lo tomaron, fueron atacados con piedras y cohetones desde uno y otro lado. Paulatinamente, la fuerza pública se vio en desventaja, sobre todo cuando llegaron más habitantes de la localidad. Dos policías fueron retenidos por los manifestantes y golpeados salvajemente, con sus propios toletes y con piedras.

El resto de ellos emprendió la huida, bajando por la pendiente del puente, esperando a que llegaran refuerzos. Estos llegaron a bordo de camionetas, en las que llevaban siete lanzadores de granadas de gas lacrimógeno, que serían disparadas en total 140 veces.

A las 14:35 horas, cuando los policías aún ocupaban el puente sobre la autopista, a unos 80 metros de ahí, en un lugar donde los videos y fotos no muestran presencia policiaca, el joven **José Luis Alberto Tehuatle Tamayo**, de 13 años de edad, es herido en la cabeza. A las 14:45 es atendido por socorristas y subido en una ambulancia. A las 14:58 ingresa en el Hospital General de Cholula.

La diputada **Luna** y sus simpatizantes dicen que el joven fue alcanzado por una "bala de goma" de la policía. El gobierno estatal, que rechaza tener ese tipo de balas en su arsenal, defiende la tesis de que fue un cohetón de los propios manifestantes lo que hirió a **Tehuatle**.

Trágicamente, el joven falleció el 18 de julio, luego de sufrir muerte cerebral.

Es imposible para mí establecer qué fue lo que lo hirió. Escribo sólo lo que pude averiguar.

Porque así lo establece la ley, el gobierno estatal está obligado a investigar exhaustivamente las circunstancias de la muerte del menor y llevar ante la justicia a quien(es) la haya(n) ocasionado.

Y porque es lo ético, todos deberían abstenerse de distorsionar los hechos de Chalchihuapan, o especular sobre ellos, por razones políticas o las que sean.

Cuatro días después, el periodista Arturo Rueda publicó en *Diario Cambio*, de Puebla, el siguiente texto, desnudando y exhibiendo, con precisión, el entreguismo periodístico de Beltrán del Río:

> El gobernador Rafael Moreno Valle no sólo tira línea a los medios locales en su defensa de la verdad oficial de la muerte de José Luis Tehuatlie y la criminalización de los pobladores de Chalchihuapan. El director editorial de *Excélsior*, Pascal Beltrán del Río, utilizó datos de una presentación elaborada por el gobierno morenovallista para deslindarse de los hechos sangrientos ocurridos en Chalchihuapan y los presentó como una "investigación propia" en su columna "Bitácora del Director"...
>
> Tras una introducción de contexto, Beltrán del Río en su colaboración titulada "Chalchihuapan, los hechos", se ufana en afirmar que "como lo que a mí me importa son los hechos, tomé la decisión de no escribir sobre lo ocurrido en tanto no tuviera la máxima información posible. El siguiente es un resumen de lo que encontré".
>
> A continuación procede (Pascal) a citar con hora y minutos algunos de los hechos acontecidos ese día. Señala que "a las 13:40, un miembro de la Policía Estatal pidió a los manifestantes, que ya bloqueaban la autopista —cosa que es delito—, formar una comisión para dialogar. Esto fue rechazado. A las 13:54 se les dio un ultimátum para desalojar la vía. En los videos puede observarse que, al cumplirse el plazo, los cerca de 300 policías comenzaron a avanzar hacia los manifestantes y éstos, en respuesta, les lanzaron piedras".

Después, escribe que "a las 14:35 horas, cuando los policías aún ocupaban el puente sobre la Autopista, a unos 80 metros de ahí, en un lugar donde los videos y fotos no muestran presencia policiaca, el joven José Luis Alberto Tehuatlie Tamayo, de 13 años de edad, es herido en la cabeza. A las 14:45 es atendido por socorristas y subido en una ambulancia. A las 14:58 ingresa en el Hospital General de Cholula". Culmina su colaboración afirmando que "es imposible para mí establecer qué fue lo que lo hirió. Escribo sólo lo que pude averiguar".

Sin embargo –relata Rueda–, lo que pudo "averiguar" en realidad, es una presentación en Power Point que el gobernador Rafael Moreno Valle y su vocero, Héctor Alcudia, le entregaron en el marco de una comida con el Comité Editorial del diario *Excélsior*.

En esa presentación, que obra en poder de *CAMBIO* y la presenta a sus lectores, el gobierno estatal difunde su versión con fotografías de los hechos ocurridos con hora y minuto. Son en total 24 diapositivas con el logotipo del gobierno del estado de Puebla.

Así, el periodista Beltrán del Río copió y pegó el contenido de las láminas 5, 6 y 11 para su columna, en las que se establece lo ocurrido en las horas 13:40, 13:54, 14:45 y 14:58.

El director (editorial) de *Excélsior* llegó al grado, literalmente, de replicar un error en la propia presentación del gobierno morenovallista y que exhibe que no investigó nada, pues el menor de 13 años, José Luis Tehuatlie Tamayo, fue ingresado y atendido en el Hospital General del Sur de la capital poblana, y no en el Hospital General de Cholula como lo menciona en su columna.

CAMBIO documentó que el domingo 20 de julio, el gobernador Rafael Moreno Valle reunió a sus periodistas y dueños de comunicación aliados en el salón Gobernadores del Centro Integral de Servicios (CIS) de Angelópolis para "tirarles línea" y difundir en todas sus plataformas la verdad "oficial" de los hechos ocurridos el pasado 9 de julio en San Bernardino Chalchihuapan, así como definir estrategias a seguir durante los próximos días para contrarrestar la información negativa en contra de la administración estatal.

Hasta aquí el texto de Arturo Rueda.

"¿Cómo sabes que Moreno Valle y Alcudia se reunieron con el Comité Editorial de *Excélsior?*, pregunto a Rueda.

"Me lo dijo Alcudia. 'Acabamos de tener una reunión con el Comité Editorial de *Excélsior*'. Inclusive hablé con Pancho Garfias (columnista del diario), me lo confirmó y me dijo que el gobernador les hizo una presentación detallada sobre lo que había ocurrido.

Aún más: Rueda asegura que posteriormente consiguió esa presentación y la comparó. "Es justo lo que Pascal escribió", afirma.

ARISTEGUI... FERRIZ... EXCÉLSIOR... ESQUIRE...

"En este periódico no se le pega al Presidente... te guste o no te guste", tronó la voz del subdirector general y gerente del diario *La Crónica*, Rafael García Garza. La frase, redonda y perturbadora, era dirigida a José Contreras, columnista diario durante seis años y con 17 años de laborar en ese periódico. Días después abandonaría su trabajo.

Durante décadas, la censura a la prensa crítica ha sido piedra angular de la sobrevivencia política de los gobiernos en turno, principalmente de los priístas, que han comprado, con valiosas excepciones, a medios y periodistas a cambio de favores o canonjías —desde reporteros hasta empresarios dueños de medios—, bajo un juego de poder perverso y ruin que lastima la libertad de expresión, ofende al periodismo libre y, por tanto, hiere a la democracia.

Diseñados no para la democracia —no la conocen, no la entienden, no la practican—, los priístas prefieren el sometimiento a la libertad, ellos mismos uniformados en torno a ese gran satélite llamado presidencialismo que no otorga margen para el sano y necesario disentimiento, con corazón y alma de dictador; no les gusta la crítica, van por el camino del silenciamiento y la sumisión; castigan plumas y voces que los cuestionan y palmean a los periodistas que hablan bien de ellos; conciben la labor de la prensa como un instrumento: herramienta para consolidar el poder político, no como pieza eficaz, insustituible e imprescindible en toda democracia.

Y es, indudablemente, el priísmo mexiquense, ese que hoy está en Los Pinos, quien mejor retrata el perfil del priísmo más nocivo, antidemocrático y contrario, por supuesto, a una prensa libre y crítica.

Durante el actual sexenio, nada ha sido casualidad.

Las voces más críticas de Enrique Peña Nieto: Carmen Aristegui, Pedro Ferriz de Con, entre otros casos aquí abordados, se quedaron durante el sexenio sin espacios en la radio, donde eran líderes, orillados a abandonar sus centros de trabajo aparentemente por cuestiones de conflicto laboral o personal, pero bajo un sello incuestionable: eran incómodos para el poder presidencial.

ARISTEGUI

Generosa con su tiempo informativo en radio y televisión, interesada en temas que investigué para algunos de mis libros —*El Caso Wallace, Paulette, lo que no se dijo, Los demonios del sindicalismo mexicano*—, Carmen Aristegui me entrevistó en CNN a mediados de marzo de 2015, resonando en la indignación nacional el asunto Casa Blanca, la mansión de la familia presidencial de 7 millones de dólares, propiedad de la esposa de Peña, Angélica Rivera; el escándalo por el innegable tráfico de influencias, asomando el conflicto de interés con el consorcio empresarial consentido y aliado del gobierno, Grupo HIGA. Carmen y yo charlamos sobre algunas cosas, inevitable el viraje hacia la investigación de ella y su equipo, todavía ocupando, entonces, su escuchado noticiero matutino en MVS Noticias:

"No te la van a perdonar, Carmen... te la van a cobrar... cuídate mucho", le dije.

Aristegui me ofreció media sonrisa, apenas dibujada en su rostro. Cambiamos de tema.

Hoy, lamento decirlo: no me equivoqué en aquella advertencia a Aristegui.

Se la cobraron a Carmen Aristegui por denunciar la faraónica compra de la Casa Blanca de La Gaviota.

Sin hipocresías, digamos lo que ocurrió con Carmen Aristegui:

Fue despedida de su noticiero en MVS cuatro meses después de hacer público el reportaje sobre la Casa Blanca presidencial. Es el dato duro. Lo demás son tiquis miquis.

Algunas plumas y voces oficialistas se envuelven en la bandera gobiernista y exigen, muy indignados, "pruebas" de que desde Los Pinos se ordenó la salida de Aristegui de MVS Noticias. A ver: o son hipócritas o son ilusos. Por supuesto que en este tipo de censuras no existe un memorándum firmado ni una petición por escrito en la que se pida la cabeza de Carmen. Por supuesto que no. Son ruines, no estúpidos. No dejan nada por escrito, en estos casos.

Aristegui: una de las voces más críticas al gobierno de Peña Nieto; la que mostró y demostró la podredumbre que rodea la compra de la Casa Blanca de la familia imperial en México; la que investigaba, con su equipo, mayores detalles sobre cómo se adquirió también la residencia de Luis Videgaray en Malinalco, gracias a la generosidad del grupo HIGA y que, en su momento denunció *The Wall Street Journa;* la que impugnó con dureza, en el terreno informativo, la nominación de Eduardo Medina Mora como nuevo ministro de la Corte; la periodista más crítica del gobierno peñista, la más escuchada, influyente e importante del país: se quedó sin noticiero. Es el hecho contundente. Irrebatible.

La salida de Carmen Aristegui de la radio mexicana no es casualidad. ¡Claro que no! Su despido fue, sin duda, un ajuste de cuentas de Los Pinos por el asunto de la Casa Blanca.

Aquí, más pruebas.

Poco después de que Carmen Aristegui fue despedida de MVS Noticias, un alto funcionario del gobierno peñista contactó a un abogado para que se hiciera cargo de la defensa de la valiente periodista.

Pero no se crea que el propósito era ayudar a Aristegui en el conflicto legal que en 2015, vía tribunales, enfrentaba la periodista contra MVS. No. Nada de eso.

Al abogado en turno, el poder priísta le propuso que defendiera a Carmen Aristegui pero que, a cambio de 5 millones de pesos, perdiera el caso y la periodista no regresara a esa estación radiofónica.

El abogado no aceptó lo que el funcionario le ofrecía. Rechazó la propuesta.

Esta historia nos demuestra la dimensión del encono y, sin duda, del rencor que se le tiene en el gobierno a Carmen Aristegui. De eso no hay duda. (Parte de este episodio lo publiqué en mi columna "Red Pública" en el diario digital *SinEmbargo*, bajo el título "Aristegui, en la mira", 29/abril/2015. En ningún momento fue desmentido.)

LA CARTA DE FERRIZ

Pedro Ferriz de Con, uno de los conductores radiofónicos más escuchados e influyentes del país, salió de Imagen Informativa en agosto de 2014. Los directivos de Grupo Imagen Multimedia —encabezado por el neopriísta sonorense Ernesto Rivera Aguilar—, le propusieron algo tan inaudito como inédito en la censura mediática: que firmara una carta donde se comprometía a no criticar al presidente Enrique Peña Nieto, mientras estuviera como conductor titular del noticiero nocturno de la televisora CadenaTres, propiedad de GIMM.

Ferriz de Con no aceptó.

Tuvo que dejar CadenaTres.

En el caso de Ferriz de Con, hay un antecedente a considerar: fue un crítico constante de Enrique Peña Nieto, desde que era gobernador del Estado de México y ya como candidato presidencial del PRI. Lo calificaba de "ignorante".

"¿Quieren que les diga lo que pienso de Enrique Peña Nieto? Es un ignorante. Es un hombre que pertenece a un sistema político acostumbrado a robar. Todos sus colaboradores son multimillonarios, y todos se han hecho millonarios en el sistema político mexicano. Es un arrogante del sistema político, porque así lo conoció él. No lo culpo: él nació en el seno de Atlacomulco. De allí han salido grandes sátrapas del mundo político de México que se han enriquecido vilmente. Su padrino político se llama Arturo Montiel. Yo recuerdo que en una comida a la que me invitaron, llegó Peña Nieto con un copete que parecía Astroboy. Un columnista de *Excélsior* le preguntó: '¿Cuál es el problema más grave que enfrenta Enrique Peña Nieto?', y respondió: 'Pedro.' '¿Yo, cabrón? ¿Yo? Así como Judas: ¿Yo, maestro?' 'sí, tú, Pedro, tú hablas muy mal de mí'. Y yo le dije: '¿Sabes qué Enrique? Yo sería un poquito más amplio: el problema más grande que tú tienes se llama Arturo Montiel, cabrón, porque es un cuate que antes de ti llegó y no se robó al estado porque no le cupo en la cartera, y tú lo defendiste, y mientras tú no lo juzgues como lo que fue, yo no te voy a poder respetar. Y como no ha pasado nada, yo no respeto a Enrique Peña Nieto…'", fue parte de lo que dijo Ferriz de Con en junio de 2012 durante una conferencia pública.

Aristegui y Ferriz de Con, las voces radiofónicas más críticas y rigurosas de Peña Nieto y de su gobierno, no tienen, en este sexenio, un micrófono enfrente. Están fuera del aire y no es casualidad. Fueron marginados. Esa es la realidad.

* * *

¿De qué trataba la columna censurada en *La Crónica* a José Contreras, el 27 de noviembre de 2014? En realidad, no era una crítica directa contra el Presidente ni tenía un perfil de escándalo. En lo absoluto. Juzgue usted, lector. Extractos:

> Si el presidente Enrique Peña Nieto intenta defender su propuesta de desaparecer las policías municipales y crear un Mando Único, tendrá que empezar por su propio partido. Y por su gabinete.
>
> En el pasado sexenio, la bancada del PRI en el Senado rechazó una propuesta similar planteada por el entonces presidente Felipe Calderón, en una iniciativa enviada el 7 de octubre de 2010.
>
> Uno de los senadores que argumentaron en contra de esa propuesta fue Jesús Murillo Karam, actualmente procurador General de la República.
>
> En octubre de 2010, Murillo Karam elaboró un documento en el que se establecía que no procedía desaparecer las policías municipales, sino crear mecanismos de coordinación entre estas policías y las estatales.
>
> Casi un mes después, el senador del PRI, Adolfo Toledo, afirmó que la propuesta de mando único era "una trampa" de Calderón….
>
> ¿Habrán cambiado ya de opinión todos los priístas que antes se opusieron al Mando Único?

Hasta aquí el texto de Contreras.

¿Dónde está la crítica o el golpe al Presidente?
Solamente el criterio oblicuo de García Garza —exjefe de prensa del Instituto Federal Electoral–, vio un "ataque" en

contra de Peña Nieto, imaginó que había una intención insana en la pluma de Contreras y, por ello, eligió el camino de la censura. Su frase: "En este periódico no se le pega al Presidente...", queda como una de las más vergonzantes, ominosas y ridículas inscritas en las páginas negras del periodismo mexicano.

—¿Qué momento vive la prensa mexicana?—, pregunto a José Contreras.

—Difícil. La transición a la democracia no ha tocado la relación Prensa-Estado. Se trata de una relación perversa en la que el Estado, a través de los tres niveles de gobierno y de los distintos poderes, controla a los medios de comunicación mediante la publicidad. Los gobiernos entregan jugosos contratos de publicidad para evitar que se asuman posiciones críticas. El asunto es tan grave que la mayoría de medios nacionales, estatales y municipales, viven exclusivamente de la publicidad oficial. En México hay mucho diarismo pero poco periodismo. Urge regular esa publicidad oficial.

—¿Hay censura en México a partir del regreso del PRI al poder presidencial?

—¡Por supuesto que la hay! El caso más emblemático es el de Carmen Aristegui, pero por supuesto no es el único. Está, desde luego, tu caso, el de la compañera Luz Emilia Aguilar Zínser, el mío, el del equipo editorial de la revista *Esquire* (medio que advirtió sobre la ejecución masiva por parte de soldados del Ejército mexicano en Tlatlaya, Estado de México) y el de muchos otros compañeros. Durante el actual sexenio, la censura y la represión contra los periodistas críticos se ha dado de dos formas: directa, a petición de los operadores de medios de Peña Nieto, que piden la cabeza de ciertos periodistas, o de manera oficiosa, por dueños o directivos de medios que censuran y despiden a periodistas críticos para no molestar a quien les da publicidad o prebendas.

La censura en México. Un país fallido en cuanto a libertad de expresión, con sus excepciones valiosas y evidentes.

* * *

Durante más de nueve años publiqué la columna "Archivos del Poder" en *Excélsior,* dos veces a la semana. Durante nueve años enfrenté y batallé en contra de la censura que se me pretendía imponer. Durante nueve años libré, semana a semana, una lucha bajo la censura que chocaba, brutal, contra mi propósito de ofrecer a los lectores una columna de investigación, de denuncia, de crítica, que le resultara útil a la sociedad. Y no es queja, por supuesto. Tampoco es victimismo. Sabía perfectamente dónde estaba parado. Sin embargo, la pelea por la libertad de expresión debe darse desde dentro. Claudicar ante las peticiones censuradoras —decenas de veces se intentó—, hubiera significado matar la vida de mi propia pluma, traicionarme, enlodarme, escupir sobre la hoja donde escribo, no podría ver de frente a los lectores, a mis amigos, a mis hijos, a mí. No era por ahí. Preferí el desasosiego de una pluma crítica, inquisidora e incómoda con el poder político, a la comodidad —intelectual y financiera— de una pluma anodina, inofensiva, que reposara en la intrascendencia, en el vacío.

Así lo creo: si en la búsqueda de la libertad de expresión se acortan espacios, primero se acaban los espacios antes que la propia libertad.

El jueves 22 de octubre de 2015, fui citado en la oficina del director de Información de Grupo Imagen Multimedia, Ignacio Anaya Cooley.

"Necesitamos los espacios de tu columna en *Excélsior*...", me dijo a bocajarro.

Ante esa petición no había defensa. Los espacios periodísticos son propiedad, en su gran mayoría, de los dueños de los medios, y nada ganaría con discutir. Entendí que la decisión estaba tomada.

Anaya Cooley se levantó. Me levanté. Me acerqué para despedirme y entonces confesó:

"Tu columna de ayer..., la del CISEN, nos hizo mucho ruido..."

Lo miré. Lo escudriñé. Le dije:

"Bueno, si hay alguna imprecisión, si hay alguna aclaración, que lo digan. Todo lo que escribí está checado y no hay nada que no sea cierto..."

Anaya Cooley me ofreció una sonrisita que se transformó en mueca grotesca:

"Es que el patrón se reunió con Osorio Chong, y hasta lo llevó al CISEN..."

No necesitaba escuchar más. No agregué nada. Sólo lo miré. Moví la cabeza, di media vuelta y salí de la oficina.

Ésta es mi columna a la que Anaya Cooley hizo referencia, instantes después de pedirme los espacios en los que escribía para *Excélsior*:

El Chapo: las omisiones del Cisen

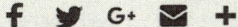

20 de Octubre de 2015

Para tratar de entender la increíble fuga de **El Chapo Guzmán** de El Altiplano hay un factor fundamental: la actuación del Centro de Investigación y Seguridad Nacional, a cargo de **Eugenio Ímaz**. ¿Hubo negligencia e irresponsabilidad del Cisen durante la evasión? Todo apunta a que así fue.

Aquí los hechos:

Tras la captura de **Guzmán Loera** en febrero de 2014, el Cisen instaló su propio centro de operaciones dentro de El Altiplano para monitorear al criminal más poderoso, importante y célebre del país. Las pantallas de vigilancia que controlaba el Cisen, además de la imagen, también tenían sonido.

(Este factor es importante debido a que el Centro de Monitoreo que todos conocemos, a través del video divulgado la semana pasada durante el noticiero de **Carlos Loret de Mola**, nos muestra a funcionarios y operadores del penal que, efectivamente, ven imágenes de las celdas, pero lo que hoy podemos confirmar es que en esa área se carece de sonido sobre lo que ocurre en el interior).

Aún más: el Cisen —en uno de los absurdos históricos que rodean la leyenda de **El Chapo Guzmán**— ordenó que al reo de la celda 20 se le colocara un brazalete en el tobillo para, supuestamente, tenerle ubicado las 24 horas. Pero los genios de la seguridad nacional olvidaron un pequeño detalle: dentro de El Altiplano, cualquier señal se bloquea de inmediato. Así, el brazalete quedó inutilizado.

Allí empezaron los errores —por llamarlos de alguna manera— del Cisen con **Guzmán Loera**.

Con pantallas propias con imagen y sonido, el Cisen pudo captar todo lo que ocurría dentro de la celda que ocupaba **El Chapo Guzmán**. Grave: nada hizo cuando, ellos sí, escucharon los golpes de martillo la noche del pasado sábado 11 de julio dentro de la prisión. Gravísimo: que nada hicieron cuando vieron que **El Chapo** se fugaba.

(Los custodios llegaron a la celda 26 minutos después de que **Guzmán Loera** se había evadido por el hoyo de la regadera).

Literalmente, el Cisen vio y escuchó todo. Nada hizo.

Aún más:

Inteligencia de la Policía Federal también tenía acceso al monitoreo del penal del Altiplano, ya que sus pantallas están conectadas a las cámaras de las prisiones de máxima seguridad del país. Su titular, **Ramón Pequeño García**, fue destituido tras la fuga de **El Chapo**.

Aquí caben unas preguntas: ¿por qué no se le detuvo? ¿Por qué no es investigado? ¿Por qué está libre?

Juntando piezas del rompecabezas, hoy podemos concluir: todos, absolutamente todos, vieron que **El Chapo Guzmán** se fugaba, y se cruzaron de brazos.

Vieron la fuga en el Centro de Monitoreo interno del penal de El Altiplano. Nada hicieron.

Vieron la fuga y escucharon los golpes de martillo los responsables del Cisen. Nada hicieron.

Vieron la fuga en Inteligencia de la Policía Federal. Nada hicieron.

Ahora nos salen con que **El Chapo Guzmán** está "herido" de una pierna y el rostro, tras un enfrentamiento con un grupo de élite de la Marina.

Primero: si no lo pudieron detener, ¿entonces los sicarios de **El Chapo Guzmán** están mejor preparados que los marinos expertos en esos lances?

Segundo: déjenme ser malpensado: si **El Chapo** está "herido" en el rostro, ¿se hará cirugía y después saldrán con que está muerto, pero que el cadáver no se parece por la reconstrucción facial que se hizo tras la lesión? ¿Igual que *El Señor de los Cielos*?

El Chapo y la leyenda.

ARCHIVO CONFIDENCIAL

SECUESTROS. Sólo durante septiembre se registraron 189 secuestros en México. Seis diarios, reveló ayer la organización Alto al Secuestro, dirigida por la valiente **Isabel Miranda de Wallace**. Los plagios repuntan. Sigue el miedo.

TW: @_martinmoreno

FB /Martin Moreno

Hasta aquí la columna.

* * *

"Estamos ante un gobierno muy amenazante, que quiere controlarlo todo. Corrieron a gente de los medios –usted, Martín, es un prototipo de ello–, amenazando con que no pagaban publicidad si no se comportaban los medios de alguna manera. Un gobierno muy poco receptivo y muy poco dispuesto a escuchar", acusa el doctor Luis Rubio, voz respetada, presidente del Centro de Investigación para el Desarrollo (CIDAC).

Definición tajante, brutal, sobre el método vergonzante: la censura en México.

EL CASO *ESQUIRE*

Entre tanto, de acuerdo con Julia (seudónimo), los soldados –seis o siete según ella– exigían a los de dentro que se rindieran. Ellos (los soldados) decían que se rindieran y los muchachos decían que les perdonaran la vida. Entonces (los soldados) dijeron: "¿No que muy machitos, hijos de su puta madre? ¿No que muy machitos?" Así les decían los militares cuando ellos salieron (de la bodega). Todos salieron. Se rindieron, definitivamente se rindieron (…) Entonces les preguntan cómo se llamaban y los herían, no los mataban. Yo decía que no lo hicieran, y ellos decían. "Esos perros no merecen vivir" (…) Luego los paraban así en hilera y los mataban (…) estaba un lamento muy grande en la bodega, se escuchaban los quejidos…

Julia dice que Erika recibió un balazo en la pierna durante el enfrentamiento. Cayó boca abajo, no se podía mover. Ella quiso ayudarla pero los soldados se lo impidieron. Con palabras groseras le dijeron que se apartara. Minutos más tarde y ya con todos rendidos, según Julia, los soldados la remataron: La mataron ahí mismo y también al muchacho que estaba al lado de ella. A él lo pararon de este lado y lo mataron, después se pusieron los guantes y lo volvieron a acomodar como estaba. Se pusieron guantes para agarrarlo. Lo pararon y lo mataron. Con ella hicieron lo mismo. (Aunque) a ella no la pararon porque no podía caminar...

Uno de los médicos que vio el cadáver de Erika entre que llegó al SEMEFO de Toluca, el lunes 30 de junio, y fue enterrada en Arcelia el viernes siguiente, dijo a *Esquire* que a Erika le dieron el tiro de gracia. El médico pidió que su nombre no aparezca publicado.

Para comprender este episodio, es necesario remontarnos al reportaje publicado en la edición de octubre de 2014 en la revista *Esquire*, cuya franquicia pertenece a Editorial Televisa, bajo el título: *El cuerpo de Erika vuelve a casa*. El tema es la matanza en Tlatlaya, Estado de México. (Los párrafos anteriores son extractos del reportaje.)

Desde que su ojo de reportero vio algunos destellos de inconsistencias con la versión oficial en el caso Tlatlaya —el ejército argumentó que las bajas civiles fueron por un enfrentamiento contra presuntos secuestradores; el reportaje demostró que fueron ejecuciones—, el editor de la revista *Esquire* México, Mael Vallejo, pidió al reportero Pablo Ferri investigar, a fondo, el caso.

Al concluir la investigación y escritura de su reportaje, Ferri lo entregó a Vallejo quien, a su vez, lo puso a consideración del director general editorial del grupo, Javier Martínez Staines.

"¡Esto es una bomba nuclear!", exclamó Javier. Y no le faltaba razón: entre sus manos tenía la confirmación absoluta de que soldados habían ejecutado –esa es la palabra– a civiles, hecho comprobado mediante la contundente investigación periodística de Ferri, y las declaraciones de sobrevivientes protegidos con seudónimos. No había duda, en este caso, de la brutalidad castrense.

Martínez Staines lo comentó y mostró el material al director editorial, Manuel Martínez Torres quien, confiando en la experiencia periodística de Javier, también autorizó la publicación, que salió a la venta pública en octubre de 2014.

El avance del reportaje se publicó, primero, en el portal de *Esquire* antes que difundirse en la versión impresa. Pero no salieron solos. La parte sustancial de la información también la retomaron el diario español *El País*, así como *SinEmbargoMX*. La indignación se encendió con un hecho irrebatible: soldados del Ejército mexicano masacrando a civiles.

La primera llamada le llegó a Martínez Staines desde Comunicación Corporativa de Editorial Televisa. Era Héctor Villarreal:

"¿Por qué no nos avisaste del reportaje sobre Tlatlaya?"

"Nunca les he avisado lo que voy a publicar en *Esquire*… no tendría por qué avisarles ahora…"

Dentro de este episodio, hay un personaje clave: Porfirio Sánchez Galindo, de la confianza absoluta del poderoso vicepresidente ejecutivo de Grupo Televisa, Alfonso de Angoitia. Porfirio siempre quiso tener influencia en el área editorial y fue rechazado por los directivos. Simplemente no les despertaba confianza.

Sánchez Galindo le envió un correo a Martínez Staines refiriéndose al reportaje sobre Tlatlaya en *Esquire*, un tanto sarcástico, a juicio del propio Javier. "Qué madrazo. Felicidades", decía en esencia.

El tema era Tlatlaya.

Y tan era el tema que, sin hacerlo de manera directa –la censura y sus represalias se ejecutan, en la mayoría de los casos, bajo disfraces de decisiones corporativas o de línea editorial–, comenzaron a sentirse las presiones indiscutibles en contra de los responsables del reportaje.

Para Martínez Torres, Martínez Staines y Mael Vallejo, a partir de la publicación del reportaje, las cosas comenzaron a complicarse. Las presiones, soterradas aunque con punta envenenada, se desataron en contra de ellos.

El tema era Tlatlaya.

> Durante la entrevista que concedió a *Esquire*, Julia dijo que recordaba la cara de algunos de los soldados que participaron en la presunta ejecución. Su hijo Juan, hermano mayor de Erika, la acompañaba. Cuando Julia hizo esa afirmación, Juan añadió: "son los mismos que después estaban afuera." Se refería a los soldados que vio en la bodega de Tlatlaya cuando él y David llegaron allí la mañana del 30 de junio, los mismos que su hermano y su abuela vieron después en las instalaciones de la PGJEM, en Toluca. Juan afirmó: "son los de San Antonio…"
>
> "¿Los de San Antonio? ¿Los del 102 batallón?"
>
> "No sé cuál es el número", dijo Juan….
>
> "¿Cómo sabes que son los de San Antonio? ¿Los conocías?"
>
> "Los conocemos nosotros, siempre nos paran, son los de allí."

El tema era Tlatlaya.

Pocos días después de publicado el reportaje, Sánchez Galindo se reunió con Martínez Staines, quien siempre le había marcado distancia. "Vienen cambios, Javier. ¿Me vas a apoyar?", le advirtió. "Lo único que quiero", contestó Martínez Staines, "es que sigan respetando mis decisiones en los contenidos. Nada más…"

Sánchez Galindo no mentía. Poco después se dio la salida de la colombiana Martha Elena Díaz Llanos, directora general en México, Estados Unidos y Puerto Rico de Editorial Televisa. Porfirio la sustituyó.

El tema era Tlatlaya.

Entonces apareció la periodista Rossana Fuentes-Berain, "que traía a Tlatlaya en la cabeza", comenta Martínez Staines.

Fuentes-Berain, que llegó como asesora editorial de Sánchez Galindo, lo primero que hizo fue cuestionar abiertamente el reportaje sobre la matanza en Tlatlaya. "No estuvo bien trabajado", comentó. El tema era Tlatlaya, que periodísticamente había sido un trabajo impecable de Pablo Ferri. Tan impecable como irritable para las cabezas del Ejército mexicano.

Sánchez Galindo comenzaba a apretar tuercas. "¿Ya lo pensaste?", le soltó a Martínez Staines. ¿Me vas a apoyar?" "El que lo tiene que pensar eres tú", le contestó Javier. "Pues entonces quiero que te vayas." Y Martínez Staines se fue.

Así, el 15 de junio de 2015, Martínez Staines abandonó Editorial Televisa tras once años de servicios periodísticos. No había duda ni coincidencias: el tema era Tlatlaya.

Fuentes-Berain cerraba la otra pinza, al eclipsar abiertamente a Manuel Martínez Torres. Inclusive se sentaba en su silla en la dirección editorial. "Yo voy a revisar ahora la información", le advirtió Rossana a Manuel. Era cuña enviada por Sánchez Galindo. Indiscutible.

Aún más: Fuentes-Berain avisó que se iba a retomar el tema Tlatlaya, pero bajo otros enfoques.

Martínez Torres dejó la dirección editorial.

Mael Vallejo también fue limitado en sus libertades periodísticas, mediante "candados", por medio de condicionamientos informativos. Así era difícil. No le dejaban más opción que renunciar.

¿Cómo se confirmó la censura en *Esquire* y el ajuste de cuentas por la denuncia de abuso de poder por parte del Ejército?

A uno de los redactores de confianza de Martínez Staines se le ordenó, de plano, rehacer el trabajo publicado en octubre de 2014 sobre lo sucedido en Tlatlaya, pero manejando únicamente la versión de la Secretaría de la Defensa Nacional (SEDENA), sin otras fuentes de información, sin matices ni seguimiento sobre los ajusticiados. El redactor no aceptó esa imposición. Lo despidieron.

El tema era Tlatlaya.

Así, el dato duro fue: los responsables directos del reportaje en el que se denunciaban las ejecuciones del Ejército mexicano (uno de los materiales periodísticos más relevantes de los últimos años), estaban fuera de *Esquire*. Era la consecuencia innegable. El hecho. De carne y hueso. Sí: como en el caso de Aristegui y de su equipo, que todos sabemos salieron de MVS por investigar y difundir el tema de la Casa Blanca de la familia presidencial; en el caso de *Esquire*, los responsables también fueron cercados y suprimidos. Ambos, indudablemente, se miran en el mismo espejo: el de la represión al periodismo crítico e incómodo para el poder en México.

El tema era Tlatlaya:

> A mitad de aquella entrevista, Julia paró de hablar. Se llevó las manos a las sienes. Dijo que le dolía la cabeza y necesitaba un descanso. La puerta que daba a la calle, de metal, vibraba cada vez que pasaba un coche. Una cadena la golpeaba y el sonido hacía parecer que alguien

estaba entrando. Entonces Julia miraba hacia atrás con cara de espanto, como esperando que alguien cruzara la puerta. Nadie entró. El silencio llenó las paredes azules del cuarto durante unos minutos.

"¿Usted denunciaría lo que pasó?"

"Sí, la verdad es que sí. No tienen perdón los militares."

"¿Por qué no lo ha hecho hasta ahora?"

"Me da miedo. Estoy en peligro."

* * *

La prensa oficialista —me dice Javier Martínez Staines (JMS)— impera, de manera abrumadora, sobre la prensa crítica en México.

Martín Moreno (MM): ¿Qué momento vive la prensa mexicana?

JMS: La crisis de los medios tradicionales, las estructuras de poder y la violencia de la delincuencia organizada en muchas regiones del país, es devastadora. Lo que es evidente es que hay muchos grupos de poder económico vinculados con el poder político, como gran mayoría. En una segunda capa algunos esfuerzos aislados, independientes, en plataformas digitales, mueven ciertas agendas públicas. Pero no es que sea peor: siempre ha sido precaria la calidad de la prensa mexicana.

MM: ¿Impera la prensa oficialista por encima de la prensa crítica?

JMS: De manera abrumadora. Mientras la prensa mexicana dependa en buena medida de recursos públicos publicitarios para mantenerse a flote, no hay remedio.

MM: ¿Hay mayor censura en México a partir del regreso del PRI al poder presidencial?

JMS: No podría aseverarlo con el rigor suficiente. Pareciera que sí, a partir de estructuras muy experimentadas en el manejo de cadenas de favores. Reitero: mientras la prensa mexicana dependa en buena medida de recursos públicos publicitarios para mantenerse a flote, no hay remedio. Es mucho más preocupante aún el tema de cacicazgos regionales de la delincuencia organizada, que tienen en jaque toda posibilidad de libertad de expresión en lugares donde las amenazas son cotidianas.

* * *

Es la censura. Y también va implícita la humillación, el arrodillamiento, con su dosis de veneno intelectual, que se pretende hacer en algunos sectores de la prensa mexicana. Es triste. Y cuando eso sucede, no podemos ni debemos callarlo porque sería contribuir a una situación vergonzante que ocurre en algunos medios.

Basta conocer un pasaje para demostrarlo... e indignarnos.

Un sábado de 2012, recibí la llamada telefónica de una de las asistentes del citado Ignacio Anaya Cooley (omito el nombre porque ellas sólo reciben órdenes):

—Me dice Nacho que mañana domingo hay que estar a las doce en el Instituto Electoral del Distrito Federal, en el registro de Miguel Ángel Mancera (como candidato del PRD a la Jefatura de Gobierno)—. Supuse que nos daría una entrevista a algunos periodistas. Yo tenía noticiero dominical. Me acomodaba muy bien.

—¿Nos dará alguna entrevista, o habrá plática con Mancera? Recuerda que yo tengo noticiero los domingos...

—No —respondió ella—. Hay que estar allí para apoyar a Mancera... órdenes de la dirección...

—¿Apoyarlo? ¿Cómo?—, inquirí.

—Sí, para apoyarlo en su registro como candidato...

—Yo no puedo ir. Tengo noticiero—, le respondí. Colgué.

Al domingo siguiente, como si fueran acarreados del PRI, borregada con torta y refresco, algunos reporteros y conductores de Grupo Imagen fueron llevados a aplaudir y felicitar a Mancera durante su registro.

De vergüenza. De pena ajena.

Economía:
Gobierno rico, pueblo pobre...
(La Reforma Hacendaria)

No puede haber una sociedad floreciente y feliz,
cuando la mayor parte de sus miembros son pobres y desdichados.
Adam Smith

Historia que se repite, historia que condena.

Primero fue López Portillo. Años más tarde, Carlos Salinas de Gortari. Hoy, Enrique Peña Nieto.

Los tres unidos por un cordón umbilical: el PRI.

Los tres unidos por un destino injusto para los mexicanos: la irresponsabilidad financiera. El endeudamiento a costa de hipotecar el futuro. La insensatez en el manejo de los recursos públicos.

Entre los priístas suelen decir, ufanos, orondos: las deudas no se pagan, se administran. Seguramente —a la luz de la historia contemporánea—, les faltó agregar: "... y que los mexicanos las liquiden."

Así ha sido desde inicios de 1982 cuando, en pleno tobogán petrolero, el gobierno de José López Portillo nos invitó a administrar la abundancia —frívolo el Presidente, frivolizado el país—, y terminamos, como Jolopo en tribuna, entre lágrimas y decepciones.

Así fue con Carlos Salinas de Gortari, reflejados en el espejo del primer mundo —sólo un delirio—, hipnotizados por la modernización, proyectados hacia una nueva era que el salinismo nos ofrecía para ubicarnos, codo a codo, cara a cara, con las potencias mundiales. ¿Qué pasó? La corrupción nos acabó. La irresponsabilidad financiera nos estrelló, de nuevo, contra la realidad: nación tercermundista dirigida por la ignominia con la banda presidencial cruzada al pecho. Tragedia tras tragedia.

De ese México fallido brincamos al México actual. Y sí, otra vez: fallido. El sello de la economía con Peña Nieto ha sido el endeudamiento desmesurado. Desorbitado. Seguir hipotecando a generaciones. El México del crecimiento nulo. Del empleo insuficiente. De la pobreza a la alza. De la salida de capitales. Del dólar devaluado. Del petróleo malbaratado. Continuar por el sendero del espejismo financiero para azotarnos —ciegos, sordos y mudos—, en nuestra realidad inacabable: la pesadilla financiera.

Y ni fobias ni prejuicios. Allí están las cifras desnudas, frías, irrebatibles, que ubican a México en una situación de alto riesgo para su futuro económico y financiero. De riesgo para las familias. De riesgo para los trabajadores. De riesgo para los empresarios. De riesgo para todos. (Aunque de beneficio para el grupo en el poder, aprovechado por la élite político-financiera vía las reformas peñistas, como lo abordaremos.)

"Los países emergentes (como México) deben estar preparados para una crisis potencialmente severa y de consecuencias violentas, debido a los estragos que pudiera causar el retiro de las políticas monetarias no convencionales en países ricos y la desaceleración de China", alertó el gobernador del Banxico,

Agustín Carstens, a finales de enero al diario británico *Financial Times*.

Conozcamos, pues, las cifras que, hoy por hoy, nos deja como saldo el gobierno de Peña Nieto en el renglón económico:

DEUDA PÚBLICA DISPARADA. Durante el gobierno peñista, la deuda pública del país alcanzó cifra récord histórica e histérica: 8.2 billones de pesos. En sólo tres años prácticamente se duplicó, al registrar un aumento hasta llegar a 46% del Producto Interno Bruto (PIB). Obligada la comparación: en el sexenio de Ernesto Zedillo, este nivel fue de 24.7%; con Vicente Fox: 24.9%, y con Felipe Calderón, 34.8%. Dejemos que un especialista nos explique por qué: "Detrás de este crecimiento del endeudamiento público, está el manejo fiscal y monetario del país. No hay que culpar al precio del petróleo porque si el precio sube, hay que ahorrar, pero si cae, hay que gastar menos. Esa hubiera sido la solución sana, pero no se optó por esa medida, sino que se optó por seguir gastando y endeudando al país", define el director para América Latina de Moody's Analytics, Alfredo Coutiño. *(Reforma/*17/enero/2016). Es decir: con Peña Nieto se volvió a aplicar el viejo lema: endeudar para administrar.

GOBERNADORES GLOTONES. Bastan tres botones de muestra para conocer, en detalle, el grado de endeudamiento al que han llegado algunos estados gobernados por el PRI: Chihuahua, con César Duarte: 41 mil 309 millones de pesos (aumento del endeudamiento de 236% durante su gestión). Veracruz, con Javier Duarte: 41 mil 286 millones de pesos (115% más). Quintana Roo, con Roberto Borge: 21 mil 983 millones de pesos (238% más). (Cabe señalar que el PRI perdió estos tres estados por vez primera en la historia, el 5 de junio de 2016, en un evidente y abierto voto de castigo de los ciudadanos hacia los malos gobiernos.) El comparativo se impone en otra latitud: el gobierno fallido de Humberto Moreira en Coahuila (2005-2011) llegó a niveles de escándalo ofensivo, agraviante, cuando se dio a conocer que dejó al estado con una deuda por 32 mil millones de pesos, cuando la había recibido en sólo 323 millones de pesos. Sí señor: a la manera priísta.

CRECIMIENTO DESPLOMADO. MÁS POBRES. DÓLAR CARO. ¿Qué pasó entre 2012 y 2013, periodo del cambio de gobierno y retorno del PRI a Los Pinos? ¿Por qué del último año de Calderón al primero de Peña Nieto —a pesar de que veníamos saliendo de la crisis inmobiliaria de Estados Unidos de 2008, la más severa de los últimos 70 años— el crecimiento se vino a pique? Una primera lectura, limitada, cierto, aunque medular, es la manera como los priístas politizan la economía, manejándola más con criterios partidistas que financieros: más dinero en año de elecciones, menos dinero cuando no hay elecciones y, por tanto, contención del gasto público que frena la actividad económica. En gran parte, eso fue lo que ocurrió al inicio del gobierno peñista: la politización de la economía. Aquí sus resultados en cifras indiscutibles, contundentes:

1. Durante los tres últimos años del gobierno de Felipe Calderón, la economía creció, en promedio, 4.4%. Tan sólo en 2012 fue de 3.9%. Para 2013, primer año del peñismo, la cifra cayó hasta llegar a 1.1%, según datos del Instituto Nacional de Estadística, Geografía e Informática (INEGI). Entre 2013 y 2015, la media anual de crecimiento fue apenas de 2%. "Difícilmente se alcanzará el 3% de crecimiento en lo que resta del sexenio", advierte la senadora Dolores

Padierna, integrante de la Comisión de Hacienda del Senado mexicano. "Fue un gobierno que no tenía ninguna experiencia en el manejo federal. No tenían ni idea. Además, hubo una discontinuidad importante en Hacienda", diagnostica Luis Rubio, presidente del Centro de Investigación para el Desarrollo (CIDAC). Con Peña Nieto, nada más, no crecemos.

2. En el actual sexenio hay más pobres. Las cifras reveladas por el INEGI, en julio de 2015, desnudaron el discurso gubernamental y mostraron la realidad dolorosa: el número de pobres en México pasó de 53.3 a 55.3 millones. El ritmo de la pobreza mexicana es frenético: entre 2013 y 2014, cada mes, se sumaron alrededor de 80 mil nuevos pobres. Veinte mil cada semana. Casi tres mil diarios. Y aún más: reportó el Consejo Nacional de Evaluación de la Política de Desarrollo Social (CONEVAL) que, oficialmente, esos 55.3 millones de pobres representan 46.2% de casi 120 millones de habitantes. Es decir: prácticamente la mitad de los mexicanos es pobre. Por otro lado, las luces rojas se encienden porque los ingresos no mejoran: el porcentaje de población con ingreso inferior a la línea de bienestar, la que no tiene recursos para comprar la canasta básica alimentaria, pasó de 60.6 millones a 63.8 millones de mexicanos. Uno de cada dos está por debajo de esa línea. Tan sólo en ocho estados se incrementó notablemente la pobreza: Estado de México, Veracruz, Morelos, Oaxaca, Sinaloa. Coahuila, Hidalgo y Baja California Sur. En términos absolutos, el Edomex –la tierra de Peña Nieto, entidad sin alternancia política y gobernada por el priísta Eruviel Ávila desde 2011–, se ha convertido en fábrica nacional de generación de pobres: agregó 941 mil personas a la pobreza nacional,

totalizando en el estado… ¡8 millones 269 mil 900 pobres! Le sigue Veracruz, con 4 millones 634 mil pobres.
3. El número de trabajadores con ingresos inferiores a tres salarios mínimos diarios (equivalentes a 210 pesos ya sumados), aumentó en 655 mil, mientras que los que ganan más de esos tres sueldos mínimos, disminuyó en 680 mil, esto refleja que en lo que va de este sexenio, no se ha mejorado el ingreso de un amplio estrato laboral (fuentes: Senado de la República-Secretaría de Hacienda).
4. En cuanto a competitividad, también hemos caído. En 2012, México ocupó el lugar 53 de 144 países medidos dentro del Índice Global de Competitividad que elabora el Foro Económico Mundial. Para 2015 (tercer año de gobierno de Peña Nieto), perdió cuatro lugares al ubicarse en el lugar 57. Lo más grave es que también su calificación se redujo de 4.36 a 4.29. Países como Estados Unidos aumentaron su calificación de 5.47 a 5.61, Canadá de 5.27 a 5.31 y Japón de 5.40 a 5.47, naciones que sí aprovecharon un entorno financiero mundial todavía desfavorable. Ellos sí. Nosotros no.

Son algunas de las cifras de la derrota económico-financiera. De la miseria mexicana. De un país fallido en cuanto a manejo financiero y bienestar social. "La estrategia está funcionando. Debemos seguir por ese camino", aseguró la secretaria de Desarrollo Social, Rosario Robles —tránsfuga del PRD, renegada de la izquierda y hoy priísta en la praxis política— y que dejara el cargo en agosto de 2015 con 2 millones más de pobres. Vaya cinismo el de Robles. Las cifras la desmienten y la apabullan.

Aún no sabemos si al final de su sexenio, igual que López Portillo lo hizo desde el Congreso, ¿también Peña Nieto pedirá, entre lloriqueos, perdón a los pobres?

5. Durante el sexenio de EPN, la devaluación del peso ante el dólar se ha disparado 70% en promedio. En diciembre de 2012, la paridad se ubicaba en 12 pesos por dólar. Al cierre de junio de 2016: 19.20 por dólar.
6. En economía hay una máxima: el dinero es miedoso, y cuando tiene miedo, huye. Y México no es excepción: en 2015, inversionistas extranjeros sacaron 18 mil 950.8 millones de dólares que tenían colocados en acciones de la Bolsa Mexicana de Valores, según reportó INDEVAL (Institución para el Depósito de Valores, dependiente de la BMV), con base en los registros que envía al Banco de México para dar seguimiento al movimiento de capitales en el mercado local. Tan sólo entre noviembre y diciembre de 2015, se observó un retiro de 6 mil 930.9 millones de dólares, lo que representó una baja mensual de casi 5% (*La Jornada* en línea/ Víctor Cardoso/ 21-enero-2016). Es decir: en un periodo de sesenta días, se fugaron casi 3 mil 500 millones de dólares cada mes. Ciento quince millones de dólares diarios durante los dos últimos meses del año. ¿Debemos preocuparnos? Basta un comparativo: durante la crisis mexicana de 1994-1995, considerada la más grave de la historia, durante octubre, noviembre y diciembre del 94, salieron del país alrededor de 11 mil millones de dólares. Saquemos el ábaco. Hagamos cuentas. Tengamos conclusiones.

VIDEGARAY FUE UN ERROR... LA ECONOMÍA POPULISTA... LA MACROECONOMÍA VULNERABLE...

La economía la hacen los políticos. Ellos deciden, disponen y aciertan o se equivocan. Los funcionarios públicos asumen y basta apretar un botón, hacer una llamada telefónica o anunciar alguna medida financiera, para cambiar el rumbo de un país. Modificar el destino. Descarrilar al tren que viaja a media o a toda velocidad. Cambiar los rieles con un solo movimiento, como en el ajedrez. Sin importar sueños ciudadanos. Sin aquilatar ilusiones. Convirtiendo a la economía en un Frankestein. Se aprieta el botón y ya está: se puede detonar una crisis financiera tan salvaje como la gestada durante el salinato durante 1994, heredada a Ernesto Zedillo, crucificando a un millón de mexicanos que perdieron todo: bienes, casas, empresas, negocios, autos. Todo. Y en México, el poder del actual secretario de Hacienda, Luis Videgaray —alumno y hechura de Pedro Aspe, financiero salinista de y con enorme influencia en el actual gobierno— es infinito por dos razones orgánicas y personales: por la naturaleza del propio cargo y porque ejerce funciones de vicepresidente, dada la cercanía, confianza, intimidad y complicidad con su mejor amigo, amigo de vida y de beneficios personales: el presidente de la República. En Enrique Peña Nieto, Videgaray tiene a un soporte sólido, al menos, durante el presente sexenio.

Sí, fue un error designar a Videgaray (como secretario de Hacienda). Lo mejor, ante las circunstancias externas, era conservar el equipo que venía trabajando y lo había hecho bien, diagnostica el confiable periodista financiero Samuel García.

Un error.

Y los errores, en política, suelen pagarse muy caros.

Samuel García cuenta con un activo fundamental para todo periodista: la credibilidad. Sus análisis económico-financieros son profundos y certeros. Valora escenarios y advierte riesgos. Analiza y configura. Disecciona y alerta.

Columnista financiero desde hace 27 años, publica hoy sus textos en el diario *El Universal*. Director del portal Arena Pública, considera un error que Videgaray sea titular de la Secretaría de Hacienda. García dibuja, explica y respalda tres realidades económicas del México actual. Preocupantes. Lacerantes.

1) México tiene un gobierno rico con familias pobres.
2) Estamos siguiendo una política económica pragmática con tintes populistas.
3) Preocupa que ante un contexto internacional altamente volátil e incierto, reflejado en la paridad del peso frente al dólar, nuestras finanzas públicas no estén sólidas y que ello detone un problema de desconfianza sobre México. La estabilidad macroecónomica es más vulnerable que antes.

Samuel García escudriña la situación económica de hoy y, de paso, vislumbra el futuro con desazón.

Martín Moreno (MM): ¿Cómo evaluar al gobierno de Peña Nieto en lo económico?

Samuel García (SG): Primero, se generaron muchas expectativas, pero la concreción ha sido muy pobre. Quizá en favor, diría que cuando se plantearon esas expectativas, no se valoró adecuadamente un contexto mundial que se iba a deteriorar tanto, aunque no justifica –de ninguna manera– la pobreza en las expectativas. ¿Por qué? Debido a que la crisis global que estalla en Estados Unidos en 2008 no era nueva, y ya traía consecuencias en todo el mundo. Cuando Peña Nieto asume la presidencia, teníamos un escenario mundial con incertidumbre muy alta. Entonces, generar expectativas económico-financieras, como se hizo a partir de 2012, no solamente fue arriesgado, sino un tanto irresponsable, sobre todo en la parte fiscal. Es decir: altas expectativas para México, pero con pobres resultados. Irresponsable, porque tenemos una deuda pública que ha aumentado de manera muy notable. Es una deuda preocupante porque la tenemos en cerca de 49%, casi la mitad del Producto Interno Bruto (PIB), y el gobierno nos dice que en Europa o en Estados Unidos la tienen a 90 o 100%. Sí, pero hay que considerar los ingresos en Estados Unidos y el potencial de recaudación que tienen algunos países europeos. México carece de ese potencial de ingresos y también somos de los países de América Latina que menos recauda. Entonces, tenemos una deuda pública muy alta y peligrosa en un entorno altamente volátil e incierto. Por eso es irresponsable: porque el gobierno saca la tarjeta de crédito cuando los ingresos no se han incrementado y está haciendo gastos que no son prioritarios.

MM: Millones de mexicanos se preguntan: ¿qué pasó entre 2012 y 2013? En el último año de Calderón, el país creció en 3.9%, aun con la crisis brutal en el sector inmobiliario de Estados Unidos en 2008. Sin embargo, en el primer año de Peña Nieto, la economía apenas alcanzó un crecimiento de 1.4%. ¿Por qué se desplomó la economía de un año a otro?

SG: Hay factores que claramente frenan a la economía. El primero tiene que ver con la entrada del nuevo gobierno, y un primer error es haber detenido el sector de la construcción de vivienda. Se para en seco y se cambian las reglas, y esto tiene un impacto brutal en la industria. La segunda razón está ligada con el gasto público que, simplemente, se detuvo, y ese fue otro error. Siempre que hay un cambio de gobierno hay una pausa normal, hasta revisar que las cifras sean correctas y que los presupuestos estén en su lugar, pero aquí, lo que observamos no fue solamente eso, sino que también hubo impericia en quien estaba a cargo del gasto público: la Secretaría de Hacienda. Impericia, en el sentido de la incompetencia. Hubo un retardo que fue un mal cálculo. Pensaron que no tendría un impacto tan importante sobre la dinámica de la economía y el retardo, al final, fue un freno fuerte a la economía en el arranque del sexenio. Y un tercer factor fue la desconfianza, y me refiero a la inversión que es el motor que mueve al crecimiento económico. Se generó una desconfianza de origen porque el presidente Peña Nieto, en su toma de protesta, dijo textualmente que se mantendría un balance presupuestal entre los ingresos y los egresos en las finanzas públicas, como se había mantenido en el gobierno anterior. Eso se rompió a los pocos meses, en agosto de 2013. Y ello provocó desconfianza porque se cambiaron las reglas a mitad del río. Si algo no esperan los inversionistas nacionales y extranjeros es que les cambien las reglas a mitad del camino. Y ese agosto, lo que escuchamos, fue que no íbamos a tener un balance presupuestal de cero, sino que tendríamos un déficit fiscal. Esto no había ocurrido en varios sexenios: que desde Hacienda hubiera un cambio en las reglas del juego, en tan poco tiempo, sobre el déficit. Y además, cuando se presentan los criterios generales de política económica para 2014, el déficit fiscal resultó más grande de lo que el secretario de Hacienda había anunciado semanas antes. Entonces, en dos ocasiones, durante el primer año, se cambian las reglas de lo que el presidente había prometido en su discurso de toma de posesión. Se cambian las reglas para mal, porque significa que vamos a gastar más o nos vamos a endeudar aún más. Y eso es lo que en el gobierno empezaron a hacer: endeudarse más.

MM: ¿Qué tipo de política económica se está aplicando en el gobierno de Peña Nieto: una política parecida a la de López Portillo o a la de Carlos Salinas de Gortari?

SG: Buena pregunta. Y la respuesta no es nada fácil. El discurso oficial es: "Estamos siguiendo las reglas ortodoxas, estamos yendo con el librito en política fiscal", (la política monetaria la maneja el Banco de México, que es autónomo).

Sin embargo, en realidad se sigue una política económica pragmática con tintes populistas...

MM: ¿Pues no nos decían que *aguas* con el populismo...?

SG: Pues a mí me parece que es pragmática en el sentido de decir: voy resolviendo las cosas, de acuerdo a cómo se me va presentando la coyuntura; y con tintes populistas porque hemos visto medidas que van en contra del librito, y que sí parecieran tener una clara intención de ganar votos o electores. Ejemplos: en algunos sectores de la economía se han comenzado a elevar aranceles a la importación de productos —fue el caso del calzado— para que no entraran productos que compitieran con zapateros mexicanos, a quienes se les daban beneficios. Eso se parece mucho a la política económica de López Portillo, o de Echeverría inclusive, y eso es proteccionismo, poner piedras a la competencia extranjera. Eso se hizo durante los setenta. Otro ejemplo: se abre la posibilidad de que jóvenes estudiantes se afilien al IMSS. ¿Por qué es populista? Porque el Seguro Social está en una situación muy delicada, financieramente hablando. Un dato: más de 60% del presupuesto anual que le entrega la Federación al IMSS, lo dedica el Instituto a pagar pensiones. Dos terceras partes se van a pensiones. Y año con año, esas pensiones crecen. El IMSS no puede hoy darle la atención que requieren sus afiliados —son 17 millones de trabajadores, aunque la población que atiende roza los 50 millones de personas—. La pregunta es: ¿De dónde va a sacar el IMSS dinero adicional para 7 millones de estudiantes que no van a pagar un solo peso por su afiliación, a diferencia del trabajador que sí aporta recursos? Son dos de varios ejemplos de cómo se están implementando políticas muy reactivas para generar votos en ciertos estratos de población.

* * *

El 12 de mayo de 2016, en un tuit inusual, poco acostumbrado, Peña Nieto dio a conocer a través de su cuenta personal lo que, a su juicio, constituían "Cuatro signos vitales de la economía mexicana" que demostraban que México está avanzando. Preciso, profundo, Samuel García valora, analiza cada uno y le da su justa dimensión:

1) Crecimiento económico. En el primer trimestre de 2016, la economía se aceleró y creció 2.9%. (EPN)

SG: Todos los pronósticos de crecimiento para México están entre 2 y 2.5%. Creo que es más un mensaje político y carece de sustancia técnica. Lo dicho por el Presidente se contrapone con el Banco de México, que ha insistido en que hay riesgo sobre el crecimiento de la economía mexicana para este año. Banxico para nada está pensando en un crecimiento como el que menciona Peña Nieto. Y se contrapone con la institución con mayor credibilidad en el orden financiero, que es Banxico.

2) Empleo: en abril de 2016 se crearon 82 mil 562 puestos formales de trabajo, 17 mil 500 más que en abril de 2015. El empleo está creciendo a una tasa anual de 3.6%. (EPN)

SG: Primero: estudios de Bancomer y del Centro de Estudios Económicos del Sector Privado (CEEESP), demuestran que la mitad de los empleos que se han generado en los dos últimos años, tienen que ver no con creación de nuevos empleos, sino con la formalización de plazas ya existentes. Es decir: un trabajador que laboraba en una empresa y que se le pagaba por honorarios, pero que ya trabajaba allí, hoy, el IMSS y el SAT (Sistema de Administración Tributaria) están obligando a los patrones a que formalicen a ese trabajador que ya era un empleado. Al ser formalizado, el gobierno lo contabiliza como nuevos empleos que, en realidad, no es un nuevo empleo. Se formalizó, pero ya estaba creado: 350 mil empleos ya existían, y ese número, frente al millón 200 mil plazas que requiere el país ante la incorporación de jóvenes al mercado laboral, más el desempleo histórico, es una cifra muy baja. Hoy tenemos alrededor de 2.4 millones de desocupados. Y por lo que hace a empleos de calidad, se han perdido y se han creado nuevas plazas de calidad menor. Es decir: los empleos mayores a cinco salarios mínimos diarios han decrecido y han aumentado los empleos de entre uno y cinco salarios mínimos. Esos son los dos asteriscos que habría que ponerle a lo anunciado por Peña Nieto.

3) Mayor capacidad de consumo. Las ventas reportadas por la ANTAD (Asociación Nacional de Tiendas Auto Departamentales y de Servicios) para abril muestran un crecimiento de 10.1% anual. (EPN)

SG: El consumo interno ha crecido de manera importante, y crece porque la masa salarial ha crecido un poco. Pero la razón más importante es la gran cantidad de remesas que ha llegado a México, en pesos, en el último año. Estamos recibiendo alrededor de 25 mil millones de dólares cada año, ya que Estados Unidos ha mejorado en actividades de la construcción y agrícolas. Pero la depreciación del peso ante el dólar ha sido de 30%, y eso implica que las remesas que llegan en dólares se cambian a pesos, que el dinero que reciben las familias mexicanas, haya crecido. De allí que las remesas se han convertido en uno de los principales ingresos para que las familias gasten en necesidades básicas o en construcción. Y eso, por tanto, ha dinamizado al consumo interno.

4) Inflación. El INEGI dio a conocer que en abril fue de 2.54% anual, la tasa más baja para un mes similar desde 1970. (EPN)

SG: Si bien la inflación es baja, la explicación fundamental es que la economía está creciendo por debajo de su potencial. Crecemos poco, y cuando crecemos poco, los comerciantes están dispuestos a vender sus productos a los mismos precios. No pueden incrementar precios porque si no, pues no venden. Inflación baja, sí, pero es porque la economía no está creciendo.

MM: ¿Qué es lo preocupante, en materia económica, para lo que resta del sexenio?

SG: Me preocupa que ante un contexto internacional altamente volátil e incierto, reflejado en la paridad peso-dólar, nuestras finanzas públicas no estén sólidas y que ello detone un problema de desconfianza sobre México. La estabilidad macroecónomica es más vulnerable que antes. Me preocupa que los niveles de deuda y del déficit no se corrijan con la velocidad suficiente, ante la situación que vivimos. Se puede presentar una corrida de capitales ante la no corrección de las finanzas públicas. Ya entramos en un periodo de sucesión presidencial y ello acelera las políticas populistas para recuperar el terreno perdido en las elecciones intermedias (5 de junio de 2016), por parte del partido en el gobierno. Las finanzas públicas no son lo sólidas que deberían ser. Los pasivos laborales, el tamaño de las pensiones, sí me preocupan, y son factores que también preocupan a los inversionistas extranjeros y a las calificadoras de valores. Moody's ya le puso signo negativo a la calificación mexicana, advirtiendo que si no se corrige esto, podría bajar más el nivel de calificación y aumentar el nivel de riesgo de la deuda mexicana en los mercados internacionales. Hay luces amarillas internas, porque las tentaciones populistas se recrudecen cuando hay que ganar votos.

MM: ¿Fue un error haber cambiado a José Antonio Meade de Hacienda y poner a Luis Videgaray en su lugar?

SG: Yo creo que sí. Meade es un economista reconocido que hubiera, probablemente, mantenido o no interrumpido lo que ya se venía haciendo en el sexenio anterior (la estabilidad económica). Sí, sí fue un error, ya que lo mejor, ante las circunstancias externas, era mantener al equipo que venía trabajando y que lo había hecho bien.

UNA REFORMA (O MISCELÁNEA) FISCAL, FALLIDA...

> *Déjame contarte cómo será: una para ti, diecinueve para mí...*
> *porque soy el recaudador de impuestos,*
> *sí, soy el recaudador de impuestos.*
> The Beatles, "Taxman"

"¿Qué ocurrió con la Reforma Fiscal?", pregunto al doctor Luis Rubio, presidente del CIDAC. Académico y analista riguroso.

Responde:

"La Reforma Fiscal fue una manera de buscar más fondos para el gobierno a fin de incentivar el crecimiento de la economía, cuando ésa ya no es la forma para que esto funcione. Ahora estamos viendo déficits cada vez más altos y un endeudamiento creciente. El marco de referencia de esta reforma es de una economía cerrada y no de una economía abierta, y eso cambia radicalmente la situación porque las empresas tienen opciones y muchísimas se están yendo del país porque les es más atractivo invertir en otros lugares. No me parece que falte mucho tiempo para que grandes empresas mexicanas se muden fiscalmente a Irlanda del Norte o a cualquier otra nación. Fue, así, una reforma concebida estrictamente para recaudar más, sin cuidar las consecuencias de ello. ¿Y cuáles fueron las consecuencias inmediatas? Primero, tumbó la inversión privada de manera dramática, sobre todo porque afectó a las empresas que más invertían en términos absolutos. Segundo, le pegó a las personas de más bajos ingresos al elevar los costos de las cosas que más consumían. El impacto fue dramático y negativo. Recaudar más es muy fácil. Lo que se tuvo que planear es una estrategia en la que, con tasas menores, se recaude lo suficiente y no se desincentive la inversión y el consumo. Fue una mala reforma y lo estamos viendo en que tenemos un gasto demasiado alto, mucho más alto que antes, y no estamos mejor, la economía no crece más."

MM: ¿Hubo terquedad del secretario de Hacienda, Luis Videgaray, al no corregir la Reforma Fiscal?

LR: Sí, así fue. Es la manera como operaban, más en ese momento (al arranque del sexenio) que ahora. Si esta reforma se hubiera intentado tres o cuatro meses después de Ayotzinapa, ya no hubiera sido igual, ya que ése fue el punto de quiebre. Hacienda decía: voy derecho y no me quito, y así es como sacaron la reforma. Puede colapsarse todo…o puede acabar muy mal.

* * *

Samuel García aborda una reforma "que ni siquiera es reforma" y apenas, señala, puede catalogarse como una "miscelánea fiscal". La miscelánea fallida porque:

"No tocó el corazón de la hacienda pública, que es lo que cualquier ciudadano esperaría de una reforma hacendaria. ¿Cuál es este corazón? Una revisión a fondo de cómo el gobierno se allega recursos, cómo los gasta en cuanto a cantidad y calidad. Creo que la famosa reforma fiscal no toca, en lo absoluto, nada de esto. Yo la sacaría inclusive del paquete de reformas, porque no vimos una reforma fiscal estructural como la que esperaríamos. Lo único que vimos fueron diversas propuestas en relación a aspectos fiscales que no necesariamente son reformas estructurales."

MM: ¿Por qué no gustó la reforma o miscelánea fiscal? Hasta los empresarios la rechazaron...

SG: Por una razón: si el dinero que el contribuyente está entregando es un dinero del que no se rinden cuentas puntuales ni se ve reflejado en un nivel de bienestar, ¿por qué se debería dar un peso más? Subir los impuestos sin haber atendido antes el problema de la calidad del gasto; sin que antes los gobiernos estatales y municipales también transparentaran sus recursos; sin detener los actos de corrupción, pues genera un rechazo inmediato. Eso resta competitividad a los empresarios aunque, al mismo tiempo, igualmente falta transparencia y rendición de cuentas. El corazón de la miscelánea fiscal fue sacar dinero por medio de impuestos porque el gobierno necesitaba dinero. Sacarle dinero al bolsillo del contribuyente para ponerlo en el bolsillo del gobierno; entonces, el contribuyente tendrá menos dinero, y ésa también fue una de las razones de que la economía tampoco creciera, particularmente a partir de la miscelánea fiscal...

MM: ¿Fue una Miscelánea Fiscal fallida?

SG: Absolutamente. Fallida, porque no logra los objetivos de una reforma fiscal. Recauda, sí, pero solamente se ha transferido riqueza de las familias hacia el gobierno. Tenemos un gobierno rico con familias pobres, y eso pasó con esta miscelánea fiscal. Vemos arcas públicas frondosas pero, al mismo tiempo, una caída en los primeros años del mercado interno. En ese sentido, sí tenemos una miscelánea fiscal fallida, y en un entorno recesivo a nivel mundial, lo que se tendría que haber hecho es exactamente lo contrario: que la gente tenga más dinero para reactivar al mercado interno...

MM: Algunos premios Nobel de Economía, como Paul Krugman, dicen: es mala estrategia aumentar impuestos en tiempos de recesión, y el gobierno mexicano lo hizo...

SG: Sí, porque el gobierno mexicano tenía su propio plan y necesitaba dinero. En Estados Unidos, Obama hizo exactamente lo contrario (incluso perdonando impuestos), reactivando el mercado interno, que la población tuviera más dinero, y aquí no lo hicimos porque el gobierno necesitaba dinero...

MM: ¡Pero también Obama necesitaba dinero!

SG: Sí, pero los principios de los que partieron (Peña y Obama) son totalmente distintos: allá sí se castiga a los políticos cuando toman malas decisiones, y en México no ocurre así. Políticas que se tomaron en aras de la estabilidad macroeconómica no fueron las adecuadas para el momento.

Los muertos de Peña Nieto

Deja que los muertos entierren a sus muertos.
Lucas 9: 60

Agosto de 2014.

Se encontraron, un periodista y el funcionario, en el funeral de otro periodista. La coincidencia llevó al saludo, y el saludo llevó al reclamo abierto, punzante:

"¡Ya dejen de dar esas cifras, Roberto, de que la inseguridad ha bajado, de que hay menos muertos y que la situación es menos peligrosa! ¿O creen que la gente es tonta o que se está chupando el dedo?"

Roberto Campa Cifrián, subsecretario de Prevención y Participación Ciudadana de la Secretaría de Gobernación, enmudeció, la mirada huidiza. El periodista machacó sobre el tema, la violencia por todos lados, abierta, amenazante, impune. Campa sólo alcanzó a deslizar:

"Tienes razón…"

* * *

Cuando transcurrían los días también violentos del panista Felipe Calderón, los priístas —oposición bloqueadora, desleal—, se llenaban la boca, ante los miles de muertos en batallas por todo el país, diciendo que eran "los muertos de Calderón", o bien, con otros medios informativos, etiquetaban aquel momento como "La guerra de Calderón". Culpaban, entonces, al gobierno calderonista de la violencia y no daban tregua a sus críticas asumiendo, argumentaban, su papel opositor.

Hoy por hoy, la violencia en México, con Peña Nieto en el timón, se ha agudizado: ha incrementado. No solamente hay más muertos y desplazados en comparación con el gobierno anterior. Lo más grave es que en la actual administración se ha carecido de estrategia –no se puede medir si eficaz o funcional, simplemente, porque no ha existido como tal–, y ello se reflejó, muy pronto, en un repunte de homicidios dolosos y de ejecuciones en la mayoría de los estados del país, como veremos.

De poco o nada sirvió la recaptura del Chapo Guzmán tras su fuga del penal de alta seguridad de La Palma, en julio de 2015, exhibiendo a México como una nación insegura, de cómplices y de corrupción, donde el capo más importante de México y de los de mayor peso de América Latina, y del mundo, se fugaba por un túnel ante los múltiples ojos de la seguridad nacional.

La fuga del Chapo Guzmán la vieron todos, literal, dentro de la prisión, y nadie movió un dedo. Ni el CISEN, ni la Policía Federal, ni mucho menos los elementos de seguridad interna del penal.

Todos lo veían y, aun así, se les fugó.

Así lo escribí en Archivos del Poder en *Excélsior* el 20 de octubre de 2015:

> Para tratar de entender la increíble fuga de El Chapo Guzmán de El Altiplano, hay un factor fundamental:

la actuación del Centro de Investigación y Seguridad Nacional, a cargo de Eugenio Ímaz. ¿Hubo negligencia e irresponsabilidad del Cisen durante la evasión? Todo apunta a que así fue.

Aquí los hechos:

Tras la captura de Guzmán Loera en febrero de 2014, el Cisen instaló su propio centro de operaciones dentro de El Altiplano para monitorear al criminal más poderoso, importante y célebre del país. Las pantallas de vigilancia que controlaba el Cisen, además de la imagen, también tenían sonido.

(Este factor es importante debido a que el Centro de Monitoreo que todos conocimos, a través del video divulgado la semana pasada durante el noticiero de Carlos Loret de Mola, nos muestra a funcionarios y operadores del penal que, efectivamente, ven imágenes en las celdas, pero lo que hoy podemos confirmar es que en esa área se carece de sonido sobre lo que ocurre en el interior.)

Aún más: el Cisen —en uno de los absurdos históricos que rodean la leyenda de El Chapo Guzmán— ordenó que al reo de la celda 20 se le colocara un brazalete en el tobillo para, supuestamente, tenerle ubicado las 24 horas. Pero los genios de la seguridad nacional olvidaron un pequeño detalle: dentro de El Altiplano, cualquier señal se bloquea de inmediato. Así, el brazalete quedó inutilizado.

Allí empezaron los errores —por llamarlos de alguna manera— del Cisen con Guzmán Loera.

Con pantallas propias con imagen y sonido, el Cisen pudo captar todo lo que ocurría dentro de la celda que ocupaba El Chapo Guzmán. Grave: nada hizo cuando, ellos sí, escucharon los golpes de martillo la noche del pasado sábado 11 de julio dentro de la prisión. Gravísimo: que nada hicieron cuando vieron que El Chapo se fugaba.

(Los custodios llegaron a la celda 26 minutos después de que Guzmán Loera se había evadido por el hoyo de la regadera.)

Literalmente, el Cisen vio y escuchó todo. Nada hizo.

Hasta aquí, extractos de aquella columna.

Las críticas al gobierno de Peña Nieto fueron brutales desde el extranjero. Fue uno de los momentos que marcaron al régimen priísta, a pesar de la recaptura del jefe narcotraficante el 8 de enero de 2016.

El daño ya estaba hecho.

México, fallido en seguridad.

Si ayer fueron "los muertos de Calderón", nada debería impedir que, hoy, la numeralia de la muerte en México también lleve la etiqueta de "los muertos de Peña Nieto". ¿Por qué no?

El gobierno peñista cometió un error garrafal, desde su arranque en diciembre de 2012, con el tema de la violencia: sacó, primero, el conflicto del discurso presidencial, como si ocultándolo en el papel o en la verborrea, disminuyera también en las calles, ciudades o estados. Si bien al inicio el tema quedó relegado a un segundo o hasta tercer plano, con Peña Nieto ignorándolo abiertamente, muy pronto la realidad se encargó de reposicionarlo con cifras más que aterradoras, las cuales presentaremos.

Pero hubo más errores que hoy todos pagamos:

1) Por decreto, el gobierno de Peña Nieto desapareció formalmente, en diciembre de 2012, apenas días después de tomar posesión, a la Secretaría de Seguridad Pública Federal, emblema y orgullo del gobierno de Felipe Calderón, fortalecida en presupuesto, armamento y elementos, aunque desprestigiada por la oscura actuación de Genaro García Luna. (En este renglón, nadie le reclamaba a Calderón que luchara de manera frontal en contra del crimen organizado, como el mismo panista lo proclamaba. No era así. Lo que se le reprochaba era que no hubiera una estrategia adecuada ante el fracaso de pelear bala a bala contra los sicarios del narco, y en segundo lugar, mantener, aun a costa del desprestigio presidencial, a García Luna al frente de la SSPF. En su terquedad, Calderón jamás entendió la urgencia del cambio de estrategia ni, mucho menos, la necesidad de sustituir a García Luna.) De modo paralelo a la desaparición de la SSP Federal, el gobierno peñista anunció triunfalista, más con saliva y retórica que con operaciones y efectividad, la creación de una Gendarmería de humo, amorfa, que entró gradualmente en operación… ¡dos años después de iniciada la administración!; durante ese periodo los cárteles del narcotráfico se reorganizaron ante la llegada de un nuevo gobierno, se reagruparon y, en ese reacomodo, volvieron a desatar la violencia por la disputa de plazas y ciudades. Fue claro el retroceso en la lucha contra la violencia: "Desapareció oficialmente la SSP Federal y la suple el discurso. Los muertos de Peña Nieto sumaron, durante el primer mes de gobierno, entre 755 y 982. Un promedio de 25 a 33 ejecutados diarios. Nadie esperaba que la

violencia terminara en cuatro semanas, pero ya asoman signos de preocupación por una estrategia con más dudas que certezas. Adiós a la Secretaría de la Función Pública y, en su lugar, la retórica. La Comisión Nacional Anticorrupción será un órgano acotado, carente de facultades legales para perseguir penalmente actos de corrupción. Un tiburón sin dientes, pues… Tanto la lucha contra la violencia, como el ataque a la corrupción, gravitan entre más dudas que certezas. El discurso y la retórica –partes fundamentales del esquema ideológico del priísmo– imperan sobre las acciones de fondo": sostuve en mi columna en *Excélsior* el 4 de enero de 2013. El tiempo me dio la razón. No me equivoqué.

2) De acuerdo con el diagnóstico del periodista Raymundo Riva Palacio en su libro *La fuga del Chapo. Crónica de un desastre* (Grijalbo), con Peña Nieto ha habido una "política fallida de seguridad pública, que comenzó a crujir desde que en el equipo de transición, el entonces presidente electo decidió que la Secretaría de Gobernación absorbiera a la Secretaría de Seguridad Pública Federal. La secretaría más importante en crecimiento de recursos humanos y presupuesto del gobierno federal, quedó reducida e injertada a una Comisión Nacional de Seguridad que, además, fue dirigida por personas cuya capacidad profesional estuvo alejada de las necesidades para enfrentar los desafíos de la delincuencia organizada. Desde esa Comisión se produjo el desmantelamiento de los complejos y sofisticados sistemas de detección, registro, análisis e información para la generación de inteligencia contra el crimen, y se desmontó la infraestructura tecnológica y de procedimientos certificados con los que contaba el Sistema Penitenciario federal…" Hasta aquí el texto de Riva Palacio.

El gobierno de Peña Nieto acabó, de un plumazo, con los avances registrados en la lucha contra el crimen organizado, a través de la SSPF. Literalmente, acabó con ella.

La seguridad nacional inhabilitada. Desmantelada.

¿Por qué?

Por una razón más de carácter político que inherente a la propia seguridad. Por imagen de gobierno.

Acostumbrados los gobiernos priístas al "borrón y cuenta nueva" de cada sexenio –funcionen o no las cosas–, el de Peña Nieto no fue la excepción: en su delirio por borrar todo lo que representara o recordara a Calderón, cometió, dentro de su innegable soberbia, que sólo es el primer paso para llegar a la torpeza, un error mayúsculo, brutal, al destruir el aparato de seguridad calderonista, en lugar de aprovechar lo avanzado, utilizar lo consolidado y perfeccionar lo que necesitaba ajustarse –incluido García Luna–; el país se instaló en una maquinaria de seguridad enfilada a combatir, con eficiencia, al temible dragón de dos cabezas encarnado en el crimen organizado y su brazo más poderoso: el narcotráfico.

Pero ni Peña Nieto ni el secretario de Gobernación, Miguel Ángel Osorio Chong, obedecieron la máxima de Churchill: "Cuando vayas a tomar una decisión importante, mete la cabeza al refrigerador y la tomas al día siguiente."

La soberbia los cegó. Inflados por su victoria electoral en 2012, llevados de la mano de la petulancia vulgar y hueca, quisieron ofrecer un alarde de sabiduría política y sólo les salió un chisguete de ignorancia en cuanto a políticas públicas que los condujo al ridículo; y, lo más grave, dejó a México sin escudo de seguridad para enfrentar a la delincuencia altamente organizada, sofisticada, bien armada y –ellos sí– con destellos de inteligencia.

Y sin escudo de seguridad, los criminales terminaron de ensañarse con México.

No le crea usted, lector, al autor. Créale a sus ojos. Basta ver las cifras.

Durante 2014, 2015 y los primeros cuatro meses de 2016, los homicidios violentos en México fueron alrededor de... ¡76 mil!, según cifras del propio Secretariado Ejecutivo del Sistema Nacional de Seguridad Pública (SESNSP), bajo un meticuloso trabajo de recopilación realizado por el reportero Juan Luis García Hernández, publicado el 7 de junio de 2016 en el diario digital *SinEmbargoMX*.

Aún más:

El semanario *ZETA*, de Tijuana, en un ejercicio constante y riguroso de recuento de la violencia en el país, sumó (presentando como fuentes al SESNSP y considerando las actas levantadas ante las Procuradurías de Justicia de cada entidad) 19 016 ejecuciones en los primeros 11 meses de gobierno de Enrique Peña Nieto, de diciembre de 2012 a octubre de 2013; ello contrasta con los últimos 11 meses de la administración de Felipe Calderón, cuando se reportaron 18 161 asesinatos relacionados con el crimen organizado.

Las cifras no mienten. Son frías. Perturban. Apabullan.

Así, desde el inicio del gobierno de Peña Nieto, hasta abril de 2016, se han registrado alrededor de... ¡95 mil homicidios violentos! Es parte del México que heredamos.

Sin estrategia clara ni voluntad gubernamental, la cifra mortal se disparó y, a la mitad del sexenio peñista, rebasó inclusive el número de muertos del sexenio de Calderón.

De acuerdo con la investigación periodística denominada "El Presidente de las 83 mil muertes", elaborada por los reporteros Enrique Mendoza Hernández y Rosario Mosso Castro, y presentada por la periodista Adela Navarro, directora de

ZETA, en su edición del 26 de noviembre de 2012, se detalla la metodología utilizada:

> Recurriendo a la consulta del Sistema Nacional de Información, procuradurías estatales, secretarías de Seguridad Pública de las entidades, registros hemerográficos en los estados y a Organizaciones No Gubernamentales (ONGs) del país, *ZETA* concluye que en el sexenio de Calderón, del 1º de diciembre de 2006 al 31 de octubre de 2012, ocurrieron 83 mil 191 asesinatos relacionados con el crimen organizado, en la guerra que mantiene el Gobierno Federal contra algunos grupos criminales que se disputan el territorio mexicano para el trasiego y venta de droga. La escalofriante cifra de muertos incluye lo que la administración calderonista clasifica como "Ejecuciones", "Enfrentamientos" y "Homicidios-Agresiones".

La recopilación de García Hernández en *SinEmbargoMX*, es no sólo triste sino alarmante: en el gobierno de Peña Nieto ya hay más muertos que en el sexenio calderonista... y se sigue contando.

"Vemos que casi seis de cada diez homicidios en México se cometen por el crimen organizado, y esto en gran parte tiene que ver con el mercado negro de la droga. Así de sencillo y así de complicado", asegura Santiago Roel, director de Semáforo Delictivo, organización civil dedicada al análisis sobre la seguridad en México.

¿Cómo se ha repartido el brutal índice de asesinatos en todo el país? Veamos la siguiente tabla comparativa de 28 meses del gobierno peñista, comprendida entre 2014, 2015 y los primeros cuatro meses de 2016:

Homicidios por entidad federativa

Entidades	2014	2015	2016	Acumulado del 2014 a abril 2016
Edomex	4020	3005	912	7937
Guerrero	2197	2721	925	5843
Guanajuato	2182	2414	793	5389
Michoacán	2365	2052	690	5107
Jalisco	1662	1796	633	4091
Sinaloa	1647	1674	555	3876
Oaxaca	1405	1740	520	3665
Chiapas	1618	1552	473	3643
Ciudad de México	1450	1641	510	3601
Chihuahua	1422	1285	408	3115
Tamaulipas	1368	1279	322	2969
Baja California	1153	1229	445	2827
Puebla	900	1212	438	2550
Veracruz	1012	1048	402	2462
Nuevo León	981	989	401	2371
Sonora	977	902	330	2209
Morelos	860	884	229	1973
Hidalgo	738	650	247	1635
Tabasco	589	685	227	1501
Coahuila	723	551	154	1428
Quintana Roo	467	540	80	1087
Durango	612	326	125	1063
Querétaro	429	455	142	1026
Tlaxcala	360	323	118	801
Zacatecas	248	360	171	779
San Luis Potosí	326	275	97	698
Colima	153	227	225	605
Aguas calientes	238	213	81	532
Nayarit	191	135	29	355
Baja California Sur	109	201	39	349
Campeche	147	122	58	327
Yucatán	104	105	44	253
Total				76067

Fuente: Secretariado Ejecutivo del Sistema Nacional de Seguridad Pública.

Cuatro de los 20 municipios con mayor número de asesinatos se ubican en el Estado de México: Ecatepec, Nezahualcóyotl, Chimalhuacán y Tlalnepantla de Baz.

Es la violencia imparable en México.

LOS DESAPARECIDOS

La imagen, aun siendo frecuente, aturde, lastima:

Miles de padres y madres deambulan por todo el país con un cartelón en la mano: la fotografía de sus hijos desaparecidos. Los ausentes. Los que se fueron. O a quienes se llevaron.

Marchan. Gritan. Protestan. Lloran. Rabian. Exigen que la búsqueda de los desaparecidos en México se intensifique, se profundice, pero no hay respuesta. El silencio gubernamental envuelve una realidad que nos hunde en la pregunta desesperanzadora: ¿Dónde están?

Los pies que se arrastran por las ciudades buscando y protestando llevan el ruido de la furia de aquellos que perdieron a sus hijos, sí, aunque también a sus padres, hermanos, esposos, novios, amigos. Los que un día salieron por una puerta y jamás regresaron. Muchos de ellos, seguramente, formaban parte de bandas criminales y pagaron el precio. Tal vez. ¿Y los demás? ¿Aquellos o aquellas que un día desaparecieron porque fueron secuestrados y asesinados, o porque representaban una amenaza para algo o alguien, o los *levantaron* para ser propiedad, como si fueran mascotas, de algún poderoso o criminal, o simplemente se atravesaron en el camino de algún ser maligno sin escrúpulos que sólo ordenó su desaparición, o que estuvieron en el momento y en el lugar equivocados?

Durante el sexenio de Enrique Peña Nieto, según el recuento de Amnistía Internacional (AI), han desaparecido

12 mil 500 personas. Legiones se han esfumado y pocos reclaman y muchos ignoran desde las altas esferas del gobierno mexicano.

"Aun con la atención mundial del caso, las autoridades mexicanas han fallado en investigar apropiadamente todas las vertientes del caso, especialmente las preocupantes críticas sobre la complicidad de las fuerzas armadas", advierte un reporte entregado al gobierno por el secretario general de AI, Salil Shetty.

El documento es demoledor:

"México, como Gambia, Siria, Sri Lanka, Bosnia y Herzegovina, es uno de los países cuyos gobiernos usan la desaparición forzada para silenciar a sus detractores e infundir miedo" ("Aristegui Noticias", 29/agosto/2015).

Los desaparecidos. Los ausentes.

En los primeros 22 meses del sexenio de Enrique Peña Nieto (diciembre 2012-septiembre 2014), desaparecieron o se extraviaron 9 384 personas, lo que equivale a 40% de los 23 272 casos de desaparición oficialmente registrados entre enero de 2007 y octubre de 2014. Es decir, cuatro de cada diez desapariciones en los últimos siete años ocurrieron durante los dos primeros de la actual administración.

Si entre 2007 y 2012, en el sexenio de Felipe Calderón, desaparecieron seis mexicanos al día, entre 2013 y 2014, en el de Peña Nieto, desaparecieron más del doble: 13 al día. Con Calderón se extraviaba o desaparecía un mexicano cada cuatro horas con cinco minutos; con Peña Nieto ocurre ello cada hora con 52 minutos.

Es el balance mortal que ofrece el reportero Homero Campa en una profunda investigación de la Maestría en Periodismo y

Asuntos Públicos del Centro de Investigación y Docencia Económicas (CIDE) y de la revista *Proceso*, bajo los auspicios de la Fundación Omidyar Network.

Y ante los desaparecidos, el silencio oficialista:

¿Cuándo el presidente Peña Nieto ha reclamado algo?

¿Cuándo el secretario de Gobernación, Miguel Ángel Osorio Chong, se ha comprometido con la búsqueda de los desaparecidos?

¿Cuándo el subsecretario de Prevención y Participación Ciudadana de la Secretaría de Gobernación, Roberto Campa Cifrián, ha asumido una postura más firme y eficaz hacia este doloroso tema?

Nunca. Para el gobierno mexicano, los desaparecidos se apegan, literalmente, a su estatus: desaparecidos. Se esfumaron. Se evaporaron.

Y a otra cosa.

LOS DESPLAZADOS

A los ejecutados y desaparecidos, se suman los desplazados.

De 2011 a 2015 se registraron… ¡287 mil mexicanos que abandonaron su hogar a causa de la violencia criminal! Son los desplazados que huyen para salvar sus vidas, las de los padres, las madres, los hijos. Los que vagan, a veces sin rumbo, nómadas, inciertos, pero con un objetivo inequívoco dentro o fuera del país: encontrar la seguridad negada, extraviada.

De acuerdo con el Centro de Monitoreo de Desplazamiento Interno (DIMC, por sus siglas en inglés), en su reporte "Informe Global sobre el Desplazamiento Interno 2016", de 2011 a 2014 hubo 281 mil 400 desplazados. Alrededor de 5 600 se sumaron en 2015.

"La gente huye de la violencia criminal de diferentes formas, desde la violencia de las bandas y el combate por el territorio de los narcotraficantes en México y América Central, a los clanes feudales en las Filipinas.

"En algunos países hay una falta general del reconocimiento de que la violencia criminal provoca el desplazamiento. Las autoridades mexicanas reconocen el fenómeno a nivel regional, pero no dentro de su frontera. Y Guatemala es igual de reacia", *(Reforma* / César Martínez/ 11-mayo-2016).

Son los desplazados por la violencia en México.

Otra vergüenza.

LA ESTRATEGIA FALLIDA

Mariana Meza Hernández (MMH) es investigadora en Seguridad del Centro de Investigación para el Desarrollo (CIDAC). Licenciada en Relaciones Internacionales y Ciencias Políticas por el ITAM. Trabajó en la embajada de México en Washington. Analiza la situación en blanco y negro. Sin filias ni fobias. Con imparcialidad. Tal cual.

De la táctica contra el crimen organizado implementada en el gobierno de Enrique Peña Nieto, define: "Es una estrategia poco conectada y, por ende, fallida."

Sobre el plan anticrimen peñista, asegura: "Hay una pérdida en la claridad de los objetivos. Es un sexenio que perdió la oportunidad de consolidar el nuevo sistema de justicia penal."

Respecto a la aprehensión de El Chapo Guzmán y demás líderes narcos, configura: "La caída de los cabecillas no ha dado el resultado que se esperaba: se desatan guerras internas, se dividen, pero no se eliminan y así surgen nuevos grupos."

Participante en la investigación y redacción del texto *Fracasos en la estrategia de seguridad* (que analiza su impacto en el combate al narcotráfico y el crimen organizado que siguieron los gobiernos de Felipe Calderón y de Enrique Peña Nieto), Meza Hernández desmenuza en este libro lo que asume como "estrategia fallida" durante el sexenio peñista. Va de principio a fin:

> Primero, fue un error sacar el tema de la inseguridad de la política pública del gobierno. Trataron de dejar de lado el tema, a diferencia de lo que ocurrió con Calderón, dominada su administración con el rubro de la violencia. No era conciliable para el gobierno de Peña hablar, por un lado, de las reformas, y chocar al mismo tiempo con un país inseguro. Hablar de las reformas era también hablar de un país con un Estado de Derecho sólido y con capacidad de atraer inversión.

Martín Moreno (MM): ¿Por qué no disminuyen los homicidios, las ejecuciones, durante el gobierno de Peña Nieto?

MMH: Si bien en 2013 los homicidios dolosos fueron a la baja, en 2014 y hasta ahora, hubo un repunte significativo en el país, siendo que los problemas de violencia e inseguridad están lejos de ser resueltos; muy al contrario: de mantenerse estas tendencias (violentas), el sexenio de Peña podría cerrar con números casi tan altos como los de 2011 o 2012.

MM: ¿Desaparecer la Secretaría de Seguridad Pública federal, bajo el dogma sexenal del "aquí no funciona nada, vamos a empezar de nuevo", fue un primer paso en falso?

MMH: Hubo varios pasos en falso. A Peña Nieto no le interesó plantearse con seriedad estrategia alguna sobre seguridad; predomina la captura de capos, teniendo la esperanza de que ello desmantelará mágicamente a las organizaciones criminales. Sólo hubo una fragmentación de cárteles con dinámicas distintas. Hubo una oportunidad perdida y los errores fueron esos: ni siquiera plantearse la opción de modificar o transformar lo que se estaba haciendo mal. Si tuviera que marcar una diferencia entre Calderón y Peña, sería el uso de la extradición —mediante cooperación abierta con Estados Unidos de Calderón—, pero cuando entra Peña Nieto eso se termina. Es un gobierno totalmente volcado hacia dentro. Fue un error cerrar esas puertas de cooperación, construir castillos en el aire con un supuesto sistema penitenciario infalible, cuando esas instituciones están lejos de serlo.

MM: Te lo planteo así: ¿Hay estrategia antiseguridad en el gobierno de Peña Nieto?

MMH: Creo que hay una pérdida de claridad en los objetivos. El de Peña es un gobierno totalmente reactivo. Sin embargo, el tema de seguridad regresa a la agenda pública cuando estalla Ayotzinapa y antes Tlatlaya. Ayotzinapa marca muy bien la estrategia de Peña: "Mejor no decimos nada y a ver si así se va este problema", y el conflicto le estalla. Ayotzinapa nos demuestra esta reactividad del gobierno. Hasta allí anuncia los diez puntos de seguridad, y es hasta entonces cuando se plantea el Mando Único Policiaco. Todo eso demuestra esa falta de claridad en los objetivos.

MM: A Gobernación se le dan lineamientos para convertirla en una súper-secretaría, absorbiendo todas las facultades de seguridad nacional. ¿Fue otro error?

MMH: En diseño pudo haber funcionado, pero lo que sucedió, al desaparecer la SSPF, fue que todo se diluyó y se perdió, para bien o para mal; era uno de los brazos más sólidos en materia de seguridad desde el sexenio pasado. Cuando Peña desmantela la Secretaría, de paso reafirma esa falta de claridad de objetivos y de indefinición de tareas específicas.

MM: Es decir: no es lo mismo para Gobernación negociar un plantón de la CNTE o dialogar con los jóvenes del Poli, que enfrentar a poderosos cárteles del crimen organizado...

MMH: Aunque se ubican bajo el tema de gobernabilidad, son completamente distintos. Los temas de seguridad necesitan apoyos de tecnología y son distintos a problemas más comunes. No es suficiente hacerlo desde Gobernación. El conflicto de la violencia no está focalizado, no se da solamente en dos o tres estados.

MM: ¿Debemos esperar un cambio de estrategia en este gobierno en la lucha contra la criminalidad?

MMH: Veo muy difícil que eso suceda. El gobierno de Peña Nieto está en un modo de "ponerlo en neutral y que el carro se vaya solito", en todos los rubros. Hay señales muy claras de que en el gobierno ya están concentrados en campaña electoral (2018). No habrá algo innovador ni creativo en temas de seguridad. Tal vez salga lo del mando único y hasta ahí.

MM: La gente se pregunta: ¿La recaptura del "Chapo" Guzmán ayudará a disminuir el poderío del narcotráfico en México?

MMH: No hay que menospreciar la recaptura del Chapo, pero tiene que ver más con la presencia de algunos *subcapos*, como el Mayo Zambada. No creo que la captura del Chapo modifique en gran cosa la estructura del Cártel de Sinaloa por dentro, ni en su *modus operandi*". La caída de los cabecillas no ha dado el resultado que se esperaba: se desatan guerras internas, se dividen, pero no se eliminan y surgen nuevos grupos. Allí están los Guerreros Unidos, con células más pequeñas dedicadas no sólo al cultivo y venta de drogas, sino también enfocadas a extorsión, secuestro, etcétera. Plantearte como fin, y no como medio, la captura de las cabezas del crimen organizado, fue un error tanto de Calderón como de Peña.

mm: ¿Debemos esperar una reducción de la violencia en lo que resta del sexenio peñista?

mmh: Yo, sinceramente, no veo cómo esta tendencia se pueda revertir. Quizá en términos de homicidios dolosos no los registremos a niveles de 2011 o de 2012, pero tampoco a los de 2005 o 2006, que era la promesa de campaña de Peña Nieto: reducir a la mitad la violencia en México. Yo no veo cómo. Seguimos haciendo lo mismo y es difícil que obtengamos otros resultados, sobre todo en focos rojos como Guerrero, Tamaulipas, Colima, Oaxaca o Veracruz.

mm: ¿Imaginaste alguna vez ver a Acapulco entre las diez ciudades más violentas del mundo?"

mmh: El de Acapulco es un tema de deterioro total de cooptación de las policías municipales y estatales, y que sube a un nivel tan alto como la gubernatura del Estado. ¿Qué ha hecho estallar a Guerrero? Primero, el golpe que le han dado a la mariguana ante la transición hacia los mercados de Estados Unidos, al pasar a cocaína y heroína. Es aquí donde los grandes productores de amapola tienen su *boom* y uno de ellos es Guerrero (el otro sería el triángulo dorado: Chihuahua, Sinaloa y Durango).

mm: ¿Qué han dejado de hacer los gobernadores?

mmh: Tiene que ver con un nulo incentivo para hacerse cargo de los sistemas de seguridad. Con Calderón, si se demostraba la falta de policías eficaces locales, se les mandaba apoyo, como ocurrió en Michoacán. Eso era necesario. Pero lo que no hubo fue el fortalecimiento de los sistemas de justicia y de seguridad en los estados, es decir, no hay una muestra contundente de fortalecimiento ni de policías ni de controles de confianza, ni de resultados, ni de mayor capacitación ni coordinación a nivel estados. Los gobernadores aprendieron que no tenían que hacer mucho porque allí estaba la Federación para poner orden. Fue un incentivo perverso al no atender los problemas de seguridad al interior de las entidades. Hubo un desinterés y falta de continuidad en las políticas públicas sobre seguridad.

La gran olla de presión que tiene el sistema de Estado de Derecho, tiene que ver directamente con el sistema de Justicia. No hay institución judicial en el mundo que pueda dar respuesta, sin la confianza ciudadana. Es un círculo vicioso. Sí: las policías municipales están muy mal evaluadas, pero el dilema es que las policías estatales también. Estamos ante sistemas de procuración de justicia y de seguridad nacional totalmente viciados y corruptos.

MM: ¿Hay una estrategia fallida en seguridad con Peña Nieto?

MMH: Yo creo que sí. Es una estrategia poco conectada y, por ende, fallida. Creo que es un sexenio que perdió la oportunidad de consolidar el nuevo sistema de justicia penal. Allí tuvimos ochos años perdidos y nos deja en un pantano institucional que lejos de responderle a la gente, hereda un sistema fragmentado y desfasado en algunas entidades. No fue una prioridad ni mucho menos algo sistémico, y eso no se le puede dejar de reprochar al actual gobierno. Esto era algo esencial.

EL ACAPULCO QUE NOS ROBARON

Acuérdate de Acapulco, de aquellas tardes...
AGUSTÍN LARA

Dos veces al año –enero y agosto, invariablemente– nos llevaba mi padre a Acapulco, siempre rodeados de otros niños, a algunos ni los conocía, hijos de sus compadres que también nos acompañaban. Parecía procesión salida de la Ciudad de

México a bordo de un camión Tres Estrellas de Oro de la vieja terminal de Taxqueña, sobre la calzada de Tlalpan. Grupos de alrededor de veinte personas. Como peregrinación. Lo juro.

Así crecimos mis hermanos y yo hasta la adolescencia, disfrutando Acapulco con itinerarios fijos: salida un domingo a la medianoche en punto y con los ojos aún con sueño, medio abiertos, medio cerrados, emocionados, mirando tras la ventanilla —peleábamos por ir junto a la ventanilla— la bahía acapulqueña, madre de mar que nos recibía majestuosa, imperativa, generosa, rodeada de cientos o quizá miles de luces rutilantes que la arropaban en ese amanecer azulado que nos indicaba la hora de llegada: las seis de la mañana. "Para que se duerman en el camino y aprovechemos todo el día", solía decirnos mi padre. ¿Quién le alegaba algo?

Nos hospedábamos en el viejo Hotel Arteaga, enclavado en el centro de Acapulco, cuesta arriba y a dos calles de la costera Miguel Alemán que, de bajada, se disfrutaban por la escala obligada en una paletería esquinera —sería La Michoacana— con sus aguas de horchata frías y paletas de grosella que pintaban carmesí los labios pero que, de subida, al regresar de Caleta o Caletilla —la peregrinación volvía en camión—, con el sol a plomo, el cansancio taladrando los músculos y los pies apenas arrastrando, se convertía en un viacrucis vacacional que pronto se convirtió en ritual. Era, seguramente, un pequeño sacrificio por visitar Acapulco.

TAMARINDOS... MANO NEGRA...

Playa, arena, sol y mar eran nuestros. Poca gente, por la época. Mi padre y mi madre elegían esas fechas —por ahí del 10 de enero y tercera o última semana de agosto, justo cuando terminaba el periodo vacacional decembrino, primero, y apenas al arranque del nuevo año escolar–, "luego se ponen al corriente con las clases…", precisamente para evitar encontrar un puerto atiborrado, desbordante de paseantes. Mañas vacacionales, pues.

Comer, casi siempre, en la playa, con servicio a la puerta. O a la palapa. Fuentes de mariscos, ostiones en su concha, camarones gigantes para pelar, dotaciones generosas de cervezas y refrescos Yoli, y las carcajadas de mis padres y de sus compadres; y yo enterrando a mis hermanos en la arena, pegándole a la pelota o correteando a alguna niña y viendo cómo se ponía el sol y siempre alerta a juguetear con las olas en la orilla; o meternos al mar siempre acompañados de mis padres, sin atrevernos a internarnos por nuestra cuenta ante los peligros naturales del mar, esa sirena que te hechiza con su color azul turquesa en la superficie pero que, debajo, tiene entrañas oscuras convertidas en aguas malas o en mil peligros que pueden ser mortales.

Por las noches, la procesión salía a caminar sobre la costera. Tranquilos. Seguros. A gusto. Nos íbamos al parque donde, alrededor del quiosco, había familias, turistas, acapulqueños, carritos blancos de madera que vendían dulces sobre tarimas o colgados como chorizos en carnicería, apretujados, listos para ser devorados. Jamás se me olvidará el dulce sabor de los tamarindos. ¡Ah, qué delicia! Recuerdo que hasta me traía de contrabando varios a la capital en mi maleta para comerlos en la escuela. Juro que al quitarles la envoltura, percibía el olor marino y fresco de Acapulco.

Caminábamos de regreso, con muchas otras familias, a nuestro hotel, el Arteaga, cuesta arriba, satisfechos, seguros.

Los martes, sin falta, trepábamos a una lancha que nos llevaría mar adentro. Siempre me impuso el mar abierto. Me aterra, lo confieso. Me da miedo. No lo acostumbro ni lo acostumbraré. Soy de la cultura de la alberca. Y hasta ahí. "A ver en qué momento se voltea la pinche lancha", le decía a mi hermano José entre oleadas y mareos. Él me veía con ojillos de conejo asustado. Recordaba entonces, adicto ya a la lectura, una frase del viajero Fernando de Magallanes: "El mar es peligroso y sus tormentas terribles." Mi padre nos veía y se reía. O se burlaba. No sé. Y todo, para llegar a ver a la Virgen que reposaba en el fondo del mar, reina de los mares, altiva y rodeada de monedas de los visitantes, como tributo a la madre de las profundidades, con su rostro bondadoso que cuidaba a los marinos improvisados. Un chaval de piel tostada se zambullía como pez y nos mostraba, mirando nosotros a través del cristal empañado que se ubicaba en medio de la lancha, la figura de la Virgen. Era conmovedor. Nos persignábamos haciendo la cruz con la mano derecha y regresábamos santificados. Amén.

Los miércoles... ¡a las luchas! Aunque al paso de los años ya no me gustaron –lo mío, lo mío, es el box–; en lugar del tradicional recorrido nocturno por la costera, disfrutaba ir a la Arena Acapulco: olla hirviente de humores, gritos, alaridos, vendedores de comida y cervezas, de máscaras de los ídolos del ring y capas plateadas, doradas o negras; veía mis preferidas: la lucha trío contra trío. ¡Cómo olvidar el que formaban Tinieblas, Aníbal y Mano Negra! Técnicos siempre, nunca rudos, aunque ver al sanguinario Karloff Lagarde me hacía odiar y admirar a la vez su lucha salvaje y dramatizada. Mano Negra era mi favorito: volaba por el ring, no exagero, daba patadas voladoras centelleantes, era capaz de brincar a un luchador enemigo de un solo impulso. ¡Era mi ídolo! Como El Santo o el Rayo de Jalisco, cuya máscara tuve guardada varios años, hasta que se deshilachó de vieja. Al terminar las luchas, masas humanas caminaban sobre la costera, esparciéndose hacia todos lados, dirigiéndose a rumbos similares u opuestos, con policías o sin policías vigilantes, bajo un manto festivo, sí, pero seguro. Confiable. Olía a brisa marina.

Jueves de La Quebrada. Las antorchas.

¿Por qué el fuego flanquea a los clavadistas que allá van, subiendo entre peldaños y rocas, trepando a su propio destino, paso a paso con sus pies desnudos y firmes, sabiendo que es una parábola de vida: un paso en falso puede provocar una caída estrepitosa, definitiva y cruel, y que están, ellos, a punto de lanzarse al vacío, abiertos los brazos como cristos, y entrar como flechas en las aguas picadas y bravas y salir, después, mojados por el mar y la gloria, entre aplausos de quienes admiran sus clavados perfectos y osados? ¿Será que el fuego de las antorchas de La Quebrada es el fuego de la vida que necesitan ver los clavadistas noche a noche, sin saber cuál puede ser el último lance?

El regreso en camión era lento y largo, aunque entre bromas, chistes, buen humor y planes para el día siguiente. Ya sea el recorrido en lancha por la bahía de Acapulco escuchando al guía que, en la proa, con su acento costeño ("porque mire, paisa, si voltean un poquito hacia allá está la casa de Cantinflas, y más allá la del Tin-Tan que quería mucho a su Acapulquito, y por acá la del Tarzán, Johnny Weissmüller... sí, paisa, del mismito Tarzán que, dicen, se volvió loquito y por eso se vino al mar con todo y chita porque en realidad se creía Tarzán..."). Yo no sé si era cierto lo que nos contaba el merolico de mar, pero lo decía con tanta convicción que quiero creer que sí. O el viaje obligado en el histórico yate Fiesta, como en la serie *El crucero del amor* de la televisión, con sus piratas con parche en el ojo y pata de palo que intentaban raptarte, con su música, su alegría, sus incursiones en la inmensidad oscura mediante una alfombra de luces parpadeando y bordeando la bahía y su inconfundible sonar de bocina que saludaban, festivos también, quienes lo divisaban a lo lejos y que, seguros, confiados, caminaban rumbo a sus hoteles o casas.

Volvíamos de madrugada del yate Fiesta y caminábamos rumbo al hotel Arteaga, disfrutando nuevamente la costera y su aire caliente, húmedo, vivificador. Llegábamos seguros al hotel.

El sábado, penúltimo día de aventura acapulqueña, gozábamos como si el mar fuera a desaparecer al día siguiente. Bueno, en realidad así iba a ser, ya que el domingo, justo al mediodía, cuando Pepe Moreno ordenaba, salíamos de la playa, íbamos al hotel a ducharnos y recoger cosas, hacer maletas, comer, y a las cuatro de la tarde en punto, llegar a la central camionera para regresar a la Ciudad de México.

Así era Acapulco: seguro, alegre, tranquilo, confiado.

Hoy, ese Acapulco ha desaparecido.

El Acapulco que se nos fue.

El Acapulco que dejamos ir.

El Acapulco que perdimos.

* * *

Lo platica un general:

"Cuando los hermanos Beltrán Leyva tenían bajo control a Acapulco con la venta de drogas, las extorsiones, los secuestros, etcétera, no permitían que ninguna otra banda se metiera en su territorio. Simplemente los mataban. Los desaparecían. No había negociación ni pactos con ellos. Eran los Beltrán y nadie más.

Controlaban todo el corredor, desde el puerto hasta Cuernavaca.

Sin embargo, cuando en diciembre de 2009, en un operativo maestro por tierra y aire comandado por la Marina en

Cuernavaca, Arturo Beltrán Leyva, alias El Barbas o el Jefe de Jefes, falleció, las cosas en Acapulco comenzaron a descomponerse."

Lo cuenta el periodista acapulqueño Rolando Aguilar, voz confiable:

"Tras la muerte de Arturo, los Beltrán Leyva se debilitaron y entonces surgieron pequeñas bandas que comenzaron a pelear por el control de Acapulco. Pandillas, literalmente, que siguen actuando por su cuenta y generan la violencia que hoy enfrentamos. Sí, hay tres o cuatro grupos fuertes en la zona, pero también infinidad de pandillas que trafican y matan. Están fuera de control. Es como si fuera una guerra de guerrillas…"

Y esa "guerra de guerrillas" de que habla Aguilar presenta a Acapulco como un punto sumamente peligroso y sangriento en el mapa nacional y mundial: es la ciudad más violenta de México y se ubica entre las diez más peligrosas en todo el mundo (fuente: Consejo Ciudadano para la Seguridad Pública y la Justicia Penal).

Tras la atomización del Cártel de los Beltrán Leyva, entraron a Acapulco en disputa el Cártel Jalisco Nueva Generación, el de Sinaloa, y surgió el denominado Cártel Independiente de Acapulco.

¡Quién lo habría imaginado! El paraíso convertido en infierno.

Acapulco registra, en promedio, 104.73 homicidios dolosos por cada 100 mil habitantes, muy cercano a la ciudad más violenta del orbe: Caracas, con 119.85 homicidios. Ya están muy próximos. A casi nada de convertirse el puerto mexicano en el sitio más inseguro del mundo.

Una lástima.

¿Por qué Acapulco? ¿Por qué es un botín tan atractivo y redituable para la criminalidad?

Porque es un mercado muy grande y millonario para la distribución, venta y consumo de drogas debido, en gran parte, al turismo internacional, por encima de los consumidores locales. Son dólares. Son euros. Son ríos de dinero que corren a diario, a cualquier hora y lugar, por todos los rincones acapulqueños. Justo por aquellos lugares que algún día fueron sitios seguros para familias llegadas de otras ciudades.

Dentro del puerto, la zona de Playa Condesa es el principal corredor de venta de drogas. Un kilómetro de paraíso artificial. Allí encuentras de todo: cocaína, mariguana, éxtasis, piedras de coca, anfetaminas, cristal. Lo que ordene el cliente, ya sea sobre las calles con vendedores fácilmente identificables, en bares, discos, antros. Donde sea y a la hora que sea.

Acapulco *drugs*.

La noche del domingo 24 de abril de 2016 estalló un infierno dentro del infierno Acapulco.

Un comando armado atacó el Hotel Alba donde se hospedaban elementos de la Policía Federal. La balacera fue larga y brutal: hombres con pistolas y metralletas en mano corriendo sobre la Gran Vía Tropical, en la colonia Las Playas, mientras que frente al edificio de Costera 125, una de las bases de operaciones de la PF, se registraba otro ataque. La persecución se extendió hasta la costera Miguel Alemán. La gente corría para protegerse. Las balas rozaban cuerpos. Gritos y tronidos. Pánico y turistas, azorados, aterrados, que se metían a negocios y restaurantes antes de que se cerraran las puertas para buscar un refugio temporal. Camionetas azules con el logotipo de la PF recorrían veloces la costera, con grupos de policías encapuchados dispuestos a disparar, mientras el caos se apoderaba de esa parte del puerto. Acapulco era zona de guerra.

Al lunes siguiente, el miedo se apoderó de turistas y de habitantes y ocurrió lo que jamás se había visto en Acapulco: infinidad de negocios cerrados, ausentismo laboral y escolar, calles desoladas, sin gente, uno que otro automóvil recorriendo esa zona de la costera; patrullajes constantes de federales, militares y marinos vigilando tan sólo concreto y palmeras porque la gente se había evaporado. Sólo se escuchaba el ronroneo del mar con las playas sin turistas, abandonadas. Acapulco fantasma. ¿Cuándo perdimos a Acapulco?

"Esto cada vez se pone peor. La gente con dinero ya se fue de Acapulco, prefiere irse a otras ciudades. Venden barato. Se van al extranjero. Ya le temen a la ciudad. Y lo más grave es que no se ve solución a corto plazo, mucho menos dentro de este sexenio. Es muy difícil que esta violencia concluya pronto…", dice, pesaroso, su voz un lamento, Rolando Aguilar.

Una tragedia.

La energética:
una reforma para élites…

Levántate pronto, trabaja hasta tarde y encuentra petróleo.
John Rockefeller

Bandera del gobierno peñista. Punta de lanza del sexenio. Hija pródiga del Poder presidencial, la Reforma Energética bien puede trazarse en cuatro escenarios tan fundamentales como preocupantes:

1) No será una reforma que beneficie a las mayorías. Ni gasolina barata ni bajos precios en combustibles o servicios.
2) Los vehículos financieros para arrancar proyectos energéticos estarán concentrados en un fideicomiso que mezclará capital privado con capital público, y los pondrá en una bolsa para endeudar al Gobierno, comprometiendo recursos futuros a cambio de recursos presentes, sin estar sujeto a las normas de la Ley General de Transparencia y de Acceso a la Información, ya que es un fideicomiso privado. Éste es un aspecto oscuro que perjudicará las finanzas del país. Es caldo de cultivo para la corrupción.
3) Carece de estrategia de fondo para contrarrestar problemas básicos en el sector: inseguridad, falta de transparencia,

corrupción y competencia en mercados, que van a diluir los beneficios de la propia reforma. Debieron ser atacados.
4) Entorno político muy viciado: falta de seguridad, ausencia de Estado de Derecho, corrupción, nula transparencia.

"Todos esos factores en contra son caldo de cultivo para que no prospere la reforma", reconoce el doctor Luis Serra, quien ha delineado para este libro, de manera puntual, los cuatro escenarios arriba expuestos.

¿Quién es Luis Serra?

Empecemos por lo que no es: ni político ni enemigo del régimen ni mucho menos alguien que busque un beneficio personal o lucrativo con sus opiniones. Tampoco milita o hace proselitismo para ningún partido político. No representa a la oposición partidista. Nada más alejado de la realidad.

Serra es uno de los académicos más respetados en México, especialista en el sector energético, cuya visión es escuchada dentro del país y en el extranjero. Imparcial. Equilibrado. De conceptos claros. Doctor en Economía por la Universidad de Warwick, su trayectoria lo llevó, en 2014, a ser uno de los 100 líderes más influyentes del sector energético en México por la revista *Petróleo & Energía;* fue director de Desarrollo Económico, Energía y Cambio Climático del prestigiado Centro de Investigación para el Desarrollo (CIDAC), que encabeza Luis Rubio; miembro del Foro para la Competitividad de las Energías Renovables del Instituto Global para la Sostenibilidad (IGS) de la EGADE Business School del Tecnológico de Monterrey. Su opinión es valiosa. Profunda. Y preocupante.

Para la elaboración de este capítulo, le pedimos a Serra —en grandes trazos, sí, pero con precisión y argumentos sólidos— un diagnóstico de la Reforma Energética del actual sexenio, presentada, en palabras del presidente Peña Nieto, como "una reforma constitucional con la que las familias mexicanas podrán sentir en los bolsillos las ventajas de que su economía vuelva a crecer". (Frase extraída de la propuesta de Reforma Energética presentada por EPN en agosto de 2013.)

¿De verdad será así? ¿En verdad beneficiará los bolsillos de los mexicanos?

Porque a juicio de especialistas como el doctor en Economía, Sergio O. Saldaña Zorrilla, "el gran error económico de la Reforma Energética consiste en el hecho de que transfiere riqueza al extranjero y desmantela la economía nacional". Valoraciones rigurosas, sin duda. (También presentaremos cómo Saldaña disecciona esta reforma aprobada en México.)

MÉXICO ENDEUDADO

Luis Serra habla con el periodista sobre la Reforma Energética. De sus pros. De sus contras. De sus alcances. De sus límites. De sus preocupaciones.

"Los reguladores (están) atados de manos. Al no haber una regulación precisa en el sector energético y con un *enforcement* (cumplimiento) verdadero, va a evitar que la población en general participe de los beneficios de la reforma. ¿A qué me refiero? Simple y sencillamente al tema de gasolinas baratas. La realidad es que ése es un tema que se ve muy complicado a corto plazo, porque allí hablamos desde problemas en la capacidad productiva de Pemex y de su eficiencia para generar gasolinas más baratas, hasta temas como la falta de regulación tanto territorial como fiscal, trámites y permisos que tienen que sacar los franquicitarios de gasolineras para ofrecer un servicio más barato", dice de entrada.

Y de entrada, malas noticias para los mexicanos: la Reforma Energética de Peña Nieto no les dará gasolina barata.

En medio de esta discusión, a principios de diciembre de 2015 se reveló una noticia que indignó a los mexicanos: Pemex —baluarte por décadas, con todos sus altibajos, escándalos y despilfarros, orgullo nacional—, vendía su gasolina mucho más barata en su expendedora en Houston, Texas: 7.00 pesos mexicanos por litro.

De la esperanza se pasó a la decepción, y luego, a la furia.

El gobierno enmudeció ante las cifras vergonzantes: mientras Pemex vendía a 7.00 el litro en Estados Unidos, en México el precio llegaba casi al doble: arañando los 14.00 pesos. Nadie de la administración peñista salió a dar la cara. Su silencio fue la aceptación tácita de un engaño colectivo histórico.

Algunos especialistas lo intentaban descifrar: "En Texas, según el Departamento de Energía, los consumidores pagan en promedio el equivalente a 1.70 pesos de impuesto por litro. En México, según la Secretaría de Energía (Sener), pagamos por impuestos 5.40 pesos por litro de Magna", aseguró Jonathan Ruiz (*El Financiero*, 7/diciembre/2015).

Allá sí. Aquí no.

Martín Moreno (MM): ¿Es la Energética una reforma de gran calado?

Luis Serra (LS): Es la que ha reordenado al sector energético —petróleo y gas—, y en parte al de electricidad. Cambia la participación del capital privado en el sector (aunque ya en el petróleo, los particulares tenían participación a través de los contratos de servicios múltiples), pero ahora se abre la posibilidad de otro tipo de contrataciones. Además, los productores independientes de energía, que antes solamente le podían vender a la Comisión Federal de Electricidad (CFE), ahora ya pueden ofrecerla a quien sea en el mercado mayorista."

Serra enumera tres adversidades de la reforma energética:
1) Reforma social-hacendaria (así la define Serra), que tenía que haber despetrolizado a la economía y a las finanzas públicas. Hacienda ha dicho que esto ya ha tenido lugar, pero hay que aclarar: esto ocurre por la caída en la producción petrolera y por el desplome en los precios del barril de petróleo. Obviamente se recaudará menos, cuando el porcentaje del petróleo en las finanzas públicas también disminuya. "Hacienda lo enmarca como un triunfo de su reforma hacendaria, pero no es así. La realidad es que es una situación coyuntural." La reforma fiscal no pudo despetrolizar a la economía y por eso, hoy, Petróleos Mexicanos sigue siendo un actor de mucho peso en la economía mexicana. Ahora le llaman "empresa productiva" a Pemex, sí, pero no se atendieron todos los problemas que hay al interior de Pemex, y uno de ellos es que no tiene el marco fiscal adecuado cuando, como gobierno, pudiste haber sido más laxo en los impuestos que aporta la empresa.
2) Inseguridad, falta de transparencia, corrupción y competencia en mercados. Debieron haber tenido una estrategia para enfrentar estos problemas y prever que iban a diluir los beneficios de la reforma energética. Debieron atacarse. La toma de algunas instalaciones petroleras por parte del crimen organizado en ciertas regiones del país; la "ordeña" de poliductos, ligada al tema de la corrupción y de la transparencia, ya que no puedes ordeñar si no cuentas con la ayuda de funcionarios. Es un proceso muy complicado. "No se trata de llegar y decir: listo, vamos a perforar. No. Hay periodos. Momentos. Inclusive, se tienen que hacer

instalaciones para la ordeña, con un tubo de dos o tres kilómetros que lo llevan hasta un almacén, y ya se extrae. Todo eso lleva tiempo, es visible. Es imposible que no haya colusión de varias partes para permitirlo."

3) Coyuntura de adversidad económica. Nadie sabía que el precio del petróleo iba a caer y eso le pega a los flujos de inversión. Tienes a las grandes petroleras siendo más selectivas sobre dónde van a poner su dinero, y lo van a poner donde esté más seguro y sea más redituable. "Se espera que el precio del barril caerá más. Si hay conflicto bélico, subirá, pero eso no está garantizado. Pero sin conflicto habrá petróleo barato por muchos años."

MM: ¿Cuáles serían las tres ventajas de la Reforma Energética?"

LS: Primero, es ventaja que haya más apertura en el sector y mayor competencia; segunda, la innovación e inclusión; y la tercera, sería un tema de oportunidades. Más competencia es sinónimo de más calidad y de mejores costos, siempre y cuando se implemente bien la reforma. Innovación obliga a ser más eficiente. Inclusión, aunque sólo será para ciertos niveles. Y oportunidades, para generar vínculos entre industria y academia que hoy México no tiene y que sí mantienen las economías más avanzadas del mundo. Lo vimos en el precio de la electricidad: nos dijeron que las tarifas se habían reducido, pero en realidad fue por un subsidio a la luz por 85 mil 700 millones de pesos…

Aún más:

Priva un entorno político muy viciado: falta de seguridad, ausencia de Estado de Derecho, corrupción, sin transparencia. "Si de por sí tienes a los inversionistas preocupados porque el mercado financiero y bursátil es volátil, las condiciones no son las mejores, con tasas de interés caras; y si a eso le agregas que saben que van a meter su dinero en un país donde hay cosas irregulares, pues eso les causa más problemas."

Todos esos factores son caldo de cultivo para que no prospere la reforma, reconoce Serra.

Y advierte: "La Reforma Energética debió pasar por un filtro de transparencia, y no fue así."

MM: ¿Qué evaluación haces de las Rondas de Adjudicación?

LS: La Ronda Uno se da en el peor de los momentos porque es justo cuando caen los precios del petróleo, lo cual sorprendió al gobierno mexicano ya que pensaban que podrían adjudicar más campos, pero las condiciones no estaban fijas. Hubo un mal contexto.

La Ronda Dos mejora, con un porcentaje de adjudicación mayor. Y en la tercera, a pesar de que se obtiene una adjudicación al cien por ciento, prácticamente eran empresas mexicanas que querían entrar al sector, entonces era de esperarse que fuera así. No se pueden echar a volar las campanas y decir: esta reforma fue exitosa. Es prematuro. En el gobierno no lo saben...

MM: ¿Qué te preocupa de la Reforma Energética?

LS: Me preocupa el tema del desarrollo en la infraestructura asociado a la reforma, y que tiene que ver con los vehículos financieros para echar a andar proyectos. En el caso particular de la energía, habrá un Fideicomiso (llamado Fibra E) que mezclará capital privado con capital público y los pone en una bolsa para endeudar al Gobierno, comprometiendo recursos futuros a cambio de recursos presentes, obteniéndolo a partir del contribuyente, lo cual podría sonar maravilloso, pero el conflicto es éste: al estar en un fideicomiso privado, independientemente de que haya recursos públicos adentro, la información de ese Fideicomiso no está sujeta a las normas de la Ley General de Transparencia y de Acceso a la Información, porque es un fideicomiso privado.

Por lo tanto, este modelo de financiamiento, que se llama "bursatilización de deuda", lo han usado por años y sigilosamente varias entidades federativas. Muy pocos lo conocen pero realmente está comprometiendo recursos y hace crecer la deuda del erario público.

El gobierno federal se escuda diciendo que eso no es deuda, pero obviamente saben, y todo el mundo sabe, que sí es deuda. En el sector energético también se sabe. Y la misma Comisión Nacional Bancaria y de Valores (CNBV), lo llama deuda. Es un tema técnico y oscuro. Obtener información al respecto es bastante difícil, pero me da la impresión de que ese tema, por sí solo, será un verdadero problema financiero para el país en el futuro. De hecho ya lo es, pero si sumamos la cantidad de dinero que hay ahí para todas las entidades federativas, ya hay un acumulado interesante, y eso nos afectará: que como pretexto de la reforma energética se haga un entramado de vehículos financieros oscuros, poco transparentes y que son caldo de cultivo para la corrupción, y que van a generar una infraestructura chafa, deficiente, de segundo piso y que, efectivamente, va a llevarse el dinero a otro lado. Eso es preocupante: perjudicará a las finanzas del país.

MM: ¿El sindicato petrolero es un estorbo para la reforma?

LS: Al sindicato se le quitaron los cinco asientos que tenía en el Consejo de Administración de Pemex, pero ese tema obedece más a un asunto de estándar internacional, ya que las empresas privadas no están acostumbradas a lidiar con sindicatos de cualquier empresa petrolera. La realidad es que el sindicato petrolero sigue siendo muy fuerte al interior de la empresa, a pesar de que se le haya quitado del Consejo de Administración. Políticamente, sigue teniendo peso.

Pensar que con quitar al sindicato petrolero del Consejo de Administración de Pemex te libraste ya de todos los problemas sindicales, es lo mismo que suponer que capturando al Chapo Guzmán se va a terminar el grupo criminal que lideraba. De hecho, si hoy tú quieres trabajar en Pemex, las trabas iniciales son de índole sindical. Por ejemplo: si quieres echar a andar un programa de capacitación, te topas de inmediato con el Sindicato.

Las explicaciones y los conceptos de Luis Serra son claros y de fondo. Sus advertencias, alarmantes para un país endeudado, estancado.

REFORMA FALLIDA... COCINADA EN ESTADOS UNIDOS...

Como Luis Serra, Sergio O. Saldaña Zorrilla es un académico respetado. Doctor en Economía por la Universidad de Viena, exfuncionario de la Comisión Económica para América Latina y el Caribe (CEPAL) en Santiago de Chile, y hoy investigador del International Institute for Applied Systems Analysis (IIASA) en Laxenburg, Austria, y del Sistema Nacional de Investigadores (SNI) del Consejo Nacional de Ciencia y Tecnología (Conacyt) en México.

Igual que Serra, Saldaña no es político ni pertenece a ningún movimiento partidista opositor al gobierno. Sus estudios y análisis son puntuales y arrojan luces sobre la problemática nacional.

Y no titubea cuando emite un análisis firme, asfixiante:

"En cuanto a resultados, la Reforma Energética sí es fallida para el país, aunque exitosa para empresas extranjeras. Es fallida para el bienestar socioeconómico nacional..."

Aún más: regresa al punto de partida y afirma:

"Esta reforma no tiene un origen nacional. Tiene un origen estadounidense."

Saldaña Zorrilla disecciona la Reforma Energética para este trabajo periodístico y nos ofrece, de mano propia, diez puntos de análisis. Todos, bajo el rigor de la investigación académica.

Martín Moreno (MM): ¿En qué momento se ubica la Reforma Energética?

Sergio O. Saldaña Zorrilla (SOSZ): Por lo que toca a Pemex, se encuentra en el mayor declive productivo y de capacidad tecnológica para explorar y producir. Y por el lado de la exploración potencial, si bien todavía es vasto, todo apunta a que continuará la puerta abierta para que sean los particulares, predominantemente extranjeros, quienes puedan aprovechar ese potencial. Hoy, tras la Ronda Uno, ha quedado desmitificado que era necesaria la participación extranjera para explorar aguas profundas, ya que hemos visto que hay mucho potencial todavía en campos terrestres y aguas someras, y hacia allá van las compañías extranjeras. Estamos en un proceso de desapropiación de los recursos del subsuelo mexicano, a un nivel descarado. Tenemos un mal destino económico en materia de hidrocarburos. Negativo para las finanzas públicas del país. Para el desarrollo económico nacional. Hay una pérdida de soberanía.

MM: ¿Hubo apresuramiento al instrumentar la Reforma Energética? ¿Un mal cálculo?

SOSZ: Sí, se hizo con prisa y de noche, así como la aprobación de la legislación secundaria. Con mucha prisa, con poca información y con ausencia de consenso.

La Reforma Energética –limpia el camino Saldaña Zorrilla– no tiene un origen nacional. Tiene un origen estadounidense, y eso hay que entenderlo para comprender lo que es una reforma irracional para los ojos de los mexicanos, pero racional en la lógica de los Estados Unidos. Una reforma en la que Hillary Clinton (ver el subcapítulo "La mano de Hillary"), John Kerry y el propio Senado norteamericano, jugaron un papel muy importante al emitir el "Informe Lugar" (preparado por el senador republicano Richard Lugar), mediante el cual señalan que la Reforma Energética en México tenía que realizarse y que por ello ya se había negociado con el presidente electo Peña Nieto, tanto en las condiciones como en los términos, para que empresas particulares garantizaran el abasto de hidrocarburos a Estados Unidos, ya que se encontraban en una situación comprometida de seguridad energética, en la que extraer petróleo del Medio Oriente les estaba resultando cada día más costoso en cuanto a dinero, vidas y roces geopolíticos, sobre todo por la situación en Irak. En ello es clarísimo el "Informe Lugar": en la necesidad de Estados Unidos de usar a México como remplazo para su capacidad extractiva, ante la resistencia en Medio Oriente. Esto no se cocinó aquí en México. Se cocinó desde afuera.

MM: ¿Es una reforma fallida la Energética?

SOSZ: La Reforma Energética, en cuanto a resultados, sí es fallida para el país, aunque exitosa para empresas extranjeras. Es fallida para el bienestar socioeconómico nacional, esto es, en un análisis costo-beneficio es negativa, porque hay una pérdida neta de riqueza nacional. Desde el punto de vista del análisis de eficiencia económica, sí es una reforma fallida.

Pero también es fallida, desde el punto de vista político, por la pérdida de soberanía nacional. ¿Por qué? Porque el sector energético, al igual que el alimentario y el militar, son sectores estratégicos de cualquier país para garantizar su supervivencia. Cualquier nación que te controle en cualquiera de estos tres rubros, te tiene dominado. Nos tienen dominados con los alimentos y el TLC. En lo militar, vía el Acuerdo Mérida por la guerra contra el narco, y en lo energético con la reforma. Por eso hay pérdida en términos políticos para México.

En agosto de 2014, la Reforma Energética propuesta por Peña Nieto fue aprobada por el Congreso Legislativo, con el rechazo de la izquierda. Saldaña Zorrilla publicó un análisis riguroso sobre la reforma en la revista *Forbes México*. Que el lector evalúe los contenidos. Aquí algunos extractos:

> Hoy, Pemex tiende al declive por su baja productividad y escasa reinversión de utilidades, lo cual, desde hace años, nos ha hecho desaprovechar la oportunidad de usar el petróleo como palanca del desarrollo económico en nuestro país.
> Sin embargo, estaremos peor con esta reforma energética. Es claro que debemos transformar a Pemex, pero no como lo propone el presidente Peña a través de las leyes secundarias.
> El gran error económico de esta reforma del Ejecutivo federal, consiste en el hecho de que transfiere riqueza al extranjero y desmantela la economía nacional, pues ello aumentará la pobreza y caerá el empleo en nuestro país.
> A continuación enumero las 10 principales consecuencias económicas de esta reforma y sus leyes secundarias:
>
> 1. **Rápido agotamiento de reservas petroleras.** Si bien es cierto que la agresiva estra-

tegia de extracción de hidrocarburos que esta reforma se propone sí aumentará la producción petrolera, también es cierto que agotará más rápido nuestras reservas de petróleo. Si los cerca de 14 000 millones de barriles de nuestras reservas probadas nos iban a durar 10 años más con la actual tasa de extracción y reposición, con esta reforma nos durarán mucho menos. Lo anterior, combinado con nuestro actual subdesarrollo tecnológico en energías renovables, nos hará perder rápidamente nuestra soberanía energética.

2. **Se pierde la oportunidad de empujar la productividad de nuestra economía.** Siendo estratégicos, ese petróleo debería servirnos para nuestro desarrollo, para aumentar la competitividad de nuestra industria nacional por medio del abastecimiento barato de insumos derivados de hidrocarburos al resto de la industria mexicana.

3. **Aumenta la carga fiscal a Pemex.** El aumento de la carga fiscal se puede observar en lo dispuesto: I) en la Ley del Fondo Mexicano del Petróleo; II) en la Ley de Ingresos sobre Hidrocarburos, y III) en las modificaciones a la Ley Federal de Presupuesto y Responsabilidad Hacendaria de este paquete de leyes secundarias. Ahora se exige que Pemex contribuya al menos con 4.7% del Producto Interno Bruto a fin de que continúe sosteniendo cerca de la tercera parte del presupuesto federal. Entonces, ¿dónde está la presunta descarga fiscal a Pemex

de la que tanto se ha alardeado en el discurso oficial?

4. **No se generarán empresas nacionales significativamente.** La mayor parte de empresas en el sector energético serán extranjeras. Igualmente, al no existir actualmente un sector bancario nacional con la capacidad financiera requerida para respaldar las inversiones previstas, habrá una influencia creciente de instituciones financieras extranjeras en el sector. Hoy tenemos serios problemas de integración de nuestra industria; las propias secretarías de Hacienda y Crédito Público y de Economía han sido hasta ahora incapaces de articular una estrategia económica de largo alcance a la altura de las necesidades del país; el país sigue sin rumbo económico, sin una definición clara y ordenada de metas; carecemos de una agenda de desarrollo... ¿Y aun así este gobierno federal se aventura a dejar en manos de empresas multinacionales nuestras reservas petroleras? ¿Le parece poco el bajo dinamismo actual de la economía mexicana como para debilitarla aún más con la sistemática fuga de activos del país que generará esta reforma energética?

5. **No aumentarán significativamente el nivel de actividad económica y de generación de empleos.** La renta petrolera representa 6.8 % del PIB, por lo que aun aumentando la producción como lo proyecta el gobierno federal, esto no incidirá significativamente en la tasa de crecimiento del PIB.

6. **Aumentará la concentración del ingreso y habrá transferencia de riqueza al extranjero.** La Ley de Hidrocarburos prevé requisitos para la asignación de contratos que difícilmente cumplirían empresas nacionales (incluyendo al propio Pemex).

    Muy pocas empresas mexicanas realizarían actividades en el sector con los perfiles requeridos. Unas pocas empresas –en su mayoría extranjeras– generarían utilidades, pero las transferirán a sus matrices en el extranjero.

    Los desastrosos resultados micro y macroeconómicos en otros países deberían ser suficiente razón para dar marcha atrás a esta Reforma Energética. Las consecuencias en todos los países donde se han implementado reformas como ésta son: aumento de la pobreza, pérdida de control gubernamental, desmantelamiento de la industria nacional, fuga de capitales, destrucción del patrimonio nacional (incluyendo el medio ambiente), intervención extranjera, entre otras consecuencias. Véanse los casos de: Nigeria, Kazajstán, Ceylán, Egipto, Irán, Libia, India, Paquistán, Chad, Camerún, entre otros.

7. **El gasto público continuará destinándose mayoritariamente a gasto corriente.** Aun cuando partes de esta legislación prevén destinar ingresos petroleros a fondos de inversión, estos fondos ocupan un bajo porcentaje de estos ingresos comparado con el porcentaje destinado a gasto corriente. Por lo anterior, el impacto de las inversiones seguirá siendo bajo.

8. **No se generará ahorro de largo plazo por ingresos petroleros y muy probablemente aumentará la deuda pública.** Ello va en detrimento de nuestros hijos. Véanse las condiciones –prácticamente imposibles de alcanzar– en las que podría generarse ahorro de largo plazo de los ingresos petroleros previstas en la Ley del Fondo Mexicano del Petróleo, así como las modificaciones a la Ley Federal de Presupuesto y Responsabilidad Hacendaria. Por su parte, la Ley General de Deuda Pública da autonomía de endeudamiento a Pemex, a lo cual recurrirá constantemente, pues no dispondrá de sus utilidades.
9. **No contribuirá a reducir la pobreza, y una vez agotado el petróleo, los niveles de pobreza pueden dispararse.** Esta reforma podrá contener por algún tiempo el aumento en los niveles actuales de pobreza, en tanto el gobierno pueda continuar recargándose fiscalmente en Pemex. Sin embargo, a medida que la producción de Pemex decline y las multinacionales hagan efectivas las benévolas condiciones de sus contratos, el gobierno federal no dispondrá de más ingresos petroleros. Esa brecha presupuestal impedirá disponer de recursos para evitar que se disparen aún más los niveles de pobreza en el país.
10. **Se desaprovecharán recursos para atacar los determinantes estructurales de la pobreza en México.** Esta reforma, al igual que el resto de la política económica y social del país,

carece de mecanismos que ataquen los determinantes estructurales de la pobreza. La legislación secundaria no tiene una conexión con inversiones en la reducción estructural de la pobreza. A lo anterior se suma el debilitamiento de la industria nacional (proveedora de empleos), la incertidumbre de los precios de los energéticos para los sectores social y productivo, debido a que la fijación de precios quedará fuera del alcance regulatorio gubernamental, y de condiciones laborales precarias e inciertas para los trabajadores. La insostenibilidad financiera de los programas sociales será, entonces, el callejón sin salida en el que nos habrá metido esta reforma.

Estas consecuencias interactuarán en conjunto formando un círculo vicioso de baja producción de Pemex, transferencia de riqueza al exterior, baja inversión pública, insuficiente creación de empleos y debilitamiento del mercado interno, con lo que la presión sobre Pemex vuelve a aumentar, sosteniéndose una alta carga fiscal a Pemex, que le impedirá, nuevamente, aumentar su producción.

Hasta aquí el análisis, amplio y profundo, de Saldaña Zorrilla.

Llaman poderosamente la atención las coincidencias con Luis Serra, en tres puntos concretos: A) la Reforma Energética no logró despetrolizar a la economía y a las finanzas públicas. B) El nivel del endeudamiento público será alto. (Para mayores detalles, consultar en este libro el apartado sobre deuda pública incluido en el capítulo "Economía: gobierno rico, pueblo pobre".) C) Los recursos financieros se irán a otro lado, perjudicando las finanzas del país al transferir riqueza al extranjero.

Dos visiones valiosas y documentadas –la de Serra y la de Saldaña Zorrilla–, que nos dejan herramientas de reflexión, escenarios, posibilidades y probabilidades, sí, pero, sobre todo, un futuro energético-financiero pesaroso y preocupante. De alto riesgo para generaciones venideras.

GASOLINA BARATA: EL GRAN EMBUSTE

Millones de mexicanos otorgaron el beneficio de la duda a la promesa de los priístas que regresaban al poder presidencial: si se aprueba la Reforma Energética, habrá combustibles a menor precio: gasolina, gas y electricidad.

La oferta no sonaba mal. La gasolina es uno de los motores del movimiento nacional, base de la fuerza productiva y laboral, y consume un porcentaje considerable en el gasto familiar. Cuando los ciudadanos escucharon la propuesta de gasolina barata, se tuvo la esperanza de que, por fin, habría un beneficio directo para las mayorías, en un país rico en petróleo aunque pobre en administración petrolera. En realidad, el petróleo no es el demonio que nos han querido presentar. Los demonios son quienes se han enriquecido a costa del energético: funcionarios, sindicato, proveedores, familiares, recomendados, amigos, etcétera.

Gasolina más barata a cambio de la Reforma Energética. ¡Muy bien!

Sin embargo, en marzo de 2014 –la Reforma Energética ya tenía siete meses de haber sido aprobada–, el director general de Pemex, Emilio Lozoya, dijo ante diputados, borrando promesas de campaña y de gobierno:

"El gobierno de la República jamás prometió que el precio de las gasolinas bajar(ía)."

Con esa frase inequívoca, desalentadora, Lozoya desmentía a su jefe, el presidente de la República, y a su compañero de gabinete, el secretario de Economía. Empero, la decepción de mayor impacto fue para los bolsillos de millones de mexicanos que vieron esfumada su ilusión de comprar gasolina a precio menor. Sí, como la que Pemex vende en Estados Unidos.

La pregunta es: ¿Prometió realmente Peña Nieto y su gobierno gasolina más barata en México de aprobarse la Reforma Energética?

La respuesta es: sí, lo prometieron. Y no cumplieron.

Aquí están las pruebas de la mentira de Emilio Lozoya:

1) El primer planteamiento para reducir el costo de las gasolinas fue hecho por el candidato del PRI a la presidencia, Enrique Peña Nieto, durante el primer debate entre candidatos. Fue la noche del 6 de mayo de 2012. Y fue la propuesta número 16 de 23 leídas por EPN. Textual:

"Bajar el precio a combustibles y hacerlos menos contaminantes."

(Nota: sólo hay dos tipos de combustibles producidos por Pemex: gasolinas y gas. En las gasolinas se incluye la gasolina, el diesel y la turbosina, mientras que en el gas están el gas LP y el gas natural. Por lo cual, hablar de reducir el precio de los combustibles implica forzosamente una reducción de gasolinas y gas. Referirse a combustible en singular sólo se refería a uno de ellos: gasolina o gas. Pero la palabra que se usó fue en plural, lo cual forzosamente indica que se trata de gasolina y gas, precisa el director del blogdeizquierda.com, Víctor Hernández. 9/junio/2014).

Allí quedó registrada, sin duda, la primera oferta formal de reducir el precio de las gasolinas. Pero hubo otros antecedentes.

El 11 de junio de 2013, la corresponsal de *El Universal* en Hidalgo, Dinorath Mota López, publicó en ese diario:

"El secretario de Economía, Ildefonso Guajardo Villarreal, sostuvo que para bajar el precio de los combustibles como la gasolina, es necesaria la Reforma Energética ya que permitirá a Pemex y a CFE ser empresas de mayor eficiencia.

"Señaló la importancia de la reforma ya que, dijo, sólo así se podrá contar con mejores combustibles."

(Nota del autor: Guajardo se refirió a Pemex, con lo cual involucraba tanto precios como eficiencia en cuanto a la gasolina).

Otra más:

El 12 de agosto de 2013, al presentar su propuesta de Reforma Energética, el presidente Peña Nieto declaró, de acuerdo con la nota del reportero Francisco Reséndiz en *El Universal*, lo siguiente:

"Puso énfasis en que el objetivo es que la industria petrolera vuelva a ser motor del crecimiento económico de México, al tiempo de que las tarifas domésticas de gas y electricidad así como el precio de las gasolinas se reduzcan."

Tanto Peña Nieto como candidato, y ya como presidente de México, apuntalado con las declaraciones del secretario de Economía, prometían gasolina más barata a cambio de la Reforma Energética. Allí están sus palabras. El gobierno ni las desmintió ni las refutó en su momento.

El pez por su propia boca muere.

Fue un embuste la oferta. ¿Por qué?

Si bien en enero de 2016 se registró un leve (apenas insinuado) descenso en el precio de las gasolinas –41 centavos por litro en la Magna; 40 centavos en la Premium, y 43 centavos en Diesel–, este fenómeno solamente duró dos meses: enero y febrero, un suspiro.

El jueves 25 de febrero de 2016, la Secretaría de Hacienda publicó, mediante el Diario Oficial de la Federación, que los precios de las gasolinas únicamente podrán variar, al alza o a la baja, 3% respecto del precio observado en 2015. ¿A cuánto equivaldría, de darse ese 3% de reducción? Si prácticamente el costo promedio redondeado del litro de Magna y de Premium es ya de 14 pesos, entonces la "disminución" sería de... ¡42 centavos!, los cuales se evaporan al no representar una baja de impacto para el bolsillo de los mexicanos.

Aún más:

Al cierre del primer año del gobierno de Peña Nieto, el litro de gasolina Magna valía 12.13 pesos; el de Premium, 12.69, el de Diesel, 12.49.

A mediados de 2016, los precios eran:

Magna: 13.16 pesos litro.

Premium: 13.95.

Diesel: 13.77.

Gasolina más cara en este sexenio, a pesar de las promesas de Peña Nieto y de Guajardo.

Promesa fallida.

El 9 de marzo de 2016, millones de mexicanos conocieron la noticia: la empresa estadounidense Gulf sería la primera extranjera en vender gasolina en México, además de Pemex. La pregunta, con un destello de esperanza, era inevitable: ¿La competencia llegada del norte lograría el milagro de ofrecer gasolina más barata en el país?

Malas noticias.

No será así.

Mientras Pemex −a pesar de su debilidad y carencias− continúe operando la infraestructura petrolera nacional, ninguna empresa, por fuerte que sea, podrá llevar gasolina más barata a los mexicanos. ¿O acaso suponemos que es una buena noticia para el consumidor nacional?

Luis Serra lo responde:

"No, no es una buena noticia. Todo tiene que ver con el anuncio hecho por Peña Nieto en Texas, adelantando la fecha de llegada de esas empresas extranjeras, 'y eso, pues realmente da lo mismo'. ¿Por qué? Si tú quieres instalar tus gasolineras aquí, está bien. Pero la realidad es que si la quieres traer desde Estados Unidos, el único que tiene la infraestructura para distribuirla es Pemex, y hoy te va a decir: '¿pues qué crees? Que no tengo capacidad para transportártela, y si lo hago, pues te voy a cobrar a tal precio y te saldrá más caro'."

Mientras Pemex −apunta Serra− siga controlando los puertos y los centros de distribución, nada cambiará. Gulf no tendrá otra opción: el precio final de venta al consumidor será muy parecido al de Pemex. ¿Dónde está, entonces, el beneficio? Como empresa foránea, aquí no hay tanto incentivo para meterte a competir. La pregunta es: ¿va a beneficiarnos esta empresa? Pues no.

Podemos hacer una analogía: Pemex y Telmex.

La telefónica de Slim es dueña de la red de interconexión, y cuando otra empresa pretende instalarse, conectarse y ofrecer servicios abatiendo precios en favor del consumidor, simplemente Telmex le cobra por el servicio y saca del mercado la tarifa más barata que se pueda ofrecer al consumidor. Lo mismo haría Pemex.

(Vale la siguiente acotación: cuando se realizó la privatización telefónica en Brasil, el pastel se repartió entre ocho empresas diferentes que se pusieron a competir para reducir costos en beneficio del consumidor, y la red de interconexión quedó bajo el control del Estado brasileño, creando un entorno equilibrado y de verdadera competitividad. En México no ocurrió así. El gobierno de Carlos Salinas de Gortari le dio todo, absolutamente todo, al grupo de Carlos Slim, incluyendo dicha red estratégica. Así era imposible competir con lealtad comercial.)

"Esto no quiere decir que el proceso (de competencia) no vaya a cambiar, pero sí será a mucho más largo plazo de lo que se dice", advierte Serra. "Podrás importar gasolina, sí, pero a ver quién la transporta. Ése es el problema."

¿Gasolina barata para los mexicanos, igual que Pemex la vende en Houston? Sí, esperemos sentados para no cansarnos.

PEMEX: EL DERRUMBE DEL GIGANTE

El último día del segundo mes del año bisiesto, fue de pesadilla para los inversionistas de Petróleos Mexicanos, y para el país. Jamás olvidarán el 29 de febrero de 2016, cuando recibieron las cifras más amargas, pesimistas y pobres en la historia de Pemex, que ubican a la empresa en el peor momento de sus 78 años de historia.

Al aparecer en el tablero bursátil los números rojos reportados por la Bolsa Mexicana de Valores (BMV), las alarmas se encendieron en el sector petrolero mexicano. Los teléfonos de las empresas inversionistas repiquetearon incesantes. Los acreedores llamaron a juntas de emergencia ante la posibilidad de suspensión de pagos por parte del monstruo petrolero.

La fecha fatídica había llegado y, con ella, la noticia: Pemex, la empresa más importante de México, ubicada por décadas entre las diez más poderosas del mundo y soporte de la economía nacional, estaba nadando en las aguas de la quiebra financiera.

Pemex, el gigante, estaba herido de muerte.

A Pemex, de manera literal, se lo acabaron. Lo exprimieron. Lo saquearon.

Años de malas administraciones, de malos gobiernos. Años de despilfarros, de sindicalismo voraz, de irresponsabilidad financiera. Años de excesos, de frivolidades, de complicidades. Años de nepotismo, de saqueo.

Si Pemex fuera un paciente médico, estaría en agonía y el siguiente sería su diagnóstico general en cifras, negativas, pesarosas:

— Pérdidas por 712 mil millones de pesos (alrededor de 37 mil millones de dólares al tipo de cambio de marzo de 2016. Casi el triple de lo registrado en 2014. Cifra actualizada).
— Reducción de ventas totales de 28%.
— En sólo un año, las ventas de la empresa cayeron en 461 mil millones de pesos.
— De diciembre de 2014 hasta 2016, en Pemex fueron despedidos alrededor de 20 642 trabajadores y funcionarios. En el último mes de 2014 había 153 mil 85 empleados y ejecutivos. Un año después, bajó a 142 976. (Es decir: 10 109 menos). Y en diciembre de 2015, por órdenes del director general de Pemex, Emilio Lozoya, se ordenó el despido de 10 533 trabajadores y funcionarios más, cuyas plazas serán canceladas en una operación que abarca hasta el año 2016. El recorte en este último año equivale a 7.5% del total de los empleados de la empresa registrados en el cen-

so de diciembre de 2015, y representa 66.5% del programa de despidos de todo el gobierno federal (fuente: *La Jornada* / Israel Rodríguez, enero 25 de 2016).

¿Ha sido el gobierno de Peña Nieto el único responsable de la debacle histórica de Pemex? La respuesta es no.

Sin embargo, sí es el directo culpable de aplicar una pésima —y sospechosa, como lo veremos— administración, reflejada en la caída de su productividad, paralela a sus pérdidas financieras. Las cifras no mienten y despejan cualquier duda:

Mientras en 2012, último año de gobierno de Felipe Calderón, Pemex registró ganancias por 2 mil 600 millones de pesos, en 2013 —primer año del peñismo—, tuvo pérdidas por… ¡169 mil 100 millones de pesos! Para 2014 aumentaron: 263 mil 819 millones de pesos. 2015: 521 mil 600 millones de pesos de pérdidas (fuente: Pemex).

(Algo falló en la transición política de 2012, cuando regresó el PRI al poder presidencial: durante el último año de Calderón la economía creció 3.9%, en el primer año de Peña se desplomó hasta 1.1%; y en el renglón petrolero, de tener superávit por 2 mil 600 millones de pesos, sus pérdidas, tan sólo meses después, se dispararon de manera exorbitante y brutal hasta 169 mil millones de pesos. Un desastre, aun cuando el precio del petróleo ya empezaba a desplomarse en los mercados internacionales desde 2012. Algo falló de manera grave.)

Inevitable, la pregunta con alguna dosis de suspicacia: ¿fue llevada Pemex, durante el sexenio de Peña Nieto, de manera deliberada a la quiebra financiera?

"Por un lado el precio del petróleo, pero eso fue lo que precipitó una pésima gestión de la empresa en los últimos años, desde 2008, que empezaron a querer privatizarla. Es una gestión a propósito para llevarla al punto de quiebra", alerta el profesor en Políticas de la Energía de la UNAM, Víctor Rodríguez Padilla.

¿Es descabellado y hasta inverosímil pensar que Pemex fue conducida, de modo inevitable, a un punto de quiebre?

* * *

Si bien con Vicente Fox comienza a agudizarse la etapa decadente de Pemex, con una baja en la producción y el declive evidente de Cantarell: campo que detonó la bonanza petrolera contemporánea de México, el sexto más importante del mundo y llamado así en memoria de su descubridor, el pescador campechano Rudecindo Cantarell, quien trabajando en altamar "picó" por casualidad el manto y observó una mancha de aceite que emergía en la superficie marítima; fue en los años subsiguientes cuando los problemas de la empresa llegaron a números rojos e insolvencia financiera, además de sus dos grandes errores: la falta de exploración y de producción.

"¿Cuál será la primera reforma del presidente Felipe Calderón?", pregunto al panista a bordo de una camioneta que serpentea, cuesta arriba, rumbo a Zacatlán de las Manzanas, en el corazón de la sierra poblana. Calderón aún era candidato presidencial.

"La reforma energética", me responde sin pensarlo mucho.

Pero Felipe Calderón no pudo ni supo operar, con su equipo, de manera eficiente, para alcanzar en su sexenio una Reforma Energética de gran calado. ¿Quiénes se lo impidieron? Los priístas. Los mismos que pocos años después levantarían la mano para aprobar la reforma petrolera de Peña Nieto. Como si el petróleo fuera patrimonio del PRI, y de nadie más.

De hecho, Fox ya había intentado una reforma que logró a medias, principalmente en el sector eléctrico, donde surgieron los tan satanizados Productores Independientes de Energía (PIES), criticados por parte del PRI, oposición que, sin saberlo, aprobaría en su retorno a Los Pinos disposiciones que llevarían al sector energético a un pozo oscuro y de incertidumbre.

Con Calderón en la presidencia, llegó 2008 y la crisis económica más grave de la historia contemporánea a nivel mundial: la inmobiliaria detonada desde Estados Unidos con las hipotecas tóxicas que desencadenaron una quiebra financiera que hizo temblar al mundo y hasta desaparecer, como fue el caso de Islandia, a economías completas. Dentro de esa tormenta, Pemex se aferraba dramáticamente al mástil de la sobrevivencia financiera.

A pesar de la inestabilidad económica mundial, el gobierno de Calderón no entregó tan malas cuentas, tanto en lo económico, crecimiento de 3.9%, ni en el ámbito petrolero, con ganancias raquíticas e insuficientes, cierto, pero evitando la debacle de Pemex. Hay que considerar que aún se resentían los efectos de la brutal crisis financiera, bautizada como "El Efecto Jazz".

Pemex se sostenía con alfileres.

Entonces llegó el gobierno de Peña, y le quitó los alfileres. "Lo que hace con la Reforma Energética es una contradicción tremenda de su propio discurso al designarla por decreto como 'empresa productiva', pero que a través de la reforma, se le cortan los brazos a Pemex: exploración y producción, que son la naturaleza de cualquier empresa petrolera", diagnostica para este libro la periodista Rita Varela (RV), especialista en temas energéticos, opinión respetada, directora de la revista *Energía Hoy*.

Pemex había sufrido su primer revés con la aprobación de la Reforma Fiscal –entrelazada con la Energética–, bajo un claro sentido restrictivo en el gasto que, si bien, por un lado, le disminuyó la carga fiscal a la empresa (aportaba entre 40 y 55% de las finanzas del Estado mexicano vía pago de derechos sobre hidrocarburos, por Impuesto Especial sobre Producción y Servicios, por Impuesto al Valor Agregado, por impuestos a la exportación de petróleo y por impuesto sobre los rendimientos petroleros mientras Petrobras, en Brasil, tenía una carga fiscal mucho menor a 31%, British Petroleum 24% y Shell 27%), por el otro lado se le recortaron recursos que abonaron su inviabilidad financiera.

"La reforma energética", asegura Varela, "llega a destiempo y es radical con Pemex. El gobierno de Peña la convierte más en un administrador de recursos que en un operador petrolero. Administradora de contratos entre privados. A eso la reduce".

MM: ¿Hubo prisa en este gobierno por sacar la reforma?

RV: Sí. Era como el objetivo histórico para Peña Nieto, así como lo fue el Tratado de Libre Comercio (TLC) para Salinas de Gortari. Y esto fue malo porque si revisamos reformas exitosas como la de Noruega o Petrobras, en Brasil, fue haciéndose por etapas para preparar a la empresa a ser competitiva. A la noruega Statoil se le dedicó más de una década, desde la apertura, la transferencia de tecnología, contratar a expertos, y cuando aprendió a explorar y a producir, entonces sí puso a su empresa a competir con las grandes transnacionales.

En México no ocurrió ese proceso con Pemex. Se desmanteló en lugar de hacer competitiva a la empresa.

Por ejemplo, cita Varela, Pemex era competitivo en la exploración en aguas someras (no profundas) e inclusive llegó a estar entre las primeras cinco del mundo. Sin embargo, no era competitivo en aguas profundas, en tiros de mil, mil quinientos o tres mil metros de profundidad, donde había inversiones de alto riesgo por miles de millones de dólares.

MM: ¿Qué hubiera sido lo adecuado con Pemex?

RV: Darle tiempo para prepararse, hacer eficiente sus finanzas, limpiar su pasivo laboral que asciende a 1.2 billones de pesos.

En solamente año y medio, Pemex pasó a ser una petrolera que no explora, que tiene sus campos tradicionales todavía operando pero con un Cantarell casi agotado (se calcula que le quedan seis años de explotación). Y si no exploras, pues no tendrás reservas. Venezuela, por ejemplo, a pesar de su profunda crisis económica, no deja de explorar y por eso sus reservas son las más grandes del continente.

MM: ¿Qué hubiera sido lo deseable para Pemex?

RV: Se le hubiera dado autonomía de operación, es decir, independencia a sus directores para operar. Hoy, Pemex tiene dos brazos políticos que lo sujetan: Hacienda y Energía, que si bien anteriormente la segunda no tenía tanto peso, con la reforma adquirió una responsabilidad fundamental dentro de la empresa.

MM: ¿Qué tan ligada está la caída internacional de los precios del petróleo con la crisis de Pemex?

RV: Fue una justificación oportuna para el gobierno: el desplome en los precios. Sigo insistiendo en que el error más grave fue la prisa, el apresuramiento. Fue como cuando se puso a competir a los campesinos mexicanos, con el TLC, contra los poderosos productores estadunidenses como Monsanto, e hicieron pedazos al campo.

Para ser claros: en términos futboleros, fue como poner a jugar a los Gallos Blancos del Querétaro contra el Real Madrid de un día a otro.

¿El resultado? Una empresa desmantelada. Ineficiente. No productiva.

El gobierno federal anunció, el 17 de febrero de 2016, un fuerte recorte al gasto público por 132 mil millones de pesos, y la mayor parte —alrededor de 100 mil millones— recayó en Pemex. ¿Cuáles fueron las áreas más afectadas? Exploración y producción. "Es como deber dinero en tarjeta de crédito y perder el empleo", ejemplifica Varela.

Otro error grave cometido por el gobierno fue prohibirle a Pemex participar dentro de las rondas de licitaciones petroleras, por un motivo poderoso: la empresa carece de recursos financieros. No tiene alcancía.

"La señal que manda el gobierno mexicano es muy mala: no quieres que Pemex explore, luego entonces, no quieres que Pemex exista. No tienes petróleo, y tus refinerías son viejas. Puedes bajarle a refinación, pero no a exploración y producción", cita Varela.

Dentro del proceso de desmantelamiento de Pemex, hay un factor insoslayable: la actuación de su primer director dentro del sexenio, Emilio Lozoya. ¿Qué hizo o qué no hizo Lozoya para convertirse, de un plumazo, en el peor director en la historia de Pemex?

Más allá de su abierto enfrentamiento con el influyente secretario de Hacienda, Luis Videgaray —el amigo íntimo del presidente de la República—, que según detalló el periodista Raymundo Riva Palacio en su columna del 11 de febrero del 2016 en *El Financiero*, se debió a que Videgaray responsabilizaba a Lozoya de "una mala gestión que acentuó la pérdida en la capacidad de exploración y producción petrolera que redujo la plataforma de exportación de crudo, y de incapacidad para mejorar las finanzas de la empresa", hubo otros pecados en la gestión de Lozoya.

Por ejemplo: cometió errores graves al despedir a funcionarios de alto nivel que eran valiosos, por su experiencia, para Pemex, y que al salir de la empresa, de inmediato fueron contratados por grupos consolidados que participarían en las licitaciones del sector energético. Caso concreto, el de Carlos Morales Gil, quien laboró durante 40 años en Pemex y más de 20 al frente de Exploración y Producción, y que de manera torpe fue echado por el soberbio Lozoya. Morales Gil es ahora la cabeza de Grupo Bal, propiedad del multimillonario Alberto Bailleres, que seguramente se ahorrará ahora millones de dólares en proyectos y estudios, al tener a su lado a quien sabe dónde sí invertir y dónde no.

"Si hay alguien que conoce la geografía del petróleo en México, es Morales Gil", advierte Varela. "¿El resultado? Grupo Bal ganó. Y así como él, algunos más."

"Así, aparte de desmantelar a Pemex del lado financiero y tecnológico, también le quitas recursos humanos valiosos. La Reforma Energética marca el desprecio por el capital humano en Pemex. A la gente que valía la pena, la corrieron."

Para la especialista, la situación de Pemex es tan clara como dramática: la Torre de Pemex se ha reducido a simples oficinas para la administración de contratos.

MM: ¿Y qué gana el gobierno?

RV: Pues Hacienda le apuesta a la renta petrolera de compañías extranjeras. Esa sería la compensación financiera. A lo mejor Pemex nos da nada más, ahora, el 15%, pero los extranjeros nos completan el 40%. En un momento dado pudiera ser así. Sin embargo, el riesgo es que ya se pagará menos renta por la mala situación del sector petrolero.

* * *

Andrea Ornelas es periodista financiera desde hace 25 años. Su diagnóstico sobre Pemex coincide, en espíritu, con el ofrecido por Rita Varela. Desalentador para el otrora gigante petrolero. Lapidario: "Hay empresas que lucen demasiado grandes para fallar, pero lo hacen. La icónica paraestatal mexicana está en quiebra..."

Sus cifras comparativas son contundentes:

— Escasa productividad: mientras Pemex produce 2.5 millones de barriles de petróleo diarios en la actualidad (42% menos que en 2004), Shell genera 3.2 millones de barriles al día; Petrobras, 2.9; British Petroleum, 3.4, y Exxon Mobil, 4.9 millones de barriles, casi el doble que Petróleos Mexicanos.
— La plantilla de Pemex posee 150 mil trabajadores, casi el doble que Shell, con 86 500; Petrobras, 84 900; British Petroleum, 84 300, y Exxon Mobil 76 200 trabajadores.
— Mientras un trabajador de Pemex produce 16 barriles de petróleo por día, uno de Petrobras genera 34; uno de British Petroleum, 40, y uno de Exxon Mobil, 64 barriles.

"El 2016 será un año siniestro para Pemex. Sus pérdidas superarán los 155 mil millones de pesos", es el pronóstico oscuro de Ornelas (*Newsweek*, 26 de febrero de 2016).

En esas aguas picadas navega hoy Pemex.

LA MANO DE HILLARY...

¿Qué tanto influyó y empujó Estados Unidos a México para la aprobación de una Reforma Energética? Mucho.

¿Intervino la entonces secretaria de Estado norteamericana, Hillary Clinton, en la apertura petrolera mexicana? Todo lo indica así.

¿Se reunió el presidente electo, Enrique Peña Nieto, en octubre de 2012, con representantes del Senado norteamericano para abordar asuntos de apertura petrolera? La respuesta es sí.

Para comprender esta historia (que bien podría explicar el apresuramiento mediante el cual prácticamente se desmanteló a Petróleos Mexicanos en aras de justificar y acelerar la entrada de capitales extranjeros) es necesario conocer el siguiente episodio descrito por Sandra Rodríguez Nieto, minuciosa reportera del diario digital *SinEmbargoMX*, el 9 de noviembre de 2015:

> El entonces Jefe de Asesores del Comité de Relaciones Exteriores del Senado norteamericano, Neil R. Brown, describió así la función geopolítica de una Reforma Energética en México: debido a que la producción de Pemex cayó más de un cuarto desde 2002, las refinerías estadounidenses de la costa del Golfo de México –la mayor es Exxon– debieron buscar crudo en otras partes; la producción venezolana también está en declive; la canadiense es creciente pero no así la infraestructura de ductos, por lo que Estados Unidos ha tenido que aumentar sus importaciones de Oriente Medio.
>
> "Una reforma o la falta de ella, negociada entre el presidente mexicano y el Congreso, tendrá consecuencias para la cartera energética de Estados Unidos y sus intereses comerciales", escribió Brown en un reporte.
>
> "Las reformas determinarán hasta qué punto México será parte de la seguridad energética de Estados Unidos", agregó el entonces empleado legislativo.

¿Por qué es importante Neil R. Brown?

Porque el 21 de diciembre de 2012, a tres semanas de la toma de posesión del presidente Enrique Peña Nieto "con quien", dijo Brown en su exposición ante el Senado, "se reunió en octubre en la Ciudad de México"; visitó también a su equipo de transición, entonces integrado por el hoy director de Pemex, Emilio Lozoya, a quien el norteamericano describió como "vital" para la apertura al sector privado.

"El tema de su visita a México fue revisar las oportunidades de mejorar los compromisos entre los dos países en materia de petróleo y gas."

Llegó, entonces, una fecha clave: 23 de diciembre de 2013 cuando quedó sellado el Acuerdo entre Estados Unidos y México relativo a los Yacimientos Transfronterizos de Hidrocarburos en el Golfo de México; ello tras la aprobación del Senado estadounidense, publicado en Washington horas antes de la Navidad, y ya aprobada, semanas antes, la reforma constitucional mexicana que permitía la participación privada en la extracción de hidrocarburos.

Neil R. Brown, por supuesto, no se mandaba solo.

Era cabildero perteneciente al grupo político de la entonces poderosa secretaria de Estado, Hillary Clinton, y que posiblemente se convertirá en la primera mujer que gobierne a la nación también más poderosa del mundo: Estados Unidos.

¿Desde cuándo amarró Hillary Clinton la apertura del mercado petrolero mexicano?

Desde febrero de 2012 cuando, durante el gobierno de Felipe Calderón, se firmó el estratégico Acuerdo Transfronterizo de Hidrocarburos, signado por la canciller

Patricia Espinoza y la propia Hillary, que debió apresurarse por la cercanía de la elección presidencial de ese año.

Hay otra información clave contemplada por Rodríguez Nieto que redondea la historia:

De acuerdo con DeSmogBlog, sitio de información especializado en cambio climático, Brown, junto con Luis Téllez Kuenzler (a quien nos referiremos líneas adelante), "ayudaron a romper el monopolio de Pemex sobre la industria del petróleo y gas en México, abriendo al país a las competencias internacionales."

Y más:

Brown fue mencionado por el blog en agosto pasado, en el seguimiento a la revisión de los miles de documentos difundidos por el Departamento de Estado que se encontraban en el correo personal de Hillary Clinton.

En su revisión, la publicación encontró que Brown trabajaba ahora con quien el texto identificó como el exfuncionario "centro de la historia", de la injerencia de Estados Unidos en México: el abogado David Goldwyn, un cabildero de las compañías petroleras, que en 2009 fue nombrado por Hillary como el primer Coordinador Internacional de Energía del Departamento de Estado.

Puesto clave.

Ya con ese cargo, Goldwyn visitó México en febrero de 2010, en un periodo que el entonces embajador de Estados Unidos en México, Carlos Pascual, le describió como "una oportunidad única para profundizar la relación en materia de energéticos."

El argumento de Pascual fue el mismo que usaría años después Brown: la caída en la producción de Pemex tenía repercusiones para la "seguridad energética" norteamericana.

De manera silenciosa –planteó el embajador Pascual–, México se está acercando a otros países, especialmente a los que tienen compañías petroleras estatales, pidiendo consejo para aplicar las reformas.

Por tanto, sugirió Pascual, "deberíamos mantener la añeja política norteamericana de no hacer comentarios en público sobre esos temas, mientras de manera callada ofrecemos asistencia en áreas de interés del gobierno mexicano".

Dentro de este juego de poder petrolero y de intereses públicos y privados, hay un suceso más que relevante.

Al abandonar la embajada de Estados Unidos en México (la propia Hillary Clinton relató en su libro *Decisiones difíciles* que el presidente Calderón le pidió la renuncia de Carlos Pascual como embajador en México "e insistió en que fuese remplazado") Pascual sucedió a Goldwyn en 2011 como coordinador de la política energética del Departamento de Estado a cargo de Clinton (lo que habla de su cercanía con Hillary), y en 2015, apareció en el sector privado como vicepresidente de la firma Information Handling Services (IHS), especializada en análisis sobre energía.

Desde esa oficina privada, el pasado 23 de julio, Pascual testificó ante la Cámara de Representantes de su país sobre los avances de la Reforma Energética mexicana y sus repercusiones para la posición de Norteamérica en el mercado global de hidrocarburos. Y, como otros funcionarios, destacó la trascendencia de la distribución de gas en México en medio de las negociaciones.

"Estados Unidos necesita ser exportador, un tema clave abordado en las recomendaciones. El nuevo enfoque de México para extender redes de gasoductos ha creado oportunidades de negocios para las compañías e inversionistas de Estados Unidos", dijo Pascual.

Hasta aquí parte de la investigación de Rodríguez Nieto.

Se cumplió así la vieja sentencia: Estados Unidos no tiene amigos. Tiene intereses.

"¿A quién le conviene un Pemex débil, si era el principal aportador de recursos del Estado mexicano?", pregunto a Rita Varela, que sonríe con suspicacia y suelta:
"Fue una reforma consensuada en el extranjero, en otros niveles. Hubo intervención de Hillary, de Pascual…"

LAS ÉLITES BENEFICIADAS

Los dos Méxicos: el de los grupos empresariales aliados al poder –los amigos, los socios, los multimillonarios–, y el de las mayorías de una nación cuya mitad es pobre; y con la otra mitad integrada, en su parte más significativa, por ciudadanos que se aferran a pagos quincenales cada vez más insuficientes y angustiantes. Son millones sobre millones los mexicanos que sobreviven bajo el signo permanente de la crisis económica.

Hablamos, leemos y escuchamos sobre los empresarios poderosos en México. Conocemos por los medios nombres, apellidos y siglas que son emblemas del poderío económico en este sexenio: Grupo Higa, OHL, los consentidos, los beneficiados.

Y particularmente con la Reforma Energética como ejemplo vivo, se ha dado un fenómeno que desnuda cómo se maneja el poder político en México –encarnado también en exfuncionarios públicos–, en beneficio directo de poderosos grupos empresariales, bajo un juego de conveniencias que tiene varios actores y un solo propósito: el enriquecimiento corporativo, como prioridad, aun por encima del bienestar social del país.

Políticos que construyen y fomentan relaciones y negocios desde sus cargos en el gobierno, para asegurar su futuro financiero al dejar los puestos públicos. Juez y parte.

Corporativos que reclutan a exfuncionarios de alto nivel para explotar sus vetas de información, relaciones gubernamentales y amistades personales, dejando de lado cualquier conflicto de interés, y obtener así contratos millonarios emanados de los oscuros y nebulosos pasillos del poder político en México.

Es el efecto de la *puerta giratoria*, entendida como un mecanismo que crea espacios de poder que capturan las instituciones gubernamentales en favor de intereses particulares y en detrimento del interés público.

"Una vez que los exfuncionarios son recompensados con posiciones en las juntas de administración de grandes corporaciones, utilizan la información y la experiencia obtenida a lo largo de su trayectoria para conseguir contratos y concesiones. Esa nueva práctica social de carácter rentista explica, en gran medida, el impacto tan limitado que hasta la fecha han tenido las reformas estructurales", alerta la doctora Alejandra Salas-Porras, investigadora de la Facultad de Ciencias Políticas y Sociales de la UNAM.

Aún más:

"Las decisiones que toman las élites cuando se encuentran en funciones públicas, no se hacen en términos de los intereses que deben servir, o para un proyecto de alcance nacional, sino más bien pensando en recompensas futuras y posiciones privadas en redes de poder nacionales e internacionales.

Consecuentemente, estas élites no rinden cuentas a la ciudadanía que paga sus salarios, mientras se encuentren en funciones."

En su estudio denominado "Las élites neoliberales en México: ¿Cómo se construye un campo de poder que transforma las prácticas sociales de las élites políticas?", Salas-Porras identifica el periodo de privatizaciones como el contexto que ha propiciado el uso de la *puerta giratoria*, a través de la cual, funcionarios involucrados en el diseño de las reformas estructurales, terminan vinculados con firmas privadas nacionales y transnacionales, interesadas en la apertura económica mexicana.

Para documentar su estudio (publicado en la *Revista Mexicana de Ciencias Políticas y Sociales* en 2014), Salas-Porras elaboró una base de datos con las trayectorias de más de 100 servidores públicos relacionados con las reformas estructurales desde 1988 –inicio del sexenio de Salinas de Gortari–, y ubicó 22 nombres de funcionarios, como los de mayor protagonismo en esta transformación institucional.

(Las relaciones entre esos 22 funcionarios clave, entre los que se encuentran Pedro Aspe, Jaime Serra Puche, Herminio Blanco y Luis Téllez, fueron facilitadas por redes familiares y, principalmente, por la formación académica con predominio del Instituto Tecnológico Autónomo de México, ITAM, del cual egresaron 14 de los 22 funcionarios identificados como arquitectos del México neoliberal y descrito en el texto como "el programa de economía más americanizado fuera de Estados Unidos".)

"Sus cálculos y lealtades se pueden encontrar en los clientes y patronazgos potenciales en México y en el extranjero", establece Salas-Porras en su investigación.

La *puerta giratoria*.
Las élites públicas y privadas.
Los conflictos de interés.

* * *

La conexión políticos-empresarios-negocios se ha tratado, con rigor periodístico, en escasos medios mexicanos. Se podrían contar con los dedos de una mano. La mayoría de los periódicos lo ha silenciado. La televisión ni siquiera se atreve a insinuar este círculo perverso del poder.

Pero hay excepciones. En *SinEmbargoMX*, Sandra Rodríguez Nieto publicó un texto valioso y sustentado sobre la relación ventajosa que desemboca en beneficios millonarios para ambas partes. Para políticos y empresarios ligados en el mismo interés.

Bajo el título: "La Reforma Energética le sirve un banquete a exfuncionarios de México y EU", resume, plantea y alerta:

> Como los funcionarios mexicanos, los generadores de políticas públicas *(policy makers)* en Estados Unidos, después aprovechan las oportunidades que ellos mismos abren, pero ahora desde la iniciativa privada. La Reforma Energética del presidente Enrique Peña Nieto tiene esa marca por donde se vea: la *puerta giratoria* no sólo beneficia a un puñado de exfuncionarios federales en México, sino también a otro grupo que, desde allá, impulsó el cambio histórico en la legislación.

En su texto, Rodríguez Nieto ofrece un ejemplo claro de esta dualidad ventajosa:

> KKR (Kolhberg, Kravis, Roberts & Co., ratificó su confianza en las oportunidades de negocio en México y, en abril pasado, emitió un comunicado anunciando que para ayudar a sus inversionistas a contar con "infor-

mación valiosa", había contratado a otro exfuncionario federal con trayectoria en los sectores de interés de la firma. En esta ocasión, al director de Planeación Hacendaria en el último año de Miguel de la Madrid; exsubsecretario de Agricultura con Carlos Salinas; exsecretario de Energía con Ernesto Zedillo, y de Comunicaciones y Transportes con Felipe Calderón, además de ex presidente de la Bolsa Mexicana de Valores (BMV), Luis Téllez Kuenzler.

"Téllez ha estado activo en el servicio público e involucrado en los últimos 20 años en posiciones y decisiones políticas para mejorar la estructura de la economía mexicana con un enfoque en temas macroeconómicos, financieros, de energía y agricultura", planteó el boletín de KKR emitido el 14 de abril pasado.

(Acotación del autor: Téllez es uno de los funcionarios con mayor información privilegiada del gobierno mexicano desde la administración de Carlos Salinas de Gortari, de quien era asesor personal y amigo cercano. Tanto desde el gobierno como desde la BMV, Téllez ha puesto esa información al servicio de poderosas firmas extranjeras para beneficio económico mutuo. Profundo conocedor de cómo se manejan los resortes del poder en México, Téllez también es recordado por dos momentos; primero, cuando, dueño de sus palabras, expuso la razón que detonó la crisis más dolorosa que haya vivido el país: la de 1994-1995. Dijo Téllez: "El problema fue que al final del sexenio de Salinas se presentaba el vencimiento próximo de los tesobonos –documentos cobrables– por 50 mil millones de dólares, y Salinas no lo previó." Luego, la debacle. Y el segundo momento fue cuando, en una grabación presentada en febrero de 2009 en el noticiero de Carmen Aristegui en MVS radio, se le escuchó decir: "Salinas se robó la mitad de la cuenta secreta." Se refería a la partida extraordinaria que, sin rendirle cuentas a nadie ni ser auditada por ningún poder u organismo público o legislativo, Salinas de Gortari manejó a su antojo durante su sexenio. Para mayores detalles, ver mi libro *Abuso del poder en México*, Aguilar, México, 2014; páginas 131 y 133.)

Volvamos al texto de Rodríguez Nieto.

Sobre Luis Téllez:

"Conoce a fondo el sector petrolero desde el sector público y tiene acceso a las más altas esferas del poder y del capital (…) esto nos habla mucho de cuáles son las redes de contacto que tiene", dijo Benjamín Cokelet, director del Proyecto Sobre Organización, Desarrollo, Educación e Investigación, que revisa la transparencia de las empresas.

Téllez ha sabido explotar sus cargos públicos al máximo. Rodríguez Nieto revela que en 2006 (justo el año que fue nombrado secretario de Comunicaciones y Transportes por el presidente Calderón), se sumó como Consejero de la firma californiana productora y distribuidora de gas Sempra Energy.

Pronto, los beneficios de tener a Téllez entre sus consejeros, redituó a Sempra Energy:

> De acuerdo con el Portal de Obligaciones de Transparencia, Sempra ganó su primer y más cuantioso contrato: 16 mil millones por la distribución de gas natural en Baja California y, en este sexenio, ha ganado otros 5 mil millones de pesos en contratos con la Comisión Federal de Electricidad, hoy encabezada por Enrique Ochoa Reza, antiguo asesor de Téllez en el gabinete zedillista.
>
> Señala la reportera.

Aún más:

> Sempra Energy abrió una filial en México, denominada Infraestructura Energética Nova (Ienova), presidida por otro compañero de gabinete de Téllez en el sexenio zedillista: Carlos Ruiz Sacristán. Éste, que fungió brevemente como director de Pemex en 1994 y como secretario de Comunicaciones y Transportes hasta 2000, participó a su vez, hasta octubre, como Consejero de la filial mexicana de OHL, cuyas prácticas de corrupción y tráfico de influencias con integrantes del gobierno del Estado de México, quedaron evidenciadas.

Asegura Rodríguez Nieto.

* * *

La derrota del PRI en la elección del 2000 empujó a funcionarios federales al sector privado, donde se vio a *agentes de servicio* con información estratégica, conocimiento de los mercados y contactos políticos…

Sus posibilidades de conseguir contratos gubernamentales para la realización de obras de infraestructura o los derechos de transmisión de televisión, y su participación directa en el diseño y aplicación de políticas públicas favorables al sector privado, todo eso les permitió utilizar la *puerta giratoria* que se creó entre los puestos públicos y las empresas, ya fuera como consultores de empresas nacionales y extranjeras, como parte de la estructura corporativa, o a través de la creación de sus propias empresas de consultoría.

Es la definición precisa del sociólogo Carlos Alba Vega (*SinEmbargoMX*–Sandra Rodríguez Nieto, 10 de octubre de 2015).

Así, desde el sexenio de Carlos Salinas de Gortari, la práctica dual de la *puerta giratoria* ha ido en aumento, y la mayoría de sus protagonistas son exfuncionarios del salinismo, encabezados por el grupo de Pedro Aspe, quien fuera poderoso y único secretario de Hacienda de 1988 a 1994.

UN POZO SIN FONDO

A principios de mayo de 2016 se hizo pública la pérdida histórica de Pemex durante su último año, la más grave de su existencia: 521 mil 607 millones de pesos, de acuerdo con lo reportado a la Bolsa Mexicana de Valores (BMV).

Grave, la estratosférica cifra negra que refleja la derrota financiera del gigante petrolero.

Pero aún más grave, que esa pérdida histórica sea, en realidad, más alta: 712.6 mil millones de pesos según el informe que recibió el Senado de la República. Es decir: 191 mil millones de pesos más que lo reportado a la BMV.

¿Intentó Pemex maquillar las cifras respecto a sus pérdidas, entregando números diferentes a la Bolsa, primero, y luego a los senadores?

Posiblemente.

La empresa también podría argumentar que las cifras no coinciden porque lo revelado a la BMV era informe preliminar, y la enviada al Senado cifra definitiva.

Posiblemente.

Lo cierto es que esa pérdida histórica, anclada en 712.6 mil millones de pesos, es el emblema del desplome financiero brutal de la empresa que, algún día, fue orgullo de los mexicanos y soporte de la economía nacional.

Pemex endeudado con todos.

A mediados de 2016 registraba un fuerte problema de liquidez ante un adeudo por... ¡147 mil millones de pesos!, con más de mil proveedores. Problemas por todos lados.

A principios de mayo, el diario *Reforma* dio a conocer que Pemex hizo una venta de garaje: comenzó a vender ductos, plataformas, plantas en refinería, líneas eléctricas y una estación a Kohlberg, Kravis, Roberts (KKR) –firma dirigida en México por el ex secretario de Energía, Luis Téllez–, y First Reserve, con el propósito de obtener dinero en efectivo y cubrir sus deudas.

La debacle de Pemex no es ajena al resto de la economía nacional: la influyente calificadora Moody's bajó la expectativa de calificación de México de estable a negativa, ya que la situación de Pemex, así como el débil ritmo de crecimiento nacional, ponen en riesgo la estabilidad de la deuda. Casi nada.

Aún más:

Los pasivos laborales de Pemex (incluidas pensiones), que rebasan el 1.5 billones de pesos, deberán ser pagados... ¡por todos los mexicanos!

¿Cómo?

En 2014, la Cámara de Diputados –nuestros "representantes populares"– anexó un artículo transitorio a la Ley Federal de Presupuesto y Responsabilidad Hacendaria para que los pasivos laborales de Pemex pasaran a ser deuda del Estado mexicano. ¿Qué implica eso?

"El pago de la deuda tendrá que salir de los ingresos tributarios (impuestos que pagamos los mexicanos), o de la misma renta petrolera. Es decir: al ser deuda de una empresa paraestatal, será considerada deuda pública del Estado mexicano", aseguró entonces el secretario de la Comisión de Energía, Juan Bueno Torio.

Todos, sin excepción, a pagar los despilfarros y quiebres financieros de Pemex.

El arranque de febrero de 2016 marcó un cambio en la dirección general de Pemex: Lozoya dejaba el cargo en manos de José Antonio González Anaya, quien del sector salud (IMSS) pasó al sector petrolero, bajo la modalidad priísta del chambismo, sin importar experiencia, estudios ni especialización, que la ética impone en cargos de tanta responsabilidad. Pepe Toño –como lo conocen en el terreno político– tiene una gran ventaja: es concuño del expresidente Carlos Salinas de Gortari. Y Salinas tiene una enorme influencia sobre Peña Nieto.

Y a Peña Nieto, Pemex le estalló en las manos. Aceleró su quiebra. Lo acabó por llevar a la ruina, como lo demuestran las cifras irrebatibles.

El Grupo Toluca no solamente no pudo con Pemex.
Lo hundió.

Los empresarios consentidos
(Los negocios, los privilegios, las complicidades…)

Es peonaje, una marea de súbditos intercambiables en la perpetuación de un sistema de explotación y enriquecimiento en beneficio de unos pocos.
ROBERTO SAVIANO

Para la clase política mexicana –en especial la priísta, y muy en especial la priísta mexiquense–, llegar a un cargo de relevancia burocrática es sinónimo de hacer negocios, de enriquecimiento. Indiscutible, el conflicto de interés. Desnudo, el tráfico de influencias. Y para la clase gobernante de este sexenio, esos abusos han sido práctica recurrente. Los negocios al amparo del presupuesto, los favores a cambio del apoyo como pago a, son inherentes al puesto político, sin cargo de conciencia ni remordimiento personal. ¡Qué va!

"Un político pobre es un pobre político", era la máxima muy conocida y aún vigente de Carlos Hank González, y que hoy emerge como etiqueta del poder político en México. Hank, emblema del priísmo que tanto enorgullece a los priístas, símbolo de la corrupción mexicana, el mexiquense Hank, exregente de la Ciudad de México, tan cercano a presidentes –endiosado desde José López Portillo hasta Carlos Salinas de Gortari–, y una de las cabezas del poderoso y misterioso

Grupo Atlacomulco, enquistado hoy en Los Pinos, en el poder, trenzado en favores político-empresariales sin ningún pudor, sin ningún recato.

Sobre las cicatrices de México se hacen negocios bajo el cobijo de la complicidad entre políticos y empresarios, del interés mutuo. Jugosas e impunes cesiones entre los políticos que nos gobiernan y los empresarios aliados de Peña Nieto, de Luis Videgaray, secretario de Hacienda; de Gerardo Ruiz Esparza, secretario de Comunicaciones y Transportes; de Emilio Lozoya, primer director de Pemex en el sexenio, hijo de Emilio Lozoya Thalmann, Secretario de Energía durante el salinismo. Todos bajo un credo: la política es para hacer negocios. Todos estos priístas tienen a un Hank anidado en el corazón, en las entrañas, en el bolsillo.

Y uno de los casos más emblemáticos de la relación del poder político-empresarial durante el actual sexenio, es el del influyente grupo español Obrascón Huarte Lain (OHL).

Los testimonios abundan. Las relaciones se asoman. Los conflictos de interés se pretenden ignorar.

¿Cómo ha operado, y opera, OHL en México?

VIDEGARAY-ASPE-PEÑA-OHL: LA CONEXIÓN

Todavía no sabemos cómo pasará a la historia el secretario de Hacienda Luis Videgaray —confidente y cómplice de Enrique Peña Nieto—, y en qué lugar lo ubicará su propio desempeño, marcado, hasta ahora, y como se demuestra en este trabajo, por el endeudamiento público más alto de la historia, por el nulo crecimiento, por una reforma fiscal fallida.

Sin embargo, ya es sabido y conocido su papel ante el presidente de México: ser un facilitador de negocios.

Videgaray —a quien, en la práctica de gobierno le acomoda a la perfección el sobrenombre que en mi columna semanal en *SinEmbargoMX* le adjudiqué, más como definición que como broma: el *Vice-Garay* (por su desempeño prácticamente como *vicepresidente* de México)—, es el responsable directo de la conexión Peña Nieto-OHL.

¿Cómo inicio este amasiato político-empresarial?

Luis Videgaray, alumno destacado de Derecho en la UNAM, de Economía en el Instituto Tecnológico Autónomo de México (ITAM), y con doctorado en el Instituto Tecnológico de Massachussetts (MIT), era secretario particular del brazo financiero de Carlos Salinas de Gortari: el titular de Hacienda, Pedro Aspe. Llegó recomendado por su profesor en el ITAM, Carlos Sales Gutiérrez, entonces coordinador de asesores de Aspe.

Cuando concluyó el sexenio de Salinas y la economía mexicana se derrumbó, con Salinas autoexiliado en Dublín tras una parodia de huelga de hambre, los salinistas dispersos y desprestigiados, y un país hecho pedazos, Pedro Aspe —quien amenazó con renunciar a Hacienda si el peso sufría una leve devaluación ante el dólar, como lo sugería el presidente electo, Ernesto Zedillo, a finales de 1994, a fin de evitar una catástrofe financiera mayor—, se refugió en el sector privado y fundó, en 1996, Protego Asesores, empresa de consultoría financiera que dirige actualmente. Ahí llegó el estudioso Luis Videgaray, hermano —vaya paradoja de la vida—, de un cómico de televisión: Eduardo Videgaray.

> Cuando está trabajando come poco, se puede concentrar en una tarea hasta 20 horas seguidas y pocas veces se le observa alterado; es un hombre que presume tener todas las cartas en la manga y nunca correr dentro de su oficina o verse abrumado.

Luis Videgaray siempre fue así: mientras su hermano Eduardo era el chistoso —cualidad que lo llevó a conducir programas de televisión y ganar la edición Big Brother 3 VIP de Grupo Televisa—, él era el estudioso y aplicado de la casa...

Narra Óscar Balderas en ADN Político (30 de noviembre de 2012).

Utilizando como trampolín las relaciones de Aspe, Videgaray dio un salto desde Protego, que marcaría no sólo su futuro, sino, con el paso de los años, el rumbo económico del país al convertirse, primero, en el responsable de paliar la deuda pública que heredaba el gobernador mexiquense saliente, Arturo Montiel, un personaje que dejaba el cargo marcado por tres factores: su brutal enriquecimiento, su defenestración política al revelarse las cuentas millonarias de sus hijos en plena lucha contra Roberto Madrazo por la candidatura presidencial priísta de 2006, y los escándalos con su exesposa, Maude Versini. Videgaray llegó al Edomex para corregir las cuentas financieras montielistas a como diera lugar.

Desde entonces formó y forjó amistad con Peña Nieto, sucesor de Montiel, y su trabajo le valió el cargo de secretario de Finanzas del gobierno estatal.

Fue en esos días cuando se gestó la relación del grupo empresarial español OHL con el poder político mexiquense.

Es altamente probable que fuera mediante Protego como OHL llegó con Luis Videgaray, dado el perfil de la empresa encabezada por Pedro Aspe. Y fruto de esa relación, desde los tiempos de Arturo Montiel, se otorgó en 2003 la primera obra a OHL: el Circuito Exterior Mexiquense, la más grande en la entidad, con 110 kilómetros en operación, con un costo de 24 mil 921 millones de pesos en sus tres etapas: una con Montiel y dos con Peña Nieto. Y un pilón:

Antes de concluir Montiel su mandato, la generosidad hacia OHL le valió ganar la licitación para ampliar, mejorar, y operar hasta el año 2055 el Aeropuerto Internacional de Toluca. Casi nada.

Fue Luis Videgaray, ya como secretario de Finanzas del gobierno en el Edomex, el vínculo entre OHL y Peña Nieto, gozne que llevaría, de la mano, a una relación político-empresarial de grandes dimensiones en los años subsecuentes.

Videgaray-Peña Nieto-OHL. Una historia más entre amigos.

"ME LO ARREGLÓ EMILIO..."

Basta un dato para ilustrar el beneficio económico que ha tenido OHL con el peñismo, tanto en el Edomex como desde Los Pinos: hasta hoy, es una de las constructoras que más licitaciones ha ganado en el actual sexenio, por más de 41 mil millones de pesos. Entre 2013 y 2014, OHL y el gobierno federal establecieron, al menos, cinco contratos.

Una de las primeras construcciones que hizo OHL en México fue vía gobierno del Estado de México, con el dúo Arturo Montiel-Enrique Peña Nieto como gobernadores. Desde Toluca se le otorgaron las joyas de la corona: los contratos para construir el Viaducto Bicentenario y el Circuito Exterior Mexiquense. Nada más.

Y durante los primeros años de gobierno del presidente Peña Nieto, se le han entregado varios contratos para obras prioritarias, entre los que destacan el 64% de la construcción de la autopista Atizapán-Atlacomulco y el tramo I del Tren Interurbano México-Toluca.

Aquí asoma un primer conflicto de interés: OHL ha tenido entre sus filas, como altos directivos, a funcionarios actuales del gobierno peñista. Dos botones:

Emilio Lozoya Austin, antes de ser director de Petróleos Mexicanos era miembro del Consejo de Administración de OHL; otros funcionarios involucrados son: Jesús Reyes Heroles, ex director de Pemex en el gobierno de Felipe Calderón, y Mario Beauregard, actual director de Finanzas de Pemex, y anteriormente director de Finanzas de OHL. Políticos y empresarios. Empresarios y políticos bajo una misma piel: el interés personal y mutuo.

Con Lozoya como director de Pemex, OHL obtuvo tres contratos relevantes: la terminación de un gasoducto en la refinería de Cadereyta, Nuevo León; la construcción de una planta de Hidrógeno, y la construcción de una planta de cogeneración de 35 megavatios que será instalada en la refinería Francisco I. Madero, en Tamaulipas.

¿Hay o no un conflicto de interés en el vínculo Emilio Lozoya-OHL?

Dejemos que responda el propio presidente del Consejo de Administración de Grupo OHL México, José Andrés de Oteyza, y que nos configure este claro e indiscutible conflicto de interés:

"Esto lo arreglé yo en gran medida el jueves en la noche con (Emilo) Lozoya (director de Pemex), y el viernes hablé directamente con (Enrique) Ochoa (director de la Comisión Federal de Electricidad). Directamente porque me lo arregló Emilio… O sea, le pedí a Emilio, se lo expliqué, Emilio habló y luego hablé yo directamente con Ochoa. Entonces ya sabía yo que estaba… bueno, hasta lo último siempre se puede caer, pero teníamos una enorme posibilidad de ganar… si no, nos mata Iberdrola. Iberdrola en este terreno es un competidor muy peligroso", se escucha decir a Oteyza en una conversación que sostuvo el 31 de marzo de 2015 con Jesús Campos, director técnico de OHL. La española Iberdrola es ya la primera empresa privada en producción de energía en México y la segunda tras la estatal CFE. (*SinEmbargoMX*, 26 de enero de 2016).

Aún más:

Oteyza afirma en la charla que el presidente (sic) de Pemex "a mí de veras no sabes cómo me quiere y qué buena relación tenemos. Pero me echó una mano brutal con el otro (Enrique Ochoa, de la CFE) y el otro también estuvo particularmente caballeroso y bien ¿eh?"

(La conversación entre José Andrés de Oteyza y Jesús Campos ocurrió el día en que la CFE emitió el fallo de la licitación de la Central de Ciclo Combinado Empalme I, a favor del consorcio formado por las empresas Senermex Ingeniería y Sistemas, S.A. de C.V.; Sener Ingeniería y Sistemas, S.A., IEPI México S.A. de C.V.; y OHL Industrial, S.L., "que en su oferta incluye dos turbinas de gas y una de vapor, todas del fabricante Siemens, reportó *SinembargoMX*.)

¿Hay o no un conflicto de interés cuando, desde la dirección general de Pemex, Lozoya se convierte en gestor de OHL, prácticamente en un "coyote" para ayudar a los españoles, como lo afirma De Oteyza (*me lo arregló Emilio... me echó una mano...*), beneficiando, con contratos millonarios, a una empresa de la cual fue alto directivo? ¿Hay o no un evidente tráfico de influencias? La respuesta debería ser sí. Empero, los políticos priístas ven esto como una consecuencia natural cuando se llega a algún cargo de importancia dentro del organigrama federal. Como Pemex, por ejemplo. Se da, sin duda, una serie de complicidades abiertas, muy graves.

En la revista *Proceso* (11 de mayo de 2015), el periodista Álvaro Delgado documentó, en parte, la estrecha relación entre funcionarios de Peña Nieto y OHL. Extractos:

> El más reciente escándalo de corrupción de la constructora española OHL corre el riesgo de quedarse sólo en el secretario de Comunicaciones del Estado de México, Apolinar Mena Vargas, un ladrón de poca monta frente a priístas de la cumbre como Emilio Lozoya Austin, Carlos Ruiz Sacristán, Jesús Reyes Heroles y, naturalmente, Enrique Peña Nieto.
>
> Exhibido en grabaciones difundidas originalmente en España en contubernios para pagar sobreprecios en la ampliación del Viaducto Bicentenario, que en realidad es el segundo piso del Periférico que corresponde al Estado de México, Mena Vargas es y ha sido, literalmente, un achichincle.
>
> Los verdaderos ganadores de los negocios multimillonarios son de la élite política y empresarial de México y –en el caso de OHL– de España.
>
> Apolinar Mena, antes del cargo que ostenta en el Estado de México, donde Peña como gobernador abrió las puertas a OHL para darle ganancias por miles de millones de pesos, fue secretario del Consejo de Administración del equipo de futbol Toluca, cuyo presidente es Valentín Díez Morodo, un magnate de origen español que hizo fortuna al amparo del Grupo Atlacomulco.
>
> Y Díez Morodo, quien preside el Consejo Empresarial Mexicano de Comercio Exterior, Inversión y Tecnología (Comce), es integrante del Consejo de Administración de OHL, que en México encabeza José Andrés de Oteyza y del que forman parte también Ruiz

Sacristán, Reyes Heroles, González Garza y, hasta antes de ser director general de Pemex, Lozoya Austin.

El caso de Díez Morodo es distinto al de los otros miembros del consejo de OHL, incluyendo a De Oteyza, uno de los arquitectos del desastre de José López Portillo: pertenece al elenco de los hombres más ricos de México, es consejero de 32 grandes empresas y multinacionales, entre ellas Grupo México, de Germán Larrea, Telefónica, Zara y hasta de las bodegas del delicioso vino Vega Sicilia.

Más aún: es vicepresidente del consejo de administración del grupo Aeroméxico, que al extinguirse Mexicana quedó prácticamente como monopolio de la aviación, y de Kimberly Clark, que preside Claudio X. González Laporte, uno de los más grandes evasores de impuestos del país y cuyo hijo, Claudio X. González Guajardo, da clases de moral desde Televisa.

Los otros tres consejeros mexicanos de OHL quizá no le digan nada a muchos mexicanos, sobre todo a los jóvenes, pero están plenamente identificados con la élite priísta entregada a los negocios privados vinculados al poder público.

De hecho, si han sido contratados por OHL y por otras multinacionales extranjeras —relacionadas con la construcción y el sector energético— ha sido más por la información estratégica que poseen y sus relaciones políticas y hasta familiares que por sus aptitudes como servidores públicos.

El más visible es Lozoya Austin, actual director de Pemex, quien trabajó para Obrascón-Huarte-Lain (OHL) hasta antes de asumir el cargo y desde el que ha otorgado a esa empresa al menos tres contratos multimillonarios sin ningún sonrojo sobre conflicto de interés o tráfico de influencias.

Lozoya Austin ha dicho que conoció a Peña a través de Luis Videgaray, a su vez discípulo de Pedro Aspe, que fue maestro de ambos en el ITAM, pero omite mencionar que la relación viene de antes.

En efecto, Lozoya Austin es hijo de Emilio Lozoya Thalman, secretario de Energía y compañero de gabinete de Aspe, secretario de Hacienda en el gobierno de Carlos Salinas y cuya hija, Mónica Aspe Bernal, es actual subsecretaria de Comunicaciones y Transportes.

Otro junior de la élite en OHL es Jesús Reyes Heroles González Garza, hijo de Jesús Reyes Heroles, secretario de Educación y Gobernación con López Portillo –y por tanto compañero de gabinete de De Oteyza–, quien en el gobierno de Ernesto Zedillo fue embajador de México en Washington y secretario de Energía.

Fue de los priístas que cortejó Felipe Calderón y, siendo copropietario del grupo empresarial al que pertenece Grupo de Economistas y Asociados (GEA), adulteró encuestas en la elección de 2006 para favorecer al panista. Su premio fue ser director de Pemex.

Ahora, además de ser miembro del consejo de administración de OHL, trabaja para banco Santander México, y es socio de Morgan Stanley Private Equity, para promover proyectos de inversión en el sector energía en Latinoamérica.

Otro de los miembros del consejo de administración de OHL es Carlos Ruiz Sacristán, secretario de Comunicaciones y Transportes, también en el gobierno de Zedillo, y operador responsable del manejo y dirección de todas las operaciones de Sempra Energy en México, empresa generadora de energía. Ligado estrechamente a Luis Téllez, está entregado como él a los negocios.

OHL oculta los millonarios honorarios que paga a sus empleados y sólo admite que los consejeros reciben una "compensación anual" de 440 mil dólares estadunidenses, equivalentes a casi siete millones de pesos, es decir, más de 550 mil mensuales. Nada mal.

El negocio, sin embargo, está en otra parte: en lo que no se ve ni se declara fiscalmente, y por tanto no existe. Es decir, en los sobornos, "moches", "entres", a menudo en efectivo, para que la autoridad haga convocatorias a la medida de las empresas "amigas".

Estos enjuagues quedaron en evidencia con las grabaciones difundidas por el medio digital *El Confidencial*, de España, uno de cuyos protagonistas, el famoso Apolinar, será un chivo expiatorio de un escándalo de corrupción que lleva hasta la punta de OHL y del gobierno de México. El otro es Pablo Wallentin, director de Relaciones Institucionales de OHL México, con quien habló y ya renunció.

Y es que fue Peña quien, siendo gobernador del Estado de México, le abrió las puertas a esta empresa española, cuyo presidente, el octagenario Juan Miguel Villar-Mir, tiene una cauda de corrupción inmensa a tal punto de que, en 2013, fue imputado por corrupción en un esquema bien conocido en México: financió al derechista Partido Popular de José María Aznar a cambio de contratos de obra pública.

Hasta aquí el texto de Álvaro Delgado.

EL GENTIL RUIZ ESPARZA...

En 2015, la empresa española OHL y el gobierno de Enrique Peña Nieto se vieron envueltos en escándalos de evidente corrupción, al divulgarse grabaciones de conversaciones entre altos directivos de la compañía y funcionarios gubernamentales, como Gerardo Ruiz Esparza, secretario de Comunicaciones y Transportes (SCT), y colaborador de extrema confianza de Enrique Peña Nieto.

Diálogo del 1º de abril de 2015 entre Ruiz Esparza (pieza clave en el engranaje del esquema política-negocios de Peña Nieto desde el Edomex, primero, y hoy en el ámbito federal, además de ser uno de los más íntimos y cercanos colaboradores del Presidente) y Pablo Wallentin, representante de OHL en México. (Relevantes e imposibles de ignorar la cercanía, confianza y chabacanería entre ambos personajes.)

Pablo Wallentin (PW): Bueno...

Gerardo Ruiz Esparza (GRE): Bueno, bueno, mi Pablo...

PW: Gerardo, buenas tardes, ya te mandé la información...

GRE: ¡Ajá! Bueno, ¿te puedo tratar un tema?

PW: A tus órdenes, por favor...

GRE: Ayer estuvieron ahí, este, nuestros dos amigos...

PW: Perfectamente, sí...

GRE: Solamente hay un punto muy importante que estoy revisando ahorita, y es que es muy importante, por lo que me decían anoche. Yo anoche lamentablemente no traía toda la memoria del asunto en la mente. Mira, lo que firma Manuel Ortiz es un convenio marco...

PW: Sí...

GRE: Que obligue a Infraiber...

PW: Sí...

GRE: … a firmar con OHL… se atenga a firmar con el concesionario, no habla de OHL…

PW: Afirmativo…

GRE: A firmar con el concesionario para que entre en vigencia…

PW: Sí…

GRE: Por lo que dicen nuestros amigos es que Manuel firmó algo que los obliga… si OHL firmaba ya con Infraiber, entonces sí se comprometía…

PW: Sí, en lo general y luego tenía que firmar (inaudible) con cada concesionaria…

GRE: Infraiber no tiene cómo defenderse… Porque no tiene ni acción contra el gobierno del estado, porque no hay nada que le haya dado un derecho a Infraiber, porque no se firmó ni con OHL ni se ha firmado incluso con ningún otro concesionario…

PW: Es exacto lo que estás diciendo Gerardo, pero con una claridad total Gerardo…

GRE: Entonces, siendo así, el Estado de México tiene todo el derecho a defenderse…

PW: Sí…

GRE: OHL no tiene nada que ver con el tema, salvo que en la concesión le pusieron que, por cierto, no sé si te has dado cuenta, le pusieron una obligación (con el) gobierno del estado a OHL…

PW: Sí…

GRE: … que habla de 50 centavos pero no dice por cruce…

PW: (afirma)

GRE: A lo mejor son 50 centavos por toda la autopista…

PW: (ríe)

GRE: Digo, fue una pendejada firmarlo así, o por kilómetro, o por toda la autopista 50 centavos, o sea…

PW: Totalmente...

GRE: Realmente el tema no tiene... o sea, en esencia, OHL no tiene obligación con Infraiber, no tiene nada que demandarle a OHL. Infraiber no tiene nada que demandarle al gobierno del Estado, y el gobierno tiene todo el derecho a defenderse... de no tener nada con Infraiber...

PW: Así es...

GRE: Ora, qué hacemos para que este hijo de puta deje de chingar, pues ese es otro pedo, ¿me explico? Pues ahí sí, no tenemos este, no, eh, forma... nosotros tratamos de hablar con él para ver qué chingados quería...

PW: Sí...

GRE: Pero no creo que vaya a poder avanzar mucho con estos antecedentes...

PW: Así es, está muy aferrado y el gobierno del estado está también ya aparentemente aferrado y parece ya que esta semana les iba a dar la nulidad a esto de los documentos por lo que sé yo extraoficialmente...

GRE: Ojalá cabrón...

PW: (Inaudible) ... eso es lo que se le va a pedir mañana porque ya me lo adelantó Polo Mena (secretario de Comunicaciones de Eruviel Ávila) y la consejera jurídica, que ya les iba a dar la nulidad por completo a ellos, que no tienen nada que discutir y eso se lo va a comentar mañana a Eruviel, y seguramente en la tarde tú vas a tener el fresquito de todo...

GRE: Ora por una consideración a Manuel...

PW: Sí...

GRE: Vamos, por lo que anoche decía el señor, el grande...

PW: Me queda claro, me queda claro...

GRE: Es que él firmó... Le dije: a ver, "péreme", sí, pero no traía yo en mente de que era un convenio marco condicionado a la firma con la empresa...

PW: Sí (inaudible), fue ahí donde la regaron... ahí fue donde la regaron...

GRE: Pues sí, digo, todo el mundo, en fin... pero el punto es que Manuel no estableció ninguna obligación para OHL, ninguna...

PW: Oye, y no tienes idea lo agradecido que está, y los comentarios de Juan, de mis dos jefes (inaudible) ayer, ¿eh?...

GRE: Qué bueno...

PW: Pero total, pero el agradecimiento es un (inaudible)...

GRE: Tuve que tragar tantita caca, ¿eh? Luego les comento...

PW: Oye, luego me la pasas a mí...

GRE: Sí (ríe), ahí después le comento a mi amigo...

PW: Y nos vemos mañana, que va a ser allá arriba en Bosques ¿no?...

GRE: En Bosques, sí, lo estoy cambiando para allá...

PW: Gracias ¿eh?

GRE: Un abrazo.

PW: Dos. Bye.

Hasta aquí la grabación difundida entre Ruiz Esparza y Wallentin.

Ruiz Esparza, con su innegable simpatía y apoyo incondicional hacia una empresa: OHL. ¿Es eso ético? ¿Es sano para el país que un secretario de Comunicaciones y Transportes proteja tanto a esa empresa española y, como se demuestra en las grabaciones, intente perjudicar a Infraiber, una segunda empresa en discordia? Y más: si Ruiz Esparza se refiere a "... el señor, el grande...", que no cabe duda apunta al único que le merecería esos calificativos: el presidente de la República, evidentemente enterado de las negociaciones entre su secretario y el representante de OHL en México.

Pablo Wallentin, el personaje que sabe cómo se mueven las cosas en México.

El 26 de mayo de 2015, el diario *El País* divulgó, mediante un texto titulado "Nuevas grabaciones sobre pagos a jueces ahondan el escándalo de OHL", que los protagonistas de las escuchas son Wallentin (había renunciado al cargo a principios de ese mayo), y el director jurídico de la empresa, Gerardo Fernández Reyes. Los diálogos están relacionados con la obra del Circuito Exterior Mexiquense, una de las principales infraestructuras viales realizadas por OHL en el Estado de México. Extractos:

Gerardo Fernández (GF): Oye, ya Maricarmen dio el *sign-off* para la modificación al título de Conmex (Concesionaria Mexiquense, apéndice de OHL) y necesitamos hablar con los magistrados…

Pablo Wallentin (PW): ¡Ah! Pues tú dícelo a Oteyza (presidente del Consejo de Administración de OHL en México)… yo llego como a las 12 hoy a la oficina, porque me voy a la Secretaría otra vez…

GF: ¿Vas con Ruiz Esparza?

PW: No, con Carlos Bussey…

GF: Ajá.

PW: ¿Cuánto hay que darle a los magistrados?

GF: (Se escucha silbido) Pues yo creo que una manita ¿no?…

PW: Entonces tú habla con Oteyza hoy. Anda de muy buen humor ¿eh?

GF: ¡Qué bueno!

En otra parte del audio, se escucha cómo Wallentin reconoce un aumento arbitrario a las tarifas cobradas a automovilistas que utilicen el Viaducto Bicentenario mexiquense. Desnudo el abuso, la impunidad:

GF: Oye, entonces, ¿hoy aplicamos tarifas nuevas del 25 en el Viaducto?

PW: Ya están aplicándose... estamos metiendo gol, estamos poniendo las tarifas del año siguiente y que sigue, con incrementos aún muy superiores al DF, y para eso se dice (inaudible) que no hemos entendido...

Hasta aquí ese diálogo.

Y volviendo al tema de pagos a magistrados mexicanos, conozcamos partes de un segundo diálogo entre Wallentin y Fernández:

PW: ¿Muñeca?

GF: ¿Qué pasó Pablito?

PW: ¿Puedes hablar?

GF: Sí, dime...

PW: Los magistrados, los términos que dijiste, y dijo (mi jefe): desde luego lo pagas, Pablo, y que Juan vea qué costó. No bueno, pues yo no le puedo dar al Magistrado el cheque... ¿entonces cómo quieres que lo hagamos?

GF: No, no, pues no hay otra forma... O se hace como siempre o no hay otra forma...

PW: ¿Por qué no le pedimos un cheque a Conmex por el monto más los factores y luego lo cambiamos...?

GF: ¿A nombre de quién? A ti, a mi...

PW: ¡No, no! A la empresa "el patito" y se le cobra el 16 y todo lo que es por efectivo y todo...

Un tercer audio sobre el tema de pagos a Magistrados:

PW: Y lo otro es lo de los magistrados... tú le tienes que decir a Oteyza, llevarle una hoja en la que diga: por concepto del SIVA, de los seis juicios, bla, bla, bla... de apoyos, tal, tal,

tal... como es que se vea del SIVA, tuve que pagar esto, punto. ¡Vámonos!... entonces ya están tres cosas resueltas...

Aquí finaliza el audio.

Así se corrompe a la justicia mexicana. A sus jueces. A sus magistrados.

¿Quién frena estos abusos?

México vejado. México postrado. México fallido.

LA REUNIÓN CON PEÑA NIETO

Personajes. Audios. Testimonios. Fechas. Encuentros. Frases. Promesas. Sobornos. Intenciones. El juego real del poder político-empresarial hace palidecer a los malabares que mafiosos, al estilo de Los Soprano, hacen en las series de televisión. La realidad apabulla, socava, hiere, y en México ha encontrado un nicho más que favorecedor, próspero para todos los que participan en ese juego de poder.

OHL ha sido empresa amiga del poder mexiquense. De Montiel, Videgaray, Ruiz Esparza y, por supuesto, del presidente Peña Nieto.

Confirmados los vínculos por la propia voz de OHL:

"En relación a la reunión con el presidente Enrique Peña Nieto, no estoy seguro que haya sido en abril (de 2015). Sí, por supuesto que se llevó a cabo esta reunión, yo no participé en ella, pero a mí me parece lo más natural que cuando viene el presidente de un grupo como OHL, busque reunirse con el Presidente. Les quiero decir que en esta reunión se acababa de llevar a cabo la venta de Conmex, y lo que se comprometió con el Presidente es que el grupo seguirá invirtiendo esos recursos en infraestructura. Ése fue el primer compromiso con el señor

Presidente", reveló el director general de OHL en México, Sergio Hidalgo.

Veamos: Hidalgo tendría cierta dosis de razón cuando refiere que es de "lo más natural" que el presidente de una empresa se reúna con el presidente del país en el que habrá alguna inversión. Tiene razón... siempre y cuando se actuara con absoluta transparencia, con imparcialidad y, sobre todo, que la empresa en turno no fuera favorecida, protegida y asesorada de manera descarada por un gobierno, como ha sido el caso de OHL, tal como lo demuestra el diálogo entre Ruiz Esparza y Wallentin.

Hagamos un ejercicio de comparación del poder político:

Si el secretario del Transporte de los Estados Unidos, Anthony Foxx, fuera descubierto mediante una grabación asesorando al representante legal de una empresa con inversiones en Estados Unidos, en demérito de otra empresa, revelando lugares, nombres e intenciones en claro favoritismo para con la empresa asesorada (como lo hace Ruiz Esparza con Wallentin) y el asunto —envuelto en un claro conflicto de interés y tráfico de influencias— llegara a los medios estadounidenses, ¿qué ocurriría? No hay que ser mago para saberlo: Foxx sería despedido de inmediato del gobierno de Barack Obama.

Aún más:

¿Qué pasaría si el mismo Obama se reuniera con los principales directivos de esa empresa favorecida por su propio gobierno? El escándalo estallaría seguramente en la Casa Blanca, con un elevado desgaste político para Obama, seguras remociones dentro de su gabinete y el consecuente desprestigio de su administración, pasando por una investigación a fondo, independiente, que pondría en riesgo su permanencia en Washington.

En la Casa Blanca eso ocurriría.

En Los Pinos eso no ocurrió. Ni ocurrirá.

De ahí que la reunión entre Peña Nieto y directivos de OHL quede entre aromas de complicidad al más alto nivel, bajo sombras de corrupción.

O de innegables conflictos de interés, como lo demuestra el siguiente episodio:

El 26 de enero de 2016, un nuevo audio revela que el director de Pemex, Emilio Lozoya Austin —recordemos que fue integrante del Consejo de Administración de OHL—, habría asesorado al consorcio español. Conozcamos los mensajes que Juan Miguel Villar Mir, presidente del Consejo de Administración de OHL mundial, le dejó en su teléfono celular a Alberto Sicre Díaz, director general de la División OHL Industrial:

"Alberto, soy Juan Miguel Villar Mir. Te llamo directamente porque estoy en México y esta tarde me voy a reunir con nuestro buen amigo Emilio Lozoya y he estado hablando esta mañana con José Andrés (de) Oteyza y veo que nos había encargado Emilio Lozoya de que fuéramos juntamente Técnicas Reunidas y nosotros. Voy a ver un principio de acuerdo con Técnicas Reunidas que me parece que es muy malo y quería hablar contigo otra vez para ver qué le decimos a Lozoya. Yo te vuelvo a llamar dentro de una hora…"

En un segundo mensaje se escucha que:

"Soy de nuevo Juan Miguel Villar Mir, Alberto. Es que no he podido hablar con Joseph Piqué y te quería consultar. Mañana hablaremos sobre el tema de la posible actuación conjunta con Técnicas Reunidas. Es que esta tarde nos reunimos Oteyza y yo con Emilio Lozoya, luego te comento."

(Este segundo mensaje confirma la reunión del director general de Pemex con sus exjefes en OHL).

Y una llamada de José Andrés de Oteyza con Alberto Sicre ratifica la reunión entre Lozoya y los jerarcas de OHL: "Hola, Alberto… ya me ha dicho (Juan Miguel) que habló contigo porque teníamos la reunión con Emilio Lozoya y ya me ha contado todo lo que habló contigo esta madrugada… estoy aquí con él porque estamos empezando a comer con el gobernador del Estado de México (Eruviel Ávila)."

La conexión es nítida: el director de Pemex y exmiembro del Consejo de Administración de OHL, Emilio Lozoya, cercano a los directivos del poderoso grupo español: De Oteyza y Villar Mir. Cercano también a ellos, el gobernador mexiquense Eruviel Ávila que seguramente seguirá, fiel, los pasos de Arturo Montiel y de Peña Nieto a la hora de beneficiar a OHL. Todos, bajo la bendición, desde Los Pinos, del presidente de la República.

Políticos y empresarios.

Empresarios y políticos.

Un mismo interés: el beneficio mutuo.

APOLINAR, EL ALFIL SACRIFICADO

Las huellas aparecen por todos lados. Emergen y comprueban. Brincan y perturban. Muestran e indignan, siguiendo el rastro del poder político mexiquense y del imperio español OHL.

Acudo a mi columna publicada el 13 de mayo de 2015 en el diario digital *SinEmbargoMX*, bajo el título "Apolinar, la corrupción mexiquense". Extractos:

> El Estado de México es uno de los estados donde la alternancia política, a nivel gubernatura, es letra muerta.
> Y ante la ausencia de democracia, florece la corrupción.
> Ayer, los Montiel. Hoy, los Apolinar Mena:

La grabación difundida donde se escucha al secretario de Comunicaciones del Edomex, Apolinar Mena, y al representante en México de la empresa OHL, es de escándalo. Su autenticidad fue reconocida por la empresa y por el propio Mena en entrevista televisiva. Es el emblema de la corrupción mexiquense. El sello, hoy por hoy, del gobierno de Eruviel Ávila.

1) Diálogo entre José Andrés de Oteyza (JAO) presidente de OHL México, y el representante del consorcio en México, Pablo Wallentin, al hablar de tarifas y costos del Viaducto Elevado Bicentenario en el Edomex:

JAO: ¡Entonces esto es un fraude, es un fraude! Vamos a meter gastos de una fase que nunca vamos a construir...
PW: Estamos cobrando las tarifas como si ya hubiéramos construido eso...
JAO: ¡Por eso es un fraude!

Hasta aquí parte de esa grabación.
¿Por qué abusan los empresarios del erario público?
Porque, forzosamente, se requiere de la complicidad de un funcionario.
Y en esta ocasión, otro mexiquense —para no variar— es el gozne de un evidente acto de corrupción. Su nombre: Apolinar Mena, secretario de Comunicaciones de Eruviel Ávila:

2) Diálogo entre Pablo Wallentin (PW) y Apolinar Mena (AM):

AM: Perfecto, muchas gracias ¿eh? ¿Sí me ayudas?
PW: Yo lo veo y yo te lo resuelvo...
PW: ¿Tú quieres una suite con dos cuartos?
AM: Sí... exacto...
PW: El lunes yo veo que te abonen eso a tu cuenta, lo que hayas depositado... ¿Cuánto pagaste?
AM: "Como ciento cincuenta... algo así...
PW: ¡Qué, te vas un año o qué!

Hasta aquí extracto de esa grabación.

Apolinar Mena, en ningún momento, rechaza los ofrecimientos de depositarle en su cuenta.

A la luz de la opinión pública, Mena ha quedado bajo la sospecha de ser corrupto.

Y hasta aquí mi columna de mayo de 2015.

Apolinar Mena renunció a su cargo el 17 de mayo de 2015, cuatro días después de la publicación de mi columna. Jamás se le investigó.

Los funcionarios públicos —esos alfiles sacrificables, sustituibles— suelen desfilar. El sistema permanece.

* * *

Las relaciones de conveniencia entre el grupo de poder mexiquense y OHL, buscan un puerto favorable para encallar: la fortuna financiera.

Las recomendaciones, los nexos, la protección del gobierno peñista hacia la empresa española, las comidas, los cafés, los juegos de poder, reditúan y recompensan.

En marzo de 2016, mientras la mayoría de las empresas privadas enfrentaban fuertes problemas financieros con recortes de personal y disminución en la producción por la devaluación del peso ante el dólar, OHL obtenía ganancias multimillonarias: durante 2015 ganó… ¡70.7% más! que en 2014.

De acuerdo con el reporte de la Bolsa Mexicana de Valores, la ganancia se logró al expandirse sus cuotas de peaje, lo que le permitió cerrar el año con una utilidad neta de 7 mil 558 millones de pesos.

"En 2015 logramos obtener resultados satisfactorios gracias a nuestro enfoque de negocio y primordialmente, a la buena aceptación de nuestras infraestructuras por parte de nuestros usuarios, los cuales se ven beneficiados con la mejora en sus tiempos de traslado", aseguró el director general de OHL México, Sergio Hidalgo.

"Gracias a nuestro enfoque de negocio…", dice Hidalgo. ¿Qué significa ese "enfoque"?

Nada menos que las relaciones con el gobierno de Peña Nieto, desde el Edomex hasta Los Pinos.

O dejemos, pues, que esta fortuna ganada por OHL en México sea explicada y justificada de manera mundana por Gerardo Fernández (director Jurídico de OHL), y Pablo Wallentin (representante de OHL en México):

GF: Oye, entonces, ¿hoy aplicamos tarifas nuevas del 25 en el Viaducto?

PW: Ya están aplicándose… estamos metiendo gol, estamos poniendo las tarifas del año siguiente y el que sigue, con incrementos aún muy superiores al DF, y para eso se dice (inaudible) que no hemos entendido…

Allí está su "enfoque de negocios".

En México le decimos tranza.

EL GRUPO HIGA

La historia es conocida, pero no deja de indignar, además de haber marcado, para mal y para siempre, al gobierno de Enrique Peña Nieto: su esposa, Angélica Rivera, adquirió una casa de entre 5 y 7 millones de dólares propiedad del Grupo HIGA, precisamente uno de los consorcios empresariales más cercanos al Grupo Toluca desde que Peña Nieto fue gobernador mexiquense y que en los últimos años, al igual que OHL, se ubica entre los contratistas privilegiados y más favorecidos por el grupo gobernante. (La salida de Carmen Aristegui de MVS y de su equipo de noticias lo detallamos en el capítulo "Los aliados de Peña Nieto".)

El escándalo de evidente corrupción creció cuando, en marzo de 2015, *The Wall Street Journal* publicó que el secretario de Hacienda, Luis Videgaray también se había beneficiado vía Grupo HIGA que le vendió, sin beneficio comercial alguno, una residencia en Malinalco, en una operación mediante la cual se financió prácticamente la casa del funcionario.

Es decir: un grupo empresarial cercano a Peña Nieto y a Videgaray, beneficiado directamente con contratos multimillonarios desde el Edomex, primero, y desde Los Pinos, posteriormente, se prestó a financiar las residencias de La Gaviota —como se conoce popularmente a la Primera Dama— y de Luis Videgaray. Tal cual.

¿Cómo se llama ese contubernio político-empresarial innegable, deleznable? Conflicto de interés. Tráfico de influencias. O corrupción.

Si bien el escándalo alcanzó dimensiones internacionales, colocando al gobierno mexicano bajo la lupa del tráfico de influencias, del conflicto de intereses y de la corrupción, ello no significó que Grupo HIGA —propiedad del empresario

Juan Armando Hinojosa, amigo personal de Peña–, dejara de hacer negocios. ¡No, qué va! Muy al contrario: incrementó sus ganancias. Y sus influencias.

En mayo de 2016, el diario *The Wall Street Journal* reveló que el secretario de Comunicaciones y Transportes, Gerardo Ruiz Esparza –otra vez Ruiz Esparza– se reunió en dos ocasiones con Hinojosa, justo en medio de la investigación sobre la compra de la Casa Blanca, así como de la residencia de Luis Videgaray en Malinalco.

Las reuniones fueron durante junio y julio de 2015.

De acuerdo con el diario estadounidense –no desmentido por el gobierno mexicano–, antes y después de financiar las casas de Rivera y de Videgaray, al menos cuatro empresas de Hinojosa, encabezadas por Grupo Higa, recibieron contratos por al menos 1 200 millones de dólares, primero cuando Peña Nieto fue gobernador del Edomex (2005 a 2011), y después ya como presidente, según reportó el portal Aristegui Noticias.

Banobras también dio contratos a una empresa de Hinojosa en 2013, cuando Videgaray era ya secretario de Hacienda y presidente del Consejo de Administración del banco (AN).

WSJ recordó en su información de mayo de 2016 que el nombre de Juan Armando Hinojosa forma parte de los *Panama Paper's,* ya que transfirió alrededor de 100 millones de dólares en 2015 a una cuenta en un paraíso fiscal, después de los escándalos por sus negocios vinculados al gobierno de Peña Nieto.

* * *

"Grupo HIGA y OHL México suman, juntas, 70 mil 721 millones de pesos en obras que se reparten en el Estado de México, la Ciudad de México, Puebla y Nuevo León, según arrojó un ejercicio de *SinEmbargoMX*, basado en más de mil solicitudes de información a los sistemas de Transparencia en las 32 entidades federativas", aseguran los reporteros de ese diario digital, Daniela Barragán, Alejandra Padilla y Linaloe R. Flores.

En su valiosa información para dimensionar el poderío de ambos grupos empresariales y su influencia innegable en la administración peñista, detallan que "no hay obra que OHL México o Grupo HIGA hayan levantado, que no implique problemas.

> Allí está la autopista Toluca-Naucalpan, concesionada al grupo de Hinojosa, que implicó el desalojo de los habitantes de la comunidad otomí de Santiago Xochicuautla, en abril de 2016.
>
> Ahí están, también en tierra mexiquense, el Viaducto Bicentenario y el Circuito Exterior Mexiquense, concesiones para OHL México. La información de ambas está bajo reserva y sobre la primera pesa una auditoría por parte del gobierno del Estado.
>
> En Puebla están el Museo Internacional del Barroco (MIB) y el segundo piso de la Autopista México-Puebla. El Museo resultó de un contrato con el Grupo HIGA y la carretera de otro con OHL México. Se trata de las dos obras más criticadas de la gestión del gobernador Rafael Moreno Valle por su alto costo.
>
> En la ciudad de México, OHL se hizo cargo de la Supervía Poniente de la Ciudad (Poetas) y de la Autopista Urbana Norte.

Hasta aquí, la información del portal.

La cifra lograda mediante contratos por HIGA y OHL México, no es menor: 70 mil 721 millones de pesos (alrededor de 4 mil

500 millones de dólares al tipo de cambio promedio). Una cifra que ningún otro contratista del gobierno puede presumir.

HIGA y OHL han extendido sus tentáculos financieros.

En la Ciudad de México, su beneficio financiero es más que explicable: el gobierno capitalino está encabezado por Miguel Ángel Mancera, alfil político de Peña Nieto, cercano más a Los Pinos que a la izquierda mexicana.

Y Moreno Valle es un expriísta mutado, por conveniencia política, a panista. Su corazón, entrañas y forma de operación política son más afines al PRI que al PAN, lo cual justifica su cercanía con el gobierno de Peña Nieto.

Y de esas relaciones políticas, Grupo HIGA y OHL México han sabido aprovechar y explotar contratos sobre contratos, beneficiándose y enriqueciéndose aún más.

Son, Grupo HIGA y OHL México, los consorcios empresariales amigos y cercanos a Peña Nieto y al Grupo Toluca.

Muy amigos.

Muy cercanos.

Muy consentidos.

NOCHIXTLÁN: LA MATANZA

¡Pinches oaxacos, ríndanse...!
Arturo Cano *La Jornada*, 24/junio/2016

Lo ocurrido el domingo 19 de junio de 2016 en Nochixtlán, Oaxaca, fue una masacre. Una matanza.

Policías federales disparando contra maestros de la Coordinadora Nacional de Trabajadores de la Educación (CNTE) y simpatizantes, que mantenían bloqueada la autopista federal Oaxaca-Puebla, en protesta por la aplicación de la Reforma educativa. No, no se trataba de desalojarlos a balazos. No bajo la violencia del plomo. No disparándoles a mansalva.

La matanza de Nochixtlán es una muestra más del México violento. Del México fallido.

La matanza de Nochixtlán nos demuestra el fracaso de la política como la expresión del arte de negociar y del triunfo de la barbarie, justo cuando el gobierno de Enrique Peña Nieto pretendía imponer la Reforma Educativa (necesaria, sí, inaplazable, de acuerdo, pero bajo argumentos educativos y certeros, mas no metida a golpe de pólvora y de intransigencias), y que a principios de junio de 2016 rechazó la oferta de la CNTE para abrir una mesa de diálogo en torno a la reforma.

"No habrá diálogo. La reforma va", repitió, mecánico, insensible, el secretario de Educación Pública, Aurelio Nuño, hombre de extrema confianza del Presidente y quien confundió la firmeza con la intolerancia. La solidez con la arbitrariedad. La acción con la represión. Y allí está el resultado: nueve muertos y más de cien heridos.

Cuando ocurrió la masacre de Nochixtlán, como autor de este libro me encontraba en la redacción y revisión de la parte final. El tiempo apremiaba. La hora de entrega acordada con la editorial estaba próxima. Sin embargo, lo ocurrido en un pequeño poblado oaxaqueño llamado Nochixtlán, no podía ser ignorado ni mucho menos excluido de estas páginas.

Ante la premura de tiempos, le pedí a una colega, Frida Guerrera (su nombre real es Verónica Villalbazo, aunque en su papel de comunicadora usa el seudónimo) que reporteara y escribiera una crónica sobre lo ocurrido en Nochixtlán. Frida radica en Oaxaca y vivió de cerca lo ocurrido en la entidad durante esos días aciagos de mediados de junio de 2016, trasladándose a Nochixtlán cuando fue necesario. En su blog (fridaguerrera.blogspot.mx) lleva un conteo puntual, macabro, agraviante, del número de feminicidios que se registran en todo el país. Semana a semana, me da cuenta de esta cifra indignante a través de mi noticiero dominical por la estación radiofónica Reporte 98.5 FM en la Ciudad de México.

Por el tiempo que apretaba, por su dedicación al periodismo, por su confiabilidad profesional, le pedí a Frida Guerrera elaborar esa crónica necesaria, urgente. Ella aceptó. Gracias siempre, Frida Guerrera.

Al leer su texto, se desprende una conclusión brutal:

Tras desalojar a quienes bloqueaban la autopista, los policías federales: Gendarmería Nacional y Policía Federal, atacaron directamente a los habitantes de Nochixtlán. ¿Por qué hacerlo, si ya habían liberado el camino bloqueado? Es una pregunta en la que debemos insistir.

Y algo más: los muertos de Nochixtlán tenían nombres, vidas, hijos, sueños. Aquí también, una breve semblanza de los caídos.

Dejemos que los ojos, oídos y pluma de Frida Guerrera nos transporten a Nochixtlán, Oaxaca, aquel 19 de junio de 2016 atroz, con esta crónica conmovedora:

* * *

Llego a Asunción Nochixtlán. Oaxaca. México.

Nochixtlán se enclava a 105 kilómetros de Oaxaca, la capital. Arribar es adentrarse a un cielo azul tapizado de nubes blancas, rodeado de cerros verdes donde se pastorean chivos. El corazón suspira cuando te internas en esas tierras que forman la Mixteca Alta, buen inicio para profundizar en el arte, la arquitectura de una serie de exconventos: San Juan Bautista Coixtlahuaca, San Pedro y San Pablo Teposcolula, y el Exconvento de Santo Domingo Yanhuitlán, que conforman la ruta dominica.

Nochixtlán: allí convergen la mayoría de los pueblos de la Mixteca Alta. Es el centro económico y político de 32 municipios. Domingo a domingo, la gente de sus pueblos se traslada para surtir de víveres a sus comunidades o vender sus productos, cargar gasolina, comprar una refacción, visitar al doctor. Es el único municipio que tiene clínica y médicos las 24 horas.

Nochixtlán, cada domingo, registra un movimiento comercial y social relevante. Es el punto de encuentro en la Mixteca.

19 de junio de 2016.

El ataque de fuerzas federales armadas en contra de maestros de la Coordinadora Nacional de Trabajadores de la Educación (CNTE) y simpatizantes, se dio en dos momentos:

En el primero, los profesores se encontraban en Nochixtlán, justo en el paso que conduce a la Ciudad de Oaxaca, en el tramo carretero Km 178+200, carretera 570 Cuacnopalan-Oaxaca, tramo Cuacnopalan-Huitzo, cuando vieron formados a los federales sobre la autopista que va de Oaxaca a Nochixtlán, en un solo carril (el otro se encontraba atiborrado de obstáculos y camiones varados). Al ver a los contingentes policiacos sabían (luego de la experiencia de 2006 cuando ocurrió un conflicto similar en Oaxaca), que tendrían que enfrentar el intento de desalojarlos por la fuerza porque, como dicen los maestros, "la protesta tiene su esencia en oponerse a la voluntad que por medio de la fuerza pública quiere imponer el gobierno". Los federales iban equipados con armas, equipos antimotines y gases. Cuando empezaron a avanzar hacia el puente y ver poca cantidad de profesores, padres y madres de familia, decidieron dejar ese punto libre. La desventaja era evidente. Comenzaron a replegarse.

© Desde las Nubes

Policías federales liberan la autopista. ¿Por qué dispararon después contra habitantes de Nochixtlán?

Según declaró el Comisionado Nacional de Seguridad, Enrique Galindo Ceballos, el objetivo de la estrategia policiaca era "liberar el paso de la autopista". Nada más. Sin embargo, la Policía Federal buscó otro frente: el que conduce a la población de Nochixtlán. Por eso empezaron a concentrarse en el puente ubicado sobre la autopista federal, que conduce a la vía 135D, carretera libre a la Ciudad de Oaxaca. En ese punto mantuvieron una línea de contención en el acceso principal a Nochixtlán, portando escudos antimotines. Los convoyes policiacos se apoderaron de la gasolinera ubicada sobre la carretera federal. Y allí empezó todo:

Sin mediar palabra, hicieron los primeros disparos de gas lacrimógeno. Los maestros y pobladores corrieron, replegándose hasta la entrada de la población de Nochixtlán a unos 800 metros de la autopista federal. Hombres, mujeres y niños corrieron hacia esa dirección en desbandada dramática, angustiante.

Eran entre las 8:15 y 8:30 horas.

En esa mañana clara y soleada, los ánimos se encendieron. Las alertas sonaron. El párroco de Nochixtlán, Adrián de la Cruz Hernández, ya había repicado las campanas en señal de que algo muy grave estaba sucediendo. Llegaron más pobladores, e incluso visitantes que se encontraban en el tianguis dominical de Nochixtlán. Alrededor de 800 personas ya estaban concentradas para defenderse y evitar la incursión de la Policía Federal al poblado. Se armaron de palos, piedras, hondas, cohetones. La gente empezó a dar respuesta a la invasión: respondían a los gases lacrimógenos, formaban cercos para atajar a los federales, ofrecían resistencia. Entonces, las fuerzas federales empezaron a replegarse nuevamente al puente sobre la autopista federal...

"No entendemos qué les hizo replegarse, si fue la cantidad de gente o una estrategia policiaca. No entendemos por qué llegaron hasta la comunidad si la intención de ellos era solamente liberar la autopista. De hecho, desde el momento en que ellos llegaron, se liberó ese punto... pero la policía intentó entrar a la comunidad; la interpretación que le damos es que la intención de las fuerzas federales era otra...", expresó Juan, profesor de la sección 22 de la CNTE.

Eran cientos los habitantes que hacían frente a los policías, quienes empezaron a desplegarse hacia flancos laterales: rumbo al panteón municipal y en dirección al Hospital Integral Comunitario que se encuentran a la orilla de la entrada de Nochixtlán, formando una especie de pinza. Otro contingente policial se mantenía sobre el puente. En ese momento llegó un helicóptero. El miedo corrió al ver sobrevolar el aparato que nada bueno presagiaba. Los profesores, ante la incertidumbre sobre cómo actuaría la policía, si lanzarían gases u otro tipo de ofensiva, empezaron nuevamente a replegarse. Ése fue el primer ataque.

© Zhaid Caamal Pérez

Una sombra. Un presagio. Como en 1968, también en Oaxaca apareció entre los cielos minutos antes de la matanza.

El segundo se dio aproximadamente entre las diez y las once de la mañana.

Entre esas horas, empezaron los disparos de repetición. Eran armas de fuego, sin duda. Tronidos que llegaban desde todos lados. Se escuchaban sólidos, claros. Ráfagas. Profesores y pobladores comenzaron a tirarse al suelo, pecho tierra, y a esconderse debajo de árboles, entre zanjas, donde se ofreciera un refugio. Los gritos de "ambulancia, ambulancia" ya retumbaban por todo el terreno de la desigual batalla: balas contra piedras. Comenzaron a caer los primeros. Pese a los disparos, muchos de los habitantes seguían al frente como si sólo tuvieran en la mente y en el corazón defender a su población, a sus maestros.

En esa segunda refriega, elementos de la Policía Federal, ya con el Panteón Municipal bajo su control, empezaron a romper cristales de autos que se encontraban estacionados cerca del lugar y les prendieron fuego. Ése fue el punto desde donde se escuchaban claramente las descargas de las armas que dirigían disparos directamente sobre quienes estaban oponiéndose a ser invadidos, resistiéndose a la represión, defendiendo su territorio. La autopista ya estaba liberada. ¿Por qué atacaban los federales a la población de Nochixtlán?

Mucha gente, por miedo, se replegó, pero muchos otros siguieron haciendo frente a la policía que seguía disparando.

Ya había decenas de heridos. Quienes estaban al frente sólo sabían que estaban trasladando a los caídos por armas de fuego. Ignoraban cómo. No sabían si llegaban a hospitales o a la parroquia, ya que el Hospital Integral Comunitario estaba cerrado por órdenes del presidente municipal, Daniel Alberto Cuevas Chávez, evitando que fueran atendidos civiles. Una canallada. Se abrió un paréntesis tenso, agobiante.

* * *

Ese día, desde muy temprano, se habían instalado puestos para el tianguis indígena que ancestralmente se ubica en la plaza principal, domingo a domingo, con un festejo adicional: era Día del Padre. Yalid Jiménez Santiago vivía en Nochixtlán, aunque era Regidor de Salud de Santa María Apasco, municipio que se encuentra a una hora, a 37 kilómetros de Nochixtlán por terracería.

Yalid era un hombre joven, lleno de fuerza, apasionado de la música. Tocaba la guitarra y había formado un grupo que llevaba por nombre JR. Le gustaba también deshacer y armar motores de autos. Además de su cargo como regidor, tenía un taxi que trabajaba sábados y domingos.

Yalid quería, ese Día del Padre, estar con su papá, que es maestro. Planeaba almorzar con él. No obstante, el padre de Yalid, desde las ocho de la mañana, ya se había unido a la resistencia que desde muy temprano fue abatida ese domingo de tianguis indígena entre llamados de auxilio, gritos desgarradores de desesperación y terror, el sonido estridente de algunas ambulancias de otros municipios. Yalid decidió buscar y ayudar a su papá, era su prioridad. Al percatarse de que el ataque de la Policía Federal era demoledor, decidió quedarse....

Yalid fue el primer caído en Nochixtlán. Cerca del puente lo alcanzó una lluvia de balas que los federales lanzaban contra la población. Fue trasladado en un taxi a la Funeraria Díaz, porque durante las primeras horas, el Hospital de Nochixtlán y la ambulancia no estaban disponibles para civiles. Yalid dejó de existir en la plancha de la funeraria. Dejó en la orfandad a tres niñas: de 9, 7 y 5 años de edad.

* * *

"Ese 19 de junio", cuenta José Luis, el cuarto de los siete hermanos Cruz Aquino, "habían llegado a la casa de Gilberto –otro hermano–, para festejar el Día del Padre. Vivía Gilberto en la colonia Buenavista. Fueron despertados de una manera brutal: poco después de las 8 de la mañana escucharon gritos y balazos. Anselmo Cruz Aquino iba con ellos.

Nochixtlán: frente a frente, policías y habitantes. Una postal del encono. Un retrato del México actual.

"salieron, temerosos, para ver qué ocurría. Encontraron una escena infernal: Gente corriendo y policías federales por todos lados. Se sorprendieron de que el bloqueo que mantenían 50 personas en la autopista, hubiera derivado en un ataque con armas de fuego.

"Apenas dieron unos pasos cuando Gilberto fue herido en un tobillo y cayó. José Luis, Anselmo y Eloy lo levantaron, lo sostuvieron para llevarlo al hospital, casi a rastras, pero en el camino, aparecieron pobladores de Tonaltongo, una localidad aledaña que al verlo con la sangre chorreando, lo subieron a su auto para llevarlo al hospital de su comunidad y evitar pasar cerca de los federales.

"Se escuchó una tanda cerrada de disparos. Su reacción fue tirarse al suelo, dicen, pero ni aun así se salvaron. A unos metros de ellos, un joven caía baleado. José Luis y Eloy se estaban acercando, pecho tierra, para ayudarle, pero en cuestión de segundos, hubo otra detonación. Escuché un impacto con eco y cuando volteo, Anselmo tenía la cara llena de sangre", narra José Luis.

Eloy también tuvo un rozón de bala y por eso le tuvieron que coser una herida en la sien. "Me moví, pero si no, tal vez me hubieran dado en la frente", puede contar hoy...

José Luis asegura que los disparos provinieron de matorrales cercanos, de entre pequeños montículos, entre la colonia Buenavista y el Hospital Comunitario. "Ahí estaban los policías federales disparando contra los manifestantes...

"... mi hermano Anselmo se estaba ahogando con su propia sangre, pero aguantó hasta que llegamos al hospital. Desde que los médicos lo recibieron, dieron un diagnóstico fatal: 'viene muy mal, ya viene muy mal'".

"La preocupación de Anselmo, en ese momento, eran sus hijos: Jimena de 3 años y Tenoch, de 5 años. "Quién sabe de dónde sacó fuerzas para encargármelos...".

Anselmo Cruz Aquino tenía 33 años y atendía una farmacia en Tlaxiaco, el pueblo al que llegó hace 13 años, siguiendo la recomendación de José Luis, quien comenzó a vivir ahí dos años antes y le aseguró que había más oportunidades de trabajo que en Nochixtlán, donde nacieron. (Con información de Pájaro Político / Nayeli Roldán / 23 de junio de 2016.)

* * *

Silvano Sosa Chávez tenía 40 años de edad. Era habitante de San Pedro Ñumi, Tlaxiaco. Campesino. Caminó, junto con otros pobladores, durante tres horas, para apoyar a Nochixtlán. Silvano cayó muerto por un impacto de bala. Los familiares aún no han podido esclarecer cómo sucedió. Lo único que saben es que él y otros dos que resultaron heridos andaban juntos, pero no han podido recabar los testimonios porque aún están hospitalizados. (Con información de Pájaro Político / Nayeli Roldán/ 23 de junio de 2016.) (La Fiscalía General del estado señaló que murió por los cohetones que llevaba en la mano al manipularlos.)

* * *

Jesús Cadena Sánchez. 19 años de edad. Recién había terminado de estudiar el bachillerato. Murió durante el enfrentamiento, cerca de la entrada que conduce a Nochixtlán, La madre de Jesús lamenta: "No fue el mejor domingo, no era el que esperaba. Estábamos en la casa cuando empezaron a llamar de la parroquia, que acudiéramos a ayudar porque había muchos accidentados, intoxicados por el gas, heridos... nos pedían que lleváramos víveres, gasas, alcohol, agua, lo que se pudiera para ayudar un poco porque, a esa hora de la mañana, la parroquia fungía como hospital... médicos, pobladores y monjas que se encuentran en la comunidad atendían. Sí íbamos a ir, después de desayunar todos juntos…".

En la casa de Jesús no se acostumbra salir sin desayunar. Empero, cuando la madre de Jesús se percató, él ya había salido. Ni siquiera le dijo a dónde iba. Eso sucedió como a las nueve de la mañana. El llamado de la parroquia fue mucho antes. Jesús estaba dormido, fue su madre quien lo despertó quince minutos antes de la nueve. Era catequista, muy solidario, de esas personas que siempre ayudaba sin esperar nada a cambio.

Ante el terror por lo que estaba sucediendo, la madre de Jesús decidió ir a buscarlo a la parroquia. No estaba allí. Se escuchaban los disparos. Sin importarle, la madre de Jesús intentaba encontrarlo, le llamaba al celular y no contestaba. En algún momento le respondió el teléfono, le dijo que ya le habían dado un rozón pero que estaba bien, que no se preocupara, que ya venía apoyo de otros pueblos. "Ahorita llego mami, está feo aquí". La súplica de su madre fue: "Vente para acá, mijo". La respuesta: "sí, mami… ya ahorita me regreso". Fue lo último que le dijo. Después murió en el hospital, aproximadamente a las once de la mañana.

* * *

Óscar Nicolás Santiago se dirigía a trabajar. Tenía 21 años de edad. Campesino. Originario y vecino de Las Flores Tilantongo, localidad perteneciente al municipio de Santiago Tilantongo, ubicado entre Nochixtlán y Tlaxiaco. Fue asesinado durante el ataque a Nochixtlán. "si es posible, señores, les juro que, si encuentran al asesino de mi hijo, yo como madre mato al culpable", dijo entre llantos Rutilia Santiago Cruz, madre de Nicolás. (Agencia EFE, 25 de junio de 2016).

Cae la noche. Tras disparar sobre Nochixtlán, policías avanzan, ahora, en Trinidad de Viguera. Los espera el fuego. Hondas. Hasta resorteras.

* * *

Omar González Santiago. 22 Años, empleado, originario de la localidad de Palo de Letra, perteneciente al municipio de Tlaxiaco. Muerto en enfrentamiento en Nochixtlán.

"Aquí se escribe la nueva historia de la región Mixteca", asegura un poblador durante las exequias en Tlaxiaco.

* * *

Óscar Luna Aguilar. 23 años de edad. Oriundo de Nochixtlán "Pequeño", le llamaban, de forma cariñosa, en su familia. Sus sueños e ilusiones se derrumbaron bajo el plomo de policías federales. Recién había abierto un negocio de jugos, donde su padre le hizo saber el orgullo que sentían por él. Óscar dejó en la orfandad a una niña de tres años. Fue descrito por vecinos como un muchacho tranquilo, alegre, que sólo quería que las cosas fueran diferentes. "De pequeño no tienes nada, eres un orgullo para la familia y para el pueblo…"

* * *

En las inmediaciones de Oaxaca capital, también fue victimado, por proyectiles de arma de fuego, Jovan Galán Mendoza, de 18 años de edad.

* * *

Lo que se vivió en Nochixtlán fue un episodio inédito en la represión en toda la historia de Oaxaca. Una acción salvaje que no se había visto jamás contra maestros, padres de familia, población, estudiantes: el uso de las armas de fuego por parte de la policía. Fue algo sin precedentes.

© Zhaid Caamal Pérez

El enfrentamiento. La violencia. Barricadas pretenden impedir el paso de federales. Nueve civiles muertos es el registro negro del 19 de junio de 2016.

En el conflicto magisterial de 2006, los ataques los realizaban "paramilitares o policías vestidos de civil". En 2016 hubo grupos especiales de La Gendarmería Nacional que se agazaparon en el panteón, en la vulcanizadora Reyes, cercana a la gasolinera; en dos hoteles que se encuentran a la entrada de Nochixtlán: Merli y Juquila, este último quemado ante el enojo de la población al observar que, desde ahí, policías federales les disparaban.

Nochixtlán se partió en dos: antes del 19 de junio y después de ese día, por sus muertos, por el ataque. Algunos cayeron por defender a su pueblo, por oponerse a una masacre mayor; otros sólo salieron a ver qué sucedía; otros más, porque estaban buscando a sus familiares y tuvieron la necesidad de internarse en medio del frente para buscarlos y ahí fueron heridos o muertos. Eso es lo que le duele al pueblo. Eso es lo que ha conmovido a Nochixtlán. Esa es la causa central de por qué Nochixtlán está de luto, herido, enojado. El coraje sigue presente.

Nochixtlán no tenía antecedentes de violencia. Pero no sólo es Nochixtlán, es una repercusión distrital, estatal y nacional. Sí, Nochixtlán tenía tranquilidad. Ahora hay incertidumbre, miedo, zozobra. Lamentablemente todo lo malo ya sucedió. La muestra de solidaridad de la población hacia el magisterio es magnánima. Si no hubieran existido balas, la historia habría sido otra.

En la plaza Constitución Carlos Montemayor encontré el texto de un padre de familia en una hoja blanca, pegado en uno de los arcos del Palacio Municipal, que algunas personas dicen que fueron los mismos pobladores quienes le prendieron fuego por la furia que les generó la falta de apoyo del presidente municipal, Daniel Cuevas. Éste es el texto:

NOCHIXTLÁN ESTÁ DE LUTO

Estamos de luto, en estos momentos.
Lloramos a nuestros muertos.
Quienes han partido de este mundo.
Sollozamos y nuestra voz, se torna en un lamento.

Vinieron y acallaron la voz,
Para siempre de nuestros hermanos.
Con sus armas asesinas, masacrándolos.
Con ráfagas tan veloces.

Por el simple hecho de alzar la voz.
Y pedir que no nos quiten lo que es nuestro.
Porque nos lo heredaron nuestros antepasados.
Los asesinaron tan cobarde y atrozmente.

La educación pública y gratuita
Es como pan para nuestros hijos
Y lo que fuera para nuestros padres y abuelos,
Hoy nos la quieren quitar todita.

De pie y uniendo nuestras voces al unísono,
exigimos justicia y castigo a los culpables.
De tan horrendo crimen que nos tiene conmocionados,
Todos en un mismo tono.

Padre de familia

La efigie de Juárez queda como testigo histórico. A sus pies, el humo del odio que se esparce en la sierra oaxaqueña.

Días después visité Nochixtlán. Acudí a los funerales de Jesús Cadena Sánchez y de Óscar Luna Aguilar. Hasta la lluvia parecía unirse a tanto dolor, acostumbrados a los hermosos cielos de la Mixteca Alta. Los días posteriores fueron grises. A ratos, llovía. Mucha gente no quería hablar. Tienen miedo de ser identificados, y que como consecuencia algo malo les suceda.

Cinco días después, el 24 de junio, algunos testigos decidieron hablar conmigo. Fue imposible no unirnos a sus lágrimas de decepción, de dolor, de desesperanza.

El miedo embarga a cualquier persona con responsabilidades sociales o sin ellas, y que nunca ha vivido este tipo de sucesos. El miedo se podía oler, era palpable.

Frida Guerrera
Nochixtlán, Oaxaca, junio de 2016

El derrumbe de Martín Moreno
se terminó de imprimir en octubre de 2016
en los talleres de
Litográfica Ingramex, S.A. de C.V.
Centeno 162-1, Col. Granjas Esmeralda, C.P. 09810, Ciudad de México.